文史資料

鄂温克族自治旗

文史资料

3

齐全 ◎ 主编

中央民族大学出版社
China Minzu University Press

图书在版编目（CIP）数据

鄂温克族自治旗文史资料．3 /齐全主编．—北京：中央民族大学出版社，2017.12

ISBN 978-7-5660-1437-5

Ⅰ．①鄂… Ⅱ．①齐… Ⅲ．①文史资料—鄂温克族自治旗 Ⅳ．①K292.64

中国版本图书馆CIP数据核字（2017）第240291号

鄂温克族自治旗文史资料．3

主　　编　齐　全
责任编辑　满福玺
责任校对　赵　静
封面设计　吴文杰
出 版 者　中央民族大学出版社
　　　　　北京市海淀区中关村南大街27号　　邮编：100081
　　　　　电话：68472815（发行部）　传真：68932751（发行部）
　　　　　　　　68932218（总编室）　　　　68932447（办公室）
发 行 者　全国各地新华书店
印 刷 者　北京宏伟双华印刷有限公司
开　　本　787×1092（毫米）　1/16　印张：17.75
字　　数　262千字
版　　次　2017年12月第1版　2017年12月第1次印刷
书　　号　ISBN 978-7-5660-1437-5
定　　价　98.00元

序言

政协鄂温克族自治旗委员会主席　齐全

在内蒙古鄂温克族自治旗,聚居着鄂温克族、蒙古族、达斡尔族、汉族等多个民族，各民族在这片草原上相互融合、相互学习、相互促进，共同创造出灿烂的文化，书写出不朽的历史。

这里曾是北方游牧民族的摇篮，一代天骄成吉思汗之胞弟的王宫曾建在这片草原上。从3000索伦兵丁戍边驻防呼伦贝尔到一代鄂温克族名将海兰察征战大江南北，从民主革命先驱郭道甫到抗日志士海瑞，从一代文学宗师敖拉·昌兴到著名作曲家通福,这片草原走出了众多仁人先贤,名家志士。无论迁徙路上多么艰辛困苦，都没有阻挡住3000索伦兵丁保家卫国的坚定脚步。在征战南北疆场上的腥风血雨里，海兰察将军不曾有丝毫畏惧，在世道纷乱中更激起郭道甫先生追求正义与真理的意志与信心。抗日战争时期，草原上各民族团结一致，共同抗敌，谱写一曲曲可歌可泣的英雄故事。新中国成立后，各族人民凝心聚力，在中国共产党的领导下，投入伟大的社会主义建设洪流中，建功立业；改革开放使这片草原焕发出青春与活力，岁月沧桑，江河浩荡，草原上的人们历经坎坷，一代代走向光明，一步步走向辉煌，草原见证了这一切，草原人民将不会忘记。

以文载道，以史资政。搜集、挖掘、整理文史资料是政协工作的一项主要内容。作者及口述者的亲身经历、亲身感受、亲眼所见是历史的最好见证，无论对现实和将来，这些记录和著述都有着深远的意义。因此，我们有责任、有义务把这些散落的文史资料搜集、整理、编辑成册，以存史资政，昭示后人。

2017 年春

目录

第一章 历史回眸

第二章 人物春秋

第三章 往事漫忆

第四章 史海钩沉

第一章

历史回眸

从久远年代走来的鄂温克人

吴守贵

鄂温克族，是中华民族大家庭中的一员，是我国人口较少的北方边疆地区的游猎和游牧民族，有着悠久的历史和传统文化。鄂温克，是鄂温克族的自称，鄂温克语称“俄格都乌日尼贝”，汉意为“住在大山林中的人们”。

鄂温克族有语言，无文字，语言属阿尔泰语系满—通古斯语族通古斯语支。中国鄂温克族在新中国成立前被称为“索伦”“通古斯”“雅库特”，主要分布在内蒙古自治区、嫩江流域中上游、呼伦贝尔草原和大兴安岭以及新疆维吾尔自治区塔城等地。

鄂温克族，作为人类族群之一，有自己的形成和发展过程，要想了解鄂温克族，就要研究鄂温克族的历史。研究它悠久的历史和传统文化，可以了解它独具特色的民族历史和文化发展史，以及民族的精神、民族的性格。

一

鄂温克，从久远的年代走来，在漫长的历史岁月里，根植于民族繁衍、狩猎生产和民族生活，以森林为家园，走山穿林，风餐露宿，坎坎坷坷，在山林中循环走了很长的路。他们走过春秋，走过冬夏，走过风浪，一代接一代，前赴后继，历经沧桑，奋斗不息，造就了具有森林狩猎文化特色的生产、生活方式，谱写了独具特色的民族历史和文化发展史。

文史资料

追忆鄂温克族的社会历史轨迹，鄂温克族的发展史有两个“最长”，一是狩猎生产历史最长，二是氏族生活历史最长。我在《鄂温克人》一书中把这两个“最长”作为切入点，从一部分人的活动和一件事的由来入手，顺着鄂温克人的祖先走过的历程，探索来龙去脉，抓住鄂温克族的历史脉络、发展规律，顺藤摸瓜，上溯到久远的年代直至狩猎和氏族的起源。

狩猎起源于旧石器时代中期①，人种形成于旧石器时代晚期，距今约 1.8 万年，人类进入氏族社会阶段，人类形成“氏族公社”，初为母系制，语系形成，氏族②盛兴群猎。

随着人类劳动技能的进步，手工业开始发展，磨制石器出现，人类进入中石器时代③，语系分离，民族处于萌芽状态，人类广泛使用弓箭狩猎，这成为人类重要的生产活动。根据野生动物分布的种类不同，狩猎逐渐趋于专业化，形成了“猎鹿人”“猎牛人”“猎马人”“猎羊人”等比较持久的狩猎集团。而在贝加尔湖一带原始森林中的古代鄂温克人，以体大、肉多的鹿科动物为生活资料来源，成为“猎鹿人”集团，形成“以猎为主，捕鱼和采集业”相结合的生产、生活方式。

氏族公社在发展过程中，由于集体力量的壮大和经济活动范围的扩大，他们联合起来形成“部落共同体”，经济和文化发展方向

贝加尔湖畔的经幡

---

①石器时代：考古学把制作和使用石器的时代叫作石器时代，并按照对石器的加工和利用程度，分为旧石器时代和新石器时代。旧石器时代出现时间早、时间跨度长，所以又划分为旧石器时代前期、中期和后期。

②氏族：由同一血缘关系的亲族组成，为原始社会基本的社会经济单位，形成于旧石器时代后期。初为母系氏族，后代的组成由女系传递，至新石器时代后期基本过渡为父系氏族。氏族内部禁止通婚，实行氏族外婚姻制，实行集体劳动。生产资料公有和平均分配。公共事务由选出的首领管理，重大问题由议事会民主决定。随着金属工具的出现、社会分工的发展、私有制和阶级关系的逐渐确立，氏族解体，由依地域划分居民和一夫一妻个体家庭联合而成的农村公社所代替，但残迹仍长期保存于阶级社会中。

③中石器时代是旧石器时代向新石器时代过渡的时期，冰河开始退去，气候转暖的时候，约在距今 11000—7000 年间。地球进入全新世时期，工具仍以打制石器为主，随着人类生产技能的进步，出现了局部磨制石器，人们开始广泛使用弓箭狩猎。

也随之发生变化，一些部落放弃狩猎，在平原河谷地带开拓新兴产业。进入新石器时代①，民族形成。

二

鄂温克人的祖先则不同，他们仍坚持狩猎生产和氏族生活，以狩猎经济和文化为发展方向。狩猎与氏族相结合，形成一种新的生产力和生产关系，两者相适应。狩猎为支柱经济，氏族为社会结构，成为鄂温克社会历史的“两条主线”，即经济和社会的框架，承载着鄂温克社会向前发展，在共同的斗争中凝聚成民族要素，以“鄂温克”名称联合起来形成同一古代民族。

人类社会进入青铜器时代，在地球的北半部陆地和岛屿苔原高地森林中先后出现的驯鹿驯养业传播到鄂温克社会，在贝加尔湖一带苔原高地森林中生活的古代鄂温克人也驯化野生驯鹿为半驯养式驯鹿，创造了动物驯养业，他们第一次有了可支配的动物，有了比较稳定的食物来源，也有了可乘骑、驮运货物的交通工具——“森林之舟”。

驯鹿驯养业的出现和发展，给鄂温克人带来巨大的财富，使男人在经济上处于支配地位，促进了鄂温克氏族社会由母系制过渡到父系制，氏族首领由女性改为男性担任，建立起以“父居制”为基础的父系制氏族社会。

三

鄂温克人的祖先，由母系制过渡到父系制后，由于经济发展、人口增长、民族要素进一步完善，驯养驯鹿和狩猎生产活动的范围需要扩大。于是，古代鄂温克人以驯鹿为交通工具，从1世纪起，

安加拉河

①新石器时代是石器时代最后一个阶段，开始于距今约七八千年前，此时人类广泛使用磨制石器，既光滑又锋利，并能制陶和纺织，还发展了农业和畜牧业，人们开始定居，这是母系氏族社会最繁荣的时期。

逐渐由发源地贝加尔湖地区向外扩展，向西沿通古斯卡河至安加拉河、叶尼塞河至鄂毕额尔齐斯河谷；向北沿维季姆河、勒拿河至北冰洋，其中有一支向勒拿河以东至鄂霍次克海及堪察加半岛；向东自贝加尔湖至黑龙江上游、外兴安岭，再向外兴安岭以南的精奇里江（今结雅河）流域地区广袤的山林地带游猎生活。而在西伯利亚的大部分地区，以及贝加尔湖以东至黑龙江上游以东地区形成了“大分散、小聚居”的分布格局。

古代鄂温克人从贝加尔湖向外扩展后，分布很广。但在当时的历史条件下，外界可能不知道他们是什么族群。中原王朝管辖东北地区后，也没有以“鄂温克”名称记载，而是每个朝代都以鄂温克人当时分布的地域和生产、生活的特点给出了不同的名称，如南北朝至隋唐时期称“室韦人”，元代称“森林中百姓”，明代称“女真人和北山里人”。如此众多的不同名称接二连三地张冠李戴，也没有抹掉“鄂温克”这一名称，因为鄂温克人不论哪一部分都称自己是鄂温克人。

四

到17世纪，东北亚地区风云变幻，东北地区的女真族再次复兴。由白山（长白山）到黑水（黑龙江）统一东北地区时，一贯用掠夺性战争实现统一事业的清统治者，自1639年12月至1643年5月，向正在发展中的索伦部诉诸武力，连续发动3次战役，杀戮无辜居民，掠夺牲畜和财物，致使索伦部鄂温克人落难，卷入复杂多变的关系中。他们把索伦部首领博穆博果尔押送到盛京（今沈阳），把其余14595名鄂温克人当俘虏引渡，分别发落到沈阳、锦州等内地各处为军役和奴隶，其中有2304人被流放到内江流域（今齐齐哈尔附近的昂昂溪和古龙沙漠、沼泽地带），编成8个牛录。他们于1644年向北方的大兴安岭发展，延伸至雅鲁河、济沁河流域山河之间居住，保持了“索伦”之称。

艾莫根狩猎

1643年6月，沙俄远征军从西伯利亚地区入侵黑龙江流域地区，战火蔓延，致使黑龙江上游的达斡尔人和一部分索伦鄂温克人，在清朝政府的同意下，自1653年起背井离乡，渡江越岭，南迁至大兴安岭、嫩江流域地区居住。

清朝把大兴安岭东麓浅山区诺敏河、格尼河、阿伦河、音河、雅鲁河、济沁河、绰尔河、托信河、洮儿河上游索伦山居住的鄂温克人，以及嫩江上游两岸平原地带从事农耕生活的达斡尔人和一部分鄂温克人——从 1667 年开始以佐领制取代氏族制——统称为“布特哈打牲部”，下设“阿巴”（围猎场）和甲喇（参领）分布管辖各佐。从此，索伦鄂温克人、达斡尔人和鄂伦春人就成为嫩江流域、大兴安岭浅山区的主要居民，也成为清朝征调兵源的基地，平时猎貂纳贡，战时出征作战。

五

中俄雅克萨之战后，1689 年 9 月 7 日中俄签订《尼布楚条约》，以格尔必齐河、石大兴安岭（外大兴安岭）和额尔古纳河为两国的分界线，额尔古纳河北岸属俄国、南岸属中国。不久，于 1727 年 9 月 1 日，中俄签订《布连斯奇条约》划分中俄中段边界，与《尼布楚条约》所划定的边界相连接。从此，由于边界的变化，鄂温克族按照当时居住的地域分别归属俄国和中国，而鄂温克人开始成为跨界民族，在俄国的被称为“通古斯”人，在中国的被称为“索伦人”。

中俄签订《尼布楚条约》后，呼伦贝尔地区成为祖国北部边疆前沿，当地无居民可充当驻防兵，基本上处于有边无防状态。

清朝政府为加强呼伦贝尔的防务，从 1731 年开始从布特哈地区挑选戍边兵丁 3000 人，其中索伦鄂温克兵 1636 人、达斡尔兵 730 人、鄂伦春兵 359 人、巴尔虎蒙古兵 275 人，还有老、弱、残兵丁 796 人以及眷属。

原始弓箭

1732 年夏季，戍边官兵进驻呼伦贝尔草原，以“索伦”之称，编成“索伦左右两翼八旗”，今称索伦部。巴达哈为索伦左翼总管，总管衙门设在伊敏河胡吉日托海（今鄂温克族自治旗巴彦托海镇，又称南屯），往额尔古纳河通往俄国道路边界一带防守，驻牧于伊敏河东、锡尼河北、大兴安岭西，北至额尔古纳河。博尔本察（鄂温克族）掌管呼伦贝尔关防兼右翼总管，总管衙门设在西屯（今

海拉尔西南军用机场），往哈拉哈河喀尔喀蒙古边界一带防守，驻牧于哈拉哈河右岸，伊敏河西至呼伦湖之间地带。

清统治者一向认为鄂温克人骁勇善战，而将其当作一支劲旅推上军事舞台，在康熙、雍正、乾隆年间，他们多次参加反击外国入侵和在国内平息民族分裂的战争。他们金戈铁马，远涉西北、西南边境及东南沿海直至台湾等地，转战22个省。他们吃苦耐劳，奋勇效力，英勇作战，涌现出许多战功赫赫的英雄人物。据不完全统计，因战功胜任总管、副都统、都统、将军级高官的有37人，名臣、名将有博尔本察、海兰察、穆图善等人，他们为捍卫中华江山和边疆人民的安宁做出了重大贡献。

新疆天山南北平定之后，清朝政府为了加强新疆的行政管理和军事防守，1762年决定调集两万官兵赴新疆伊犁屯田戍边，其中从布特哈地区调鄂温克、达斡尔兵1000人。

黑龙江将军国多欢决定分两批起程，第一批鄂温克兵500人，眷属1421人，由总管诺门察带领。1763年春末夏初，从嫩江流域地区启程西行，1764年到达伊犁。第二批达斡尔兵500人，眷属1417人，由副总管色尔默勒图带领，1763年5月初启程西行，1764年到达伊犁。

1820年，有一部分使鹿鄂温克人从俄国境内勒拿河流域迁出700多人，迁入中国境内的有索罗共、结力克、柯尔他昆、布勒多特4个氏族，共有75户、300多人，600多头驯鹿。不久，这4个氏族中又分化出了库德林、索罗托斯2个氏族，共6个氏族，其中的一部分于1858年迁至大兴安岭西北部原始森林中过着游猎生活，他们就是今天的敖鲁古雅使鹿鄂温克人，在日伪时期被称为“雅库特人”。他们的到来不仅增加了中国的鄂温克族人口，而且在中国的鹿科动物中增加了驯鹿品种，使中国成了有驯鹿的国家。

1858年5月28日，中俄签订《瑷珲条约》，把黑龙江以北、外兴安岭以南60多万平方的中国领土割让给了俄国。居住在黑龙江以北、外兴安岭以南领土上的鄂温克人也归属了俄国。而鄂温克族的绝大多数人口在俄国，据俄国政府1879年的人口普查，当时在俄国的鄂温克人有100多个氏族，人口为64500人，其中在后贝加尔地区有33500人。

猎人剥桦树皮

六

1911年10月10日武昌起义，以孙中山为代表的革命党人取得胜利，推翻清王朝，开启了民主共和的新纪元。1912年为中华民国元年。

改朝换代，八旗制解体，自然解除了套在鄂温克人身上兵役和劳役的负担，解放了生产力，从征的青壮年返回家乡，与家人团聚，休养生息，鄂温克人有了发展生产和改善生活的机遇。

苏联十月社会主义革命胜利后，居住在俄国境内贝加尔湖以东、石勒喀河与额尔古纳河之间、尼布楚以西、满洲里以东地区的“乌鲁楞圭”“敖嫩宝日金”“乌者恩”等地的一部分游牧通古斯鄂温克人，于1919年陆续迁入中国呼伦贝尔草原特尼河、莫尔格勒河流域居住，从事畜牧业生产，他们就是今日的陈巴尔虎旗鄂温克苏木的鄂温克人。

1931年9月18日，日本帝国主义入侵我国东北地区，发动了九一八事变。日军相继占领辽宁、吉林两省。同年11月3日，日军以伪军为前驱进犯黑龙江省嫩江桥，马占山将军指挥东北军奋勇抵抗，打响了“江桥战役”，东北军英勇顽强，最终因寡不敌众而失败。

1932年3月1日，日本帝国主义扶持溥仪在长春（新京）建立伪满洲国。东北地区沦陷为殖民地，伪满政府还拉拢东盟地区上层人物，在长春专设兴安局。同年4月5日设兴安省，把东蒙地区划分为兴安东、南、西、北四省，其中布特哈、呼伦贝尔地区分别划分为兴安东省和兴安北省，实行法西斯统治。

驯鹿

七

1945年8月8日苏联对日宣战。同年8月15日，日本帝国主义宣布无条件投降。国民党反动派大举北犯，派陆、海、空军前往东北地区强占铁路沿线各大城市。于是，中国共产党也派遣大批党、政、军干部，进入东北地区开展工作。1945年11月15日，在齐齐哈尔组建嫩江省人民政府和东北民主联军嫩江军区。在深入内蒙古东部地区的共产党员和革命干部开展革命工作的影响下，有的在农区参加土改斗争，有的在牧区参加民主改革斗争，有的参军参战，奔赴解放战争前线。

1949年10月1日中华人民共和国成立，鄂温克族人民同各族人民一样成为新中国的主人，进入崭新的时代。鄂温克族人民在党的民族政策的光辉照耀下，以极大的热情投入社会主义革命和建设事业，发愤图强，努力奋斗。随着政治、经济、文化、教育、卫生事业的发展，鄂温克族从经济基础到上层建筑都发生了巨大变化，在鄂温克族人民聚集的地方呈现出“政治安定、经济发展、人口增长”的新局面。

中国共产党实行各民族平等政策，建立团结、互助的新型民族关系，各少数民族聚集的地方实行民族区域自治政策。按照党的民族政策，内蒙古自治区人民政府于1958年5月29日经全体会议第七十七次会议通过，决定撤销索伦旗，在原索伦旗的行政区域内设立鄂温克族自治旗，1958年8月1日成立鄂温克族自治旗人民政府。根据党的民族政策，经内蒙古自治区人民政府的批准，散居在其他行政区域内的鄂温克族也相继成立9个民族乡人民政府。这是鄂温克族人民政治生活中一件大喜事。

鄂温克族人口与分布，根据2010年全国第六次人口普查，全国鄂温克族人口有30875人，主要分布在内蒙古自治区和黑龙江省。内蒙古自治区主要分布在呼和浩特市等12个盟市中，主要聚居在今呼伦贝尔市鄂温克族自治旗、莫力达瓦达斡尔族自治旗、鄂伦春自治旗、陈巴尔虎旗、阿荣旗、扎兰屯市、根河市、海拉尔区；黑龙江省主要分布在齐齐哈尔市及讷河市等地；新疆维吾尔自治区主要分布在塔城等地；另外，还有因工作关系散居北京等27个省市区的2000多名鄂温克族人。

八

鄂温克族是具有悠久历史和传统文化的森林狩猎民族，有自己的形成和发展过程。鄂温克族由于狩猎生产历史和民族社会历史最长，很多故事淹没在历史尘埃中朦胧不清，致使经济和社会发展阶段不那么清晰明了，加上文字记载稀少，增加了研究工作的难度，但给研究工作提供了一些线索。

古代鄂温克人在经济和社会发展过程中呈现的“两个最长”和“三次转型”及其发展变化，我在2000年6月出版的《鄂温克人》一书中首次将鄂温克族历史进程概括为“两条主线”和“三个发展阶段”。

两条主线，是指狩猎经济和氏族社会，两者有机结合，既是鄂温克社会历史的脊梁，又是经济和社会的框架，成为古代鄂温克人长期赖以生存的支柱经济和社会结构，一直支撑并贯穿鄂温克社会。三个发展阶段，是指在狩猎经济和氏族社会框架内经历的发展阶段：第一阶段，使用弓箭，以狩猎为主；第二阶段，驯鹿驯养业出现，有了可支配的动物；第三阶段养殖业和种植业兴起，向生产性经济发展。

三个发展阶段的划分，揭开了狩猎经济和氏族社会相结合发展的客观规律，作为主线梳理鄂温克历史，豁然贯通，既显现了森林狩猎民族社会历史自身的连续性，又说明了经济成分和经济发展阶段。每个阶段都经历了漫长的历程，所幸有许多久远的故事依然鲜活，这些鲜为人知的文化积淀为破解历史难题、克服断代现象、疏通鄂温克社会历史提供了依据，使其经济和社会发展阶段清晰明了，首尾相连，生动地展现了鄂温克族森林狩猎文化特色的社会历史风貌。

九

鄂温克是鄂温克族的自称，可是在史籍中没有以“鄂温克”名称出现过，但鄂温克人不论哪个部分都说自己是鄂温克人，这说明“鄂温克”早已成为鄂温克人普遍认可的一个名称，这不是偶然的巧合，说明鄂温克名称是在久远的历史年代里形成的。

那么，“鄂温克”一词的含义是什么呢？由于鄂温克民族历史悠久，年代久远，加上外界以诸多的名称张冠李戴，几乎掩盖了鄂温克名称，也冲淡了鄂温克名称本来意义的相传，致使鄂温

克名称的本来意义处于被遗忘的状态，如学者史禄国先生在《北方通古斯的社会组织》一书中记载：“有些通古斯集团已经忘掉了这个名称的本来意义……但足以被人看作来源于鄂温克人的某种原语。”这说明词源肯定出自鄂温克语。在《鄂温克族简史》一书中对鄂温克有两种解释：一是“住在大山林中的人们”；一是“住在南山坡的人们”。两种解释都来自鄂温克人的解释，使鹿鄂温克人、通古斯鄂温克人用鄂温克语解释为“俄格都乌日尼贝”，汉意为“住在大山林的人们”；索伦鄂温克人用鄂温克语解释为“乌日尼鄂沃日敦特格色贝”，汉意为“南山坡的人们”。这两种解释在说法上虽然有“大山”和“山坡”之别，但意义基本相同，说的都是山林中的人们。这反映了古代鄂温克人与山林紧密相连的关系，体现了鄂温克人祖先发源于山林中，并以山林为家园，狩猎生产、生活的历史。

鄂温克名称的含义，之所以解释为“住在大山林中的人们”，是源于贝加尔湖以东群山连绵，山峰耸立，有一条高达2000多米的大山脉，环绕巴尔古津河中游河谷，一直延伸到高达1900米的伊卡次基山脉；还有雅布挪威山脉隘路高达1200米，维提姆台地海拔也达900多米。这些山脉、台地以及勒拿河、阿玛扎尔河、外兴安岭等地大山林，使鹿鄂温克人都称为“俄哥登”，而把住在这些大山林中的人们都称为“鄂温克”“鄂温基”，汉意是“住在大山林中的人们”。

索伦鄂温克人中曾经相传“下山的人们”说，一些人误认为是对鄂温克名称的解释。其实，“鄂温克”是早在历史上形成“民族要素”时就已经出现的古老词汇。所谓“下山”的说法，可能是针对一部分在山林中的河谷地带，或者到平原、草原地带从事畜牧业和农业生产、生活的鄂温克人而言。但这只是一部分人的变迁，而且是在接近近代时才发生的，与出现“鄂温克”名称的年代相差数千年。

鄂温克猎民

鄂温克名称的含义为“住在大山林中的人们”，大多数人已认同，新闻媒体也广泛使用。从广义上说，符合鄂温克族在历史上作为森林狩猎民族的特点。

史籍中曾出现过“通古斯北语支”的说法，新中国成立后恢

复并统一“鄂温克”族称后，“通古斯北语支”之说已经不适宜了，尔后又出现了“通古斯语支”的说法，这是语族和语支的重复说法。在鄂温克名称已经统一的情况下，还是直接使用“鄂温克语支”既名正言顺，又合情合理。

十

鄂温克族是具有悠久历史和传统文化的森林狩猎民族。在漫长的历史岁月中，以森林为家园，走山穿林，游猎生活在古老的民间文化之中，一代接一代，前赴后继，历经沧桑，奋斗不息，创造了具有森林狩猎文化特色的生产、生活方式，充满了森林、狩猎、驯鹿文化气息。传承于民众之中，不断的补充和发展，锻炼和传承丰富多彩的传统文化资源，即森林狩猎文化，分类有森林文化、狩猎文化、驯鹿文化、氏族文化、萨满文化、民族文化、节庆文化、婚礼文化、葬礼文化、服饰文化、桦树皮文化、熟皮文化、

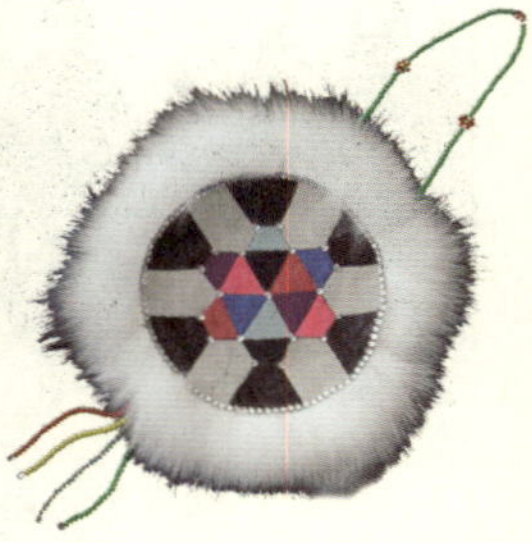

鄂温克饰品

使鹿部鄂温克老人玛利亚·索

山林里的鄂温克人

迁徙

养驯鹿的鄂温克人

贝加尔湖

公益文化等有形的（或无形的）文化载体，承载着历史的、语言的、宗教的、民俗的，也包含着人们的信仰、追求等诸多文化内涵。

鄂温克族的悠久历史和传统文化，是鄂温克人的智慧和力量的结晶，传承于民众之中，不断补充和升华，成为鄂温克人继往开来的精神动力，从而使鄂温克族锤炼成为勤劳、勇敢而有智慧的民族，是有敬业精神、吃苦耐劳、艰苦奋斗的民族。

鄂温克族的传统文化，在历史上是森林狩猎文化，即游猎文化，随着时代变迁、社会发展，各民族间的交往增多，鄂温克族融入复杂多变的关系中。由于分布很广，根据所处的自然环境的不同，出现了养殖业和种植业，即草原游牧文化和农耕文化。受多元文化的影响，鄂温克人在生产、生活方式上产生了某些差异，但在人们的意识形态和风俗习惯方面仍保持着森林狩猎文化的特色。

经济是民族的基础，文化是民族的灵魂，语言是民族的根脉。

森林狩猎文化伴随鄂温克社会持续时间很长，是从原始民族社会传承下来的原生态文化积淀，不断补充和发展，形成的悠久历史和传统文化，对于人口少又无文字的鄂温克族来说，是“两大优势”，我们要珍惜，这是我们认知悠久历史和传统文化的源泉。

参考文献

［1］吕光天：《北方民族原始社会形态研究》，宁夏人民出版社，1981年版，第405页。

［2］内蒙古自治区编辑组《中国少数民族社会历史调查资料丛刊》修订编辑委员会：《鄂温克族社会历史调查》，内蒙古人民出版社，1986年版。

［3］《鄂温克族简史》，内蒙古人民出版社，1983年版，第5页。

［4］拉文斯坦：《俄国人在黑龙江》，商务印书馆，1974年版，第23页。

［5］张博泉、苏金源、董玉璞：《东北历代疆域史》，吉林人民出版社，1981年版，第74、第121页。

［6］张起炜：《华夏五千年》，上海辞书出版社，1997年版，第31页。

索伦之称始末

吴守贵

索伦①称谓出现于明末清初，是指黑龙江上游以东、外兴安岭以南至精奇里江②一带的满—通古斯语族鄂温克人。从此，以“索伦”取代“鄂温克”名称，延续至中华人民共和国成立后的20世纪50年代。

一

17世纪初，女真在东北地区再次复兴，由白山到黑水统一东北地区时，女真人把世居黑龙江上游以东地区自称“鄂温克”的

①索伦：《达斡尔、鄂温克、鄂伦春、赫哲史料摘抄》记载，“索伦本名索莪罗（自由民）……”后金启用时在文献中转化为“索伦”，最早见于天聪八年（1634）的《清太宗实录》中。《索伦诸部内属述略》记载，黑龙江居人不仅有索伦，也有满洲、达斡尔、鄂伦春。文献中已经提到了达斡尔族名称，说明“索伦”是单指鄂温克。但由于在黑龙江诸部事迹中以索伦冠之，而有些语言不相同的部族借其名称“索伦”而很自然地概括在了“索伦”的总称中。

②精奇里江，指黑龙江上游，从外兴安岭东南流400千米汇西林穆丹河，江形如弓，复折而西150千米汇额苏里，流入黑龙江。以布利亚山脉分界，精奇里江包括在黑龙江上游部分中，其河因水微黄，俗称“黄河水”。在我国文献中初被称为“弱水”，后被称为“精奇里江”“精衣里”“精溪里”“精奇尼”“精集里”等。满洲人和达斡尔人称其为“丘克尔”，而鄂温克人称其为“吉一毕拉”和“赛亚毕拉”。

先民视为另一个地区的女真人，而以地域概念用女真语称为“索罗乃”（河上游）之“索莪罗”（自由民）。

后金汗国启用“索莪罗”时转述为“索伦”。最早见于1634年的《清太宗实录》中。后来，在清代文献《考订〈龙沙纪略〉》中记载：“索伦，本名索莪罗，地产貂，以捕貂为役……”在清代文献《呼伦贝尔》中记载：“索伦，即由上来临之意……”清代文献《索伦诸部内属述略》中记载：“臣秋涛瑾案黑龙江为东三省之一，其地居人不仅索伦，也有满洲、有汉军、有大呼尔、有鄂伦春、有毕喇尔……则其同乡而别为部落者分明……”“索伦”“达斡尔”不是同一族系。文献还记载：“世于黑龙江人，不同部族概称索伦。亦雅喜以索伦自号说者，谓索伦骁勇闻天下，故借其名以自壮，兹记黑龙江诸部事迹，以索伦冠之。”故语言不相同的部族也借其名，称“索伦”，而有的笔者认为“索伦”是泛称，其实“索伦”是有具体对象的称谓，即鄂温克族。

明末清初，在黑龙江上游以东地域交错有很多部族、部落。据清代文献《索伦诸部内属述略》记载：“国初时有萨哈尔连部、呼（虎）尔哈部、索伦部、卦尔察部、萨哈尔察部……”其中“索伦部”鄂温克人与“萨哈尔察部”达斡尔人近邻，相错杂居。索

冬季那达慕大会上的鄂温克人

伦部首领博木博果尔及民众、萨哈尔察部首领巴尔达齐及民众，和睦相处，形成“部族联盟”，共同拥戴博木博果尔、巴尔达齐二人为首领，团结合作，发展经济。沿黑龙江上游东岸及精奇里江一带出现了经济发展、政治安定、社会进步的新局面。

索伦部与萨哈尔察部联盟后，在清代文献中时有出现“索伦部”与“萨哈尔察部”互为代用的现象，表明是联盟关系。

二

1626 年，皇太极继位，并继续采取征战和招抚相结合的战略，完成了黑龙江下游、乌苏里江流域至东海沿岸地区诸岛的统一，震慑了黑龙江上游、中游地区各部族、部落。于是，萨哈尔察部达斡尔头人巴尔达齐，从 1634 年起多次赴盛京（今沈阳）入朝进贡，臣服于后金汗国。1637 年，皇太极把女儿下嫁给巴尔达齐，招为额驸（驸马）。索伦部鄂温克头人博木博果尔①也顺应潮流，从 1637 年起两次赴盛京朝贡，臣服于后金汗国，建立朝贡关系。

可是，皇太极对博木博果尔来朝进贡较晚，朝贡不频，认为不那么“益修恭顺”，加上索伦部经济和社会的发展，存有戒心。在清代文献《皇清开国方略》中记载：“黑龙江库尔喀部索伦（博木博果尔），以材武长其部，黑水诸部唯索伦、达虎里（达斡尔）为大，博木博果尔得众心，江南北各城屯俱附之，虑其势盛不可制……”而对博木博果尔冷淡，对巴尔达齐礼遇独厚，引起博木博果尔心中不平，但在行动上没有发生犯上作乱之事。

清入关攻明之前，对已归附的索伦部，借口博木博果尔不及一年未来朝贡，大做文章，以莫须有的罪名，诉诸武力，皇太极分别自 1639 年 12 月 2 日，1640 年 9 月 21 日，1643 年 5 月 4 日，遣兵征战索伦部，连续发动 3 次战役，长达 3 年零 7 个月；特别是第一次战役遣兵 16 000 人，主攻博木博果尔属地木城和村屯，大张挞伐，斩杀居民，掠夺牲畜和财务。于是，索伦部民众为了保卫生命和财产，在博木博果尔的指挥下，奋勇抗击清军，周旋交战达 5

缝制服装

① 《清实录》记载，博木博果尔在 1656 年 8 月 22 日去世，享年 60 岁，以此来推算，是在 1596 年出生。

个多月，终因寡不敌众而失利。

清统治者对索伦部发动的3次掠夺性战争，共俘获索伦部民众11 277人，加上巴尔达齐帮助清军引渡的3223人，共14 500人，分别发落到内地各处军役和奴隶。其中有2304名鄂温克人被流放到今齐齐哈尔附近的沙漠、沼泽地带，编为8个牛录的鄂温克人，保持了索伦之称。1644年趁清入关之际，他们为了便于狩猎生产、生活，把沿雅鲁河、绰尔河、济沁河流域向西北的大兴安岭山林地带发展为村落居住地。

索伦部解体，博木博果尔沦为阶下囚，博木博果尔管辖的属地变为皇族额驸巴尔达齐的属地，在雅克萨设总管镇守。清代文献《黑龙江志稿》中记载："雅克萨旧隶索伦部，博木博果尔嗣降于清，设总管以达斡尔倍勒尔守之。"后来，博木博果尔被清朝封为和硕亲王，于1656年8月22日逝世，享年60岁。

三

正当清军主力准备入关大举进攻明朝之际，沙皇俄国趁中国政局动荡，从勒拿河流域的雅库斯克城派出远征军。从1643年6月起入侵我国黑龙江流域地区，骚扰各族人民，强征贡税，强抢粮食，烧杀抢劫，给黑龙江流域各族人民带来灾难，战火蔓延，民不聊生，激起了黑龙江各族人民无比愤怒，奋勇抵抗，打击沙

鄂温克猎民

俄侵略军。

当时，清朝为了夺取全国的统治权，正在与明王朝的残余势力进行国内战争，而对黑龙江的战火没有及时派兵反击，解救黑龙江各族人民的苦难，但为了保护黑龙江各族人民的安全，也为了切断沙俄侵略者的给养来源，允许黑龙江以东地区居民迁往东北内地安全地方落户居住。于是，在黑龙江上游以东地区的一部分鄂温克人和达斡尔人一起，又一次自1653年起，背井离乡，长途跋涉，渡江越岭，陆续迁至大兴安岭、嫩江流域地区居住。

达斡尔人和鄂温克人，根据大兴安岭、嫩江流域地区的自然环境，按照“各自的生产、生活特点，分族落村，异性不混杂”的习俗，分别落村居住。

达斡尔人，陆续全部南迁，来到大兴安岭以东后，在嫩江两岸平原地带分别落村，分布数十屯，东自讷谟尔河流域之德都勒屯，北至嫩江上游的哈布气屯，南至嫩江之湾扎赉特旗界之莫呼尔屯。

鄂温克人来到大兴安岭以东后，由东往西南延伸，从讷谟尔河、嫩江流域上游两岸、甘河下游至诺敏河一带落村居住，还有一部分沿大兴安岭延伸至格尼河、阿伦河、音河、雅鲁河流域的浅山区落村居住。其中，部分氏族到济沁河、淖尔河、托信河一带山林中游猎生活。

四

清朝对黑龙江上游南迁过来的索伦、达斡尔、鄂伦春人——多数以狩猎为生——统称为“布特哈打牲部”，归属理藩院直接管辖。为了使布特哈打牲部适应其封建统治的需要，纳入“八旗制”①轨道，实行“佐领制”②，平时猎貂纳贡，战时出征参战。

大兴安岭

①八旗制：是清代一种“兵民合一”的特殊社会组织形式，既统民，又统兵。努尔哈赤起兵后，根据战争需要，把原来女真族狩猎时采用的临时性组织形式，加以改组扩大，编成长期的正式组织。规定每300人为一牛录，每牛录设一甲喇额真（参领），每5甲喇构成1个“固山”，即“旗”。1601年初设黄、白、红、蓝四旗，合为满洲八旗。后金把全部人丁编入八旗，分属于牛录甲喇和固山额真，平时耕猎为民，战时从征为兵，其军政费用、官役公差皆分派给八旗各牛录承担。

②佐领：清官名，正四品，掌管户籍、田产、兵籍、粮饷等事物。

在1667年开始编佐领制时，强调不同民族分别编佐领，把氏族制改为佐领制，任命原来的氏族首领为佐领。并在打牲部之下，佐领之上，设阿巴（围猎场）和甲喇（参领）。

对于在大兴安岭山岳地带狩猎生活的索伦鄂温克人，按河流分设5个“阿巴”，分别管辖所属各佐领，突出了战时出征参战和平时猎貂纳贡的义务。

对于在嫩江流域平原地带，自然环境适宜农耕生活的达斡尔人和一部分索伦鄂温克人编成3个甲喇，分别管辖所属各佐领，平时发展农业生产和战时从征的义务。

1685年，在《清实录》中记载：“索伦、达斡尔总管之任甚为重要，必得贤能之人，始能管理。”是年10月就始设总管，原奉天将军安珠护为布特哈总管，并设索伦、达斡尔总管2名，副总管8名，索伦鄂温克人洪吉被任命为总管，并掌印治事。

1689年9月7日，中俄签订《尼布楚条约》规定，额尔古纳河以北、格尔必齐河以西尼布楚一带的大片领土属于俄国，额尔古纳河河源以南仍属中国，呼伦贝尔地区成为祖国北部边疆前沿。

1690年，黑龙江将军由黑龙江城（今爱辉）移驻墨尔根城（今嫩江县城）。翌年，布特哈打牲部划归黑龙江将军管辖，换发了木质官方印信，并实行索伦、达斡尔分治，各设总管、副总管，并掌印治事，分管各自民族的事务，设副都统衔满洲总管1名，统辖索伦、达斡尔两部，总管衙门设在嫩江两岸宜卧奇屯。

1691年，黑龙江将军移驻齐齐哈尔城，随将军移驻的有达斡尔12名佐领和索伦鄂温克4名佐领及其民众共960人，成为齐齐哈尔城的早期居民。

伊敏河流域

1731年，清朝从布特哈地区往呼伦贝尔派遣3000兵丁驻牧戍边之前，布特哈打牲部经黑龙江将军批准，对剩余的3661人，重新编佐领61部（其中索伦鄂温克27部、达斡尔21部、鄂伦春10部），按照原居住区域，把索伦鄂温克5个阿巴和达斡尔3个甲喇编制为8个旗（其中索伦鄂温克5个旗、达斡尔3个旗），正式启用了“布特哈八旗”之称谓。

呼伦贝尔副都统衙门

五

1732年，为了加强中俄呼伦贝尔段的防务，黑龙江将军卓尔海启奏，清朝军机大臣及时议复，《清实录》记载：“清拣选索伦、达虎儿、巴尔虎、鄂伦春三千名，迁移其地，将伊等编为左、右两翼八旗……清将达巴哈管理左翼，博尔本察管理右翼，掌管总管官防。”于是，从布特哈地区挑选赴呼伦贝尔戍边兵丁3000人，其中索伦兵1636人、达虎儿（达斡尔）兵730人、巴尔蒙古兵275人、鄂伦春兵359人，还有老、弱、残余丁796人。

根据朝廷任命，达巴哈为左翼总管，管辖正白、正蓝、镶黄、镶白四旗；博尔本察（鄂温克）掌管呼伦贝尔总管官房兼右翼总管，管辖正黄、正红、镶红、镶蓝四旗。同时，为了便于带领戍边兵丁，博尔本察、达巴哈2人启奏，任命图倭德、阿巴西克、满古达、博络克、毕力功、黑布西尔图尔、特通格、阿尔本常8人为副总管，每人带领1名旗兵丁。

1732年夏，由博尔本察、达巴哈奉命带领戍边官兵抵进呼伦贝尔草原海拉尔河与伊敏河汇流处附近驻防，安营扎寨，左翼总管衙门设在伊敏河西岸胡吉日托海（今鄂温克族自治旗巴彦托海镇，又称南屯），右翼总管衙门设在西屯（今海拉尔西南军用飞机场）。

左翼四旗在额尔古纳河通往俄国道路边界一带设防并驻牧于伊敏河东、锡尼河北、大兴安岭西，北至额尔古纳河；右翼四旗在哈拉哈河喀尔喀蒙古边界一带防守，驻牧于哈拉哈河右岸，伊敏河西至呼伦湖之间地带。

博尔本察、达巴哈进驻呼伦贝尔之始就划分驻牧区域，安营扎寨，布防戍边，以立产业等项工作奋勇效力，为开拓和保卫边疆打下了基础。

1733 年 1 月 23 日，雍正皇帝命护军统领博第，为呼伦贝尔第一任副都统衔总管，前往总统。不久，索伦八旗兵丁大部分被调往察罕敖拉卡伦，加上 1734 年新巴尔虎蒙古人迁入呼伦贝尔西南部一带游牧，索伦八旗主要担负了额尔古纳河沿岸 6 处卡伦的巡逻警戒任务。

1734 年，在伊敏河流入海拉尔河的汇口处附近修筑城池，即呼伦贝尔城，因地介于呼伦、贝尔两湖间，遂名呼伦贝尔城，又称呼伦城（今海拉尔）。初建城时，地址在海拉尔正阳街一带，从北京、山西、河北来的 8 家商户经商，从事商业活动，为戍边人提供生产、生活用品，并把牲畜及畜产品销往内地市场，起到了促进呼伦贝尔经济文化发展的作用。

六

清军在新疆天山南北两路经过几年的征战，平息分裂势力之后，清政府为加强对新疆的行政管理和军事防守，于 1762 年在伊犁惠远城设置将军衙门，称“伊犁将军衙门”，统辖新疆南北两路，下设 4 个领队大臣分管，并调整了新疆的军事部署。一方面参加戍边之索伦、达斡尔、蒙古、满洲兵丁的换班、换防，重点设防；另一方面调兵 2 万在新疆伊犁屯田戍边，守卫边疆。

黑龙江将军国多欢、布特哈总管噶布舒奉命安排鄂温克、达斡尔兵及眷属赴新疆伊犁屯田启程事宜。

第一批鄂温克兵 500 人，在总管诺门察及佐领骁骑校 11 名官员的带领下，携带其眷属 1421 人。1763 年农历四月初十开春后，

鄂温克骑兵

从东北嫩江流域起程西行，经过漠北蒙古车臣汗部、土谢图汗部地方。农历八月中旬，抵达赛音诺颜部乌里雅苏台地方，稍休整后继续西行，经扎萨克图汗部和科布多地方，越过查干敖博，沿额敏河而上，经博拉塔拉地方，于1764年正月十九日抵达伊犁。

第二批达斡尔兵500人，在副总管色尔莫勒图及佐领骁骑校11名官员的带领下，携其眷属1417人，于1763年农历五月初三，从东北嫩江流域起程西迁。途中经过漠北蒙古车臣汗部、土谢图汗部地方，最终抵达赛音诺颜部乌里雅苏台，并选其附近扎巴坎地方扎营过冬。第二年春，又从乌里雅苏台起程，取道巴里坤、乌鲁木齐前往伊犁。

鄂温克、达斡尔兵丁及眷属，从布哈特地区起程，在护送官员的带领下，冒严寒、顶风雪、过草地、走戈壁，艰苦奋斗，长途跋涉，克服种种困难，在沿途驻军的鼎力相助下，全部平安到达伊犁。

七

伊犁将军明端，把迁来的兵丁及眷属安置于伊犁河北霍尔果斯河以西、以东的策济、济其汗、萨马尔、图尔根等地牧耕、驻防；把达斡尔兵丁及其眷属安置在霍尔果斯以东克阿力木图、霍尔果斯、富斯克等地驻防。并组成索伦营（鄂温克、达斡尔），与锡伯营、额鲁特营、察哈尔营，通称“外八旗”。并因民族不同分左右两翼八旗，其中右翼四旗为鄂温克人，左翼四旗为达斡尔人。

霍尔果斯河以西皆为荒原，夏无避雨之所、冬无挡风雪之处，生活非常艰苦，一切都从头做起。清政府为使鄂温克放牧为生，给留存旅途中所带马驼产业外，每户给羊25只，二三户合给牛1头，并调拨1年的口粮和开垦种植的种子。

伊犁河北边界，地域辽阔，边境线长，大小卡伦有70余座，每座驻守10—30人，各卡间相距数十里至百余里，各营每月由主管、副主管、佐领带领30名兵丁巡查，在各营交界处会哨。

鄂温克、锡伯两营，除守卫本防区卡伦之外，还承担了换防喀什噶尔（今喀什）和塔尔巴哈台（今塔城）的任务，鄂温克、锡伯往喀什噶尔各派96人换防，1786年从鄂温克营增派鄂温克兵200人作为换防兵丁，1798年增加到300人，鄂温克、锡伯各出一半人更换。

鄂温克兵移居伊犁后，由于天灾人祸死了很多人，出现了兵员不足的情况，1798年从锡伯营给鄂温克营补充160户、658口人。

1826年，新疆南路张格尔叛乱，驻伊犁鄂温克营副总管鄂温克哈丹保率鄂温克、锡伯兵，配合清军主力出卡追捕张格尔贼兵，在喀尔盖山俘获张格尔。哈丹保在战斗中奋勇效力，拼命冲杀，立下了战功，1828年赐予“达哈逊巴图鲁”称号，并列入四十功臣，载入功臣史册，绘图紫光阁。

1895年6月18日，塔尔巴哈台参赞大臣富勒铭额将塔尔巴哈台鄂温克尖锐营官兵，改编为新满营，把鄂温克、达斡尔、锡伯编为左右两翼八旗。此时，在新满营中达斡尔人居多数，其次锡伯人，鄂温克人处于少数，左翼四旗为达斡尔族，右翼四旗为锡伯、鄂温克人。

1911年，在塔尔巴哈台仍沿袭清朝的八旗制，新满营八旗仍保持原来的建制，除军事外，其他事物仍由原来的总管、协领、佐领等代理，一直延续到塔城县建制出现。塔城县政府将八旗改为乡，由农官署理八旗农业生产。

呼伦贝尔城

鄂温克骑兵

新满营弃甲归农后，左翼四旗达斡尔居住在塔城的阿西尔、阿布都拉乡等地，右翼四旗为锡伯、鄂温克居住在塔城的塔尔哈巴克乡，鄂温克人在阿西尔乡也有几户人家。

中华人民共和国成立后，根据鄂温克族人民的意愿，按照党的民族政策，内蒙古自治区人民政府于1958年3月5日取消“鄂温克”“通古斯”“雅库特”等称谓，统一称鄂温克族。

鄂温克人在旧社会由于天灾人祸，人口大减，加上新中国成立初期，在新疆混淆鄂温克、达斡尔族称，认为达斡尔为清代鄂温克营中的鄂温克族，否认鄂温克人在索伦营中的成员地位，致使真正的索伦人无所适从，处于尴尬的局面，不得不以锡伯族、达斡尔族族称出现，有的虽然以鄂温克族名出现，恢复了自称，但由于有的人改变了自称，致使鄂温克人口分散，又减少了一些人口。

八

清代，被编入索伦营调整到新疆的达斡尔人，曾被称作索伦族。旧时对清代迁居今新疆塔城地区达斡尔族的称呼，说达斡尔是鄂温克族，可是在清代有“索伦”之称，但在清代文献中未见有“索伦族”的记载，也不能因为建制的是索伦营就把与语言不相同的达斡尔人称为“索伦族”。明显混淆族称，张冠李戴，不仅歪曲了达斡尔人的族称，而且否认了真正的索伦。其实，索伦营由两个不同语族的民族组成，有通古斯语族的鄂温克人，也有蒙古语族的达斡尔人。可是，在有些民族辞书里，只片面地提及达斡尔人，不提“索伦人”，只字未提索伦人在清代与达斡尔人同时被编入索伦营征调到新疆伊犁地区屯田戍边的历史事实，明显抛弃了“索伦人”与达斡尔人团结合作、共同奋斗、奋勇效力做出的贡献。

总之，岁月印证了“索伦人”远涉西北边疆地区，足迹踏遍新疆北路边疆地带，一代代艰苦奋斗，流血牺牲，生死边疆，在复杂多变的关系中，奋斗不息250年的历史。他们至今还想念着故乡的鄂温克族同胞，1985年新疆塔城市的布克图老人不远万里来到呼伦贝尔盟（市）探望了故乡的同胞，相互交流，沟通感情。1988年，布克图老人又带领塔城市阿西尔乡曼牧巴克村的西亚克及其女儿涂柳华参加了鄂温克族自治旗成立30周年的庆祝大会。

鄂温克族称的含义与其他历史称谓

乌热尔图

鄂温克民族是古老的民族。谈到鄂温克民族的历史特点，可以这样来概括：民族人口较少，居住地分散，历史上经历过多次大迁徙。另外，鄂温克人习惯于以居住地的河流代称，以此来区分彼此，由此形成了多种多样的自称和他称。

一、怎样解释“鄂温克”一词的含义

大兴安岭

文史资料

1956—1958 年，中国社会科学院少数民族社会历史调查组对中国境内的鄂温克民族进行了社会调查，将“鄂温克”这一族称的原意及由来列为研究课题。在调查中，阿荣旗查巴奇的鄂温克人称：“‘鄂温克’的意思是指‘住在山南坡的人们’”；额尔古纳旗使鹿鄂温克人对此的解答是：“鄂温克人对西伯利亚一带的大山林，其中包括兴安岭、勒拿河、阿玛扎尔河等地区的大山林，都叫‘俄哥登’(大山林)，而在这些大山林中居住的人们都叫‘鄂温克’。因此，‘鄂温克’的意思就是‘住在大山林中的人们’。”截至目前，在中国境内，人们已经习惯于说“鄂温克”一词的含义，就是“住在大山林中的人们”。

随着社会的发展以及人们历史意识的提高，更多的人发现，以往对“鄂温克”一词的阐释中存在着一些矛盾，一些无法解释的历史偏差。例如，阿荣旗的鄂温克人称“鄂温克”的意思是“住在山南坡的人们”。这个“山南坡”到底指的是什么山？其地理位置是不清楚的，但它绝不可能指的是大兴安岭。这一“山南坡”的观点，代表了鄂温克索伦分支残缺的早期记忆。而称“鄂温克”的含义是“住在大山林中的人们”的说法，具体所指是西伯利亚阿玛扎尔河一带的大山林。这一观点，代表了使鹿鄂温克分支的集体记忆。这一记忆也带有明显的缺陷，因为鄂温克人迁至西伯利亚只有 1000 多年的历史。所以上述两种说法，不足以解释“鄂温克”一词的原有含义。

1989 年，《鄂温克族的起源》一书正式出版，作者是鄂温克族学者乌云达赉先生。在这部专著中，这位历史地名学家对鄂温克族起源问题进行了深入研究，并对“鄂温克”一词的含义，进行了全新的阐释。乌云达赉先生的历史观点清晰、深刻，与俄罗斯著名人类学家希罗科戈罗夫·谢尔盖·米哈伊洛维奇的推断基本一致。简括起来说，乌云达赉先生认为，“鄂温克”这一族称是由 olgi 生发而来，olgi 是沃沮—通古斯语，鄂温克人是古沃沮人的后裔。沃沮—通古斯语称烧水时锅底翻花、沸水漩动状态为 olgi，所以把翻花的矿泉、漩流的矿泉也称为 olgi。olgi 的原本之意，指的是鄂温克先祖聚集地的一处矿泉——沙玛伊尔矿泉。那么，沙玛伊尔矿泉到底在哪儿？这个沙玛伊尔矿泉位于乌苏里

养驯鹿

江上游右侧，其具体的位置和名称，今按俄文音译为“什马科夫卡”。历史上的沙玛伊尔矿泉，是鄂温克先人的聚集之地，“鄂温克”这一称谓是因 olgi 而得名。这是历史地名学家乌云达赉先生的研究成果。

由此说来，把“鄂温克”一词直译为“翻花的矿泉”并不能代表其原意。因此，遵循乌云达赉先生的思路，提议将“鄂温克”一词解读为“居住在沙玛伊尔矿泉的人们”。具体地说，所有以鄂温克自称的人们，都是“居住在沙玛伊尔矿泉的人们”的后裔。这样，将鄂温克人的先祖与先祖的世居之地相互联系在了一起，便可进一步唤醒和重新确立鄂温克民族起源于乌苏里江流域的历史记忆了。另外，在鄂温克人的记忆中，“鄂温克”这一称谓还含有从山上“下去”或“下来”之意。乌云达赉认定，这里所指的“山上”，原指乌苏里江流域锡霍特山脉的某处山岭。

二、谈谈“沃沮”这一称呼

“沃沮”是 olgi 的汉文标注，也就是说，沃沮是最早进入历史记载的鄂温克民族的代称。“沃沮”一名最早出现于汉代，在《三国志·东夷传》中提到了沃沮，距今约 1800 年历史。

中国的学术界对沃沮看法不一，其主要问题是误将沃沮划入高句丽语族。这是一个历史误判。

大兴安岭河谷

沃沮是世代居住在兴凯湖及乌苏里江流域的族群，在秦汉时期，沃沮人数约“户五千”，“国小，迫于大国之间”。当时，他们分为北沃沮和南沃沮，史书中也有称呼东沃沮的，可见当时沃沮人分布在广阔的地域。有学者认为，北沃沮的活动中心在绥芬河流域，他们的北面是挹娄人，东面是高句丽人。而按照鄂温克人流传下来的古老传说，鄂温克人的祖先确实同高丽人比邻而居。在中国史书中记载，公元前58年高句丽征服了南沃沮，北沃沮于公元前27年被高句丽所侵占，但这两部分沃沮直到后汉三国时期并未融入高句丽，而被独立列传。沃沮的历史命运坎坷，一些部落长期臣服于高句丽，饱受高句丽的奴役和欺压。受其影响，一些史学家误认为同属于高句丽语族。

乌云达赉先生认为，因沙玛伊尔有许多疗效极佳的矿泉，各地的沃沮人每年来此治疗各种疾病，久而久之，将这一带地方建设成为北沃沮的经济、社会、文化、政治、军事的中心，也是萨满教的中心。这一矿泉，是以鄂温克族最古老的“萨玛伊尔”氏族命名的。

可以确切地说，历史上的沃沮属于通古斯语系，而鄂温克人是沃沮人的后裔。

三、谈谈弘吉剌诸部

弘吉剌（olgunuut）诸部在鄂温克族的历史上占有重要的地位。具体谈到弘吉剌，首先涉及鄂温克族群的迁徙。大约在西晋以前，也就是大约1700多年前，沃沮国的鄂温克人，也就是史书中所称的“安车骨部”“安居人”。他们与高句丽之间发生了一场战争，安居鄂温克人先胜后败，被高句丽掳去600余户，约3000人，并迁到第二松花江西岸地区。这是一次重要的部族迁徙，使鄂温克人在第二松花江流域繁衍生息，在那里发展成3个支系、6个部落。这些部落的名称均得自当地的山川河流。

第1个支系，名曰双河，沃沮—通古斯语称“juur lupgu”，意思是“两条径直流过的河”。这两条河，就是第二松花江流域的饮马河上游。双河是弘吉剌3个支系中的本支，6个部落

山林狩猎

中的正支，所以，也称他们为弘吉剌。这一支系的一些分支西迁后，主要分布在呼伦贝尔、蒙古高原东北部，散居在贝加尔湖以东地区。

第2个支系，名曰渤海(雾海—奢岭)，沃沮—通古斯语称“buhai eer”。渤海系派生出两个部落，一个称“ii kir”，另一个称“olgun”。“olgun”部落的原意为干河床，这个部落的一些分支西迁后，元初居住在今根河与海拉尔之间的地区，《蒙古秘史》中记载为“斡勒忽讷兀剔”。成吉思汗的母亲诃额仑就出自这个部落。

第3个支系，名曰柳河—大氏，沃沮—通古斯语称“tungu daayir”。“tung”意为“柳条丛林”。这个“柳条林子河”，指的是第二松花江流域柳河—辉发河上段河道柳河。“daayir”的“daa”，表示“原本的”“原有的”“最初就有的”的意思。daayir的“ir”，意为“洞穴”，有时当词尾来用。家族中的嫡长房，氏族中的本支家族，部落中的正支氏族，都叫作“daa-ir”，在中国史书《旧唐书》《新唐书》中意为“大”。在《蒙古秘史》中记载为“歹亦儿”“答亦儿”。柳河—大氏派生出3个部落：其一“goro”，其二“oiheen”，其三“haran”。

历史上的“gorol”部落，曾出过两位重要的人物：一是在“gorol”部落的一些分支西迁后，他们的氏族到达贝加尔湖东岸，与蒙古人相邻而居，在《蒙古秘史》中记载为“豁罗剌思”。对此，拉施特在《史集》中记载，铁木真的第十二世祖母阿阑豁阿出自“gorolas”部落，其家族曾在贝加尔湖东岸巴尔古津河流域居住。

使鹿鄂温克人

二是留在故乡柳河上游流域的“gorol”部落，他们经过繁衍，发展成为强大的部落。渤海国（698—926）的开国君王大祚荣就出自这个部落。

“oiheen”部落，分布在东辽河上游的渭津河的地方。“oiheen”的意思是“大森林”。“oiheen”部落的若干分支西迁后，拉施特在《史集》中称其为“额勒只斤”。

“haran”部落，分布在海龙河流域及今辉南县一带。“haran”的意思是“山口”“鞍部”“岭口”。“haran”部落的若干分支西迁后，拉施特在《史集》中记载为“合剌讷惕”。

上述对弘吉剌诸部的起源及历史变迁的简要描述，是历史学家乌云达赉先生最重要的研究成果，也是他本人对鄂温克民族做出的极其宝贵的贡献。

四、解读“通古斯”一词的含义

可以说，“通古斯”一词是鄂温克民族最重要的代称。但是，这些年来，各方面人士对“通古斯”一词的解释偏差太大，令人不解。

乌云达赉先生对“通古斯”一词的解释合情合理，因此具有权威性。他认为，通古斯是“tunggus”的译音。“tunggus”是沃沮—通古斯语，“tung”意为“柳条林”，“gu”意为“河”，“s”是蒙古语、突厥语复数词尾。

通古斯，是鄂温克人的别称，也是约 11 世纪初移居叶尼塞河流域鄂温克人的自称。11 世纪初，乌素固（鄂温克）部西迁时，将“通古斯”这一名称带到了叶尼塞河流域。通古斯的本意是指第二松花江下游支流伊通河（一统河），伊通河在辽金时代就称“tunggus”，即通河。这条由鄂温克先人命名的季节性小河，原意是“岸边长满柳树林的小河”，小河两岸是弘吉剌部落的故乡。原居“tung-gu”（通河）的部落支系迁至叶尼塞河流域后，他们自称“tung-gu”人（“柳河人”或“［伊］通河人”），其近邻哈卡斯人、吉尔吉斯人、克特人便在“tung-gu”后面加上突厥语复数词尾 -s，称他们为“tung-gu”，即通古斯。

使鹰猎人

之后，“通古斯”一词被广泛应用，由特指鄂温克的部落称

鄂温克老人与儿童

谓转入语言学及人类学领域，成为外延丰富的多义概念。

五、“索伦”的含义

“索伦”是鄂温克支系部落的自称。早在明清时期，索伦一度成为中国境内鄂温克诸部的代称。

索伦是“sologu ni”的变读“solun”的译音。“sologu ni”，是沃沮—通古斯语，“sologu”意为“东方”“河流的左方”“河流的上方”，“ni”意为“人”。“sologu ni”（solun）通常是“东方人”“东夷”的意思。“sologu”所指的“东方”“河流的左方”“河流的上方”，最初原意是指辽河以东的地方，也就是第二松花江西岸地区。大致在唐代之前，约1400年前，那里是鄂温克人繁衍生息之地，是鄂温克民族的发祥地。

“sologu ni”这一称谓，最早见于拉施特的《史集》。汉译者将其译注为“速勒都思”（solongg hos）部落，在《蒙古秘史》中，“索伦”被译为“速勒都思”。在《蒙古诸汗黄金史纲》和《蒙古汗统宝贵史纲》中称“索伦之渤海”或“渤海之索伦”，准确地记述了索伦源自渤海国。

总括起来说，“鄂温克”这一称谓的含义“居住在沙玛伊尔矿泉的人们”，指明了鄂温克民族起源于乌苏里江流域。这一族称的内涵，与其他古老民族称谓的含义原则上相一致，所传递的信息要素隐含了先祖的身份，以及先祖的居住地，并由此在后嗣的心灵中奠定崇尚的情怀。

参考文献

［1］内蒙古自治区编辑组:《鄂温克族社会历史调查》，内蒙古人民出版社，1986年版，第13、第149页。

［2］乌云达赉:《鄂温克族的起源》，内蒙古大学出版社，1998年版，第7、第12页。

［3］于志耿、孙秀仁:《黑龙江古代民族史纲》，黑龙江省文物出版，1982年版，第72—73页。

索伦部驻防呼伦贝尔

阿　力

本文依据雍正时期的原始档案资料，简述清廷从布特哈地区选派索伦（鄂温克）、达斡尔、鄂伦春、巴尔虎蒙古等民族3000名兵丁进驻呼伦贝尔驻防边疆的经过，并对当时的历史背景、迁徙过程、翼佐编制、驻防体制的特点，以及最初两年的军事设施建设等情况加以叙述。

呼伦贝尔古城复原图

一、组建呼伦贝尔索伦八旗的历史背景

八旗制度是努尔哈赤创建的以牛录①为基层组织形势发展起来的军民合一的社会组织，它在清朝历史发展过程中起到过重要的作用。正如一切事物都在发展变化一样，这种组织制度也是从原有的四旗发展为八旗，又从满洲八旗、蒙古八旗、汉军八旗扩展为由一些同一民族或不同民族集团构成的独立八旗。呼伦贝尔索伦八旗的组建，即是由这种不同民族集团构成的独立八旗的一种形式。

在开发呼伦贝尔地区②之初期，清朝政府不惜人力、财力、物力，取消贡赋、赏赐牲畜、提供俸禄、加官晋爵，甚至从齐齐哈尔等处“送往呼伦贝尔等处口米亦分兵丁磨之……圣主教养官兵，为其生计详谋，连红白事赏银，屡施鸿恩，赏赐行粮，以致官兵资生万年永享丰厚之仁意，实为至极”③。清廷如此下大力气，以组建八旗军制形式来着手经营呼伦贝尔地区，有着深刻的历史背景。

其一，1689—1728年，清政府与俄国分别签订了《尼布楚条约》（1689年9月）、《布连斯奇条约》（1727年8月）、《阿巴哈依图界约》（1727年10月）和《恰克图界约》（1728年10月）。由此，额尔古纳河成为“俄人由尼布楚入东三省水陆之咽喉”④，呼伦贝尔遂成了北疆最重要的门户和防俄越境的紧要之地。虽然两国签订了界约和条约，但是沙俄仍然不信守条约，俄人越境打草、居住、耕种等侵犯边境领土的事件时有发生，北疆呼伦贝尔草原成为有边无防之地。另一方面，自康熙朝到雍正朝初年，准噶尔部一直与清朝处于抗衡的状态，俄国积极与准噶尔结盟的动机又一直为清朝所警惕和担忧。在这种棘手的局势之下，雍正帝不得不对清朝北部边疆的总体战略重新进行设计、部署，以缓解来自北方的种种压力。为加强防御，就近训练军队，促使清王朝立即着手经营呼伦贝尔。雍正二年（1724），清廷派时任齐齐哈尔城镶

---

① 牛录，原本是满族传统的狩猎生产组织，后演变为八旗制度的基层组织单位。满语的“牛录”及“牛录章京”，在汉语中译为“佐领”。

② 清代的呼伦贝尔地区，大体上指今内蒙古自治区呼伦贝尔市大兴安岭以西地区。

③《满文朱批奏折》，第2321页。雍正七年（1729）定制，凡是出征鄂温克、达斡尔等官兵“倘其家有喜事，各赏银六两，若有丧事，各赏银十二两”。

④ 曹廷杰：《东北边防辑要》，黑龙江教育出版社，2014年版，第83页。

红旗协领卓尔海率领鄂温克、达斡尔等卡伦巡防兵巡察呼伦贝尔中俄边境，又于雍正五年（1727）建军营于“与几拉木台相毗连的敖尔辉”[1]地方，并沿呼伦贝尔额尔古纳河左岸国界设立了12处卡伦，名曰“外卡”，也称为“防俄外卡伦”，每卡配备4座蒙古包，兵30名，3个月一换，进行巡防[2]。

毡包

其二，雍正七年（1729）二月，雍正帝发布了征讨准噶尔的命令，由北路（阿尔泰）、西路（巴里坤）两军发起攻势。但在雍正九年（1731）六月，清军在与准噶尔大、小策凌敦多布交战中失败，作为清军和通淖尔[3]的重要军营被攻陷后，退至科布多。雍正十年（1732），准噶尔噶尔丹策凌亲自率军乘胜追击，清军节节败退，被迫丢弃正在建筑中的科布多城，向察罕叟尔[4]退却。由此，大清北部边境又受到准噶尔的威胁。此时，从京城至北部清军的所有军营驿站路线全部被切断，西部陷入混乱状态。同年十月，清军北路副将军丹津多尔济、额驸策凌等统领满洲、蒙古、鄂温克、达斡尔、鄂伦春等民族2万余兵追击准噶尔噶尔丹策凌军，在厄尔德尼招地方大败准噶尔军，“杀贼万余，尸遍山谷，河流尽赤……余贼逃往鄂尔昆上游”。由此，北部战局趋于缓和状态。但是清廷并未放松警惕，为预防准噶尔方面再度进攻，更加重视和加强对北部边境的防御。

雍正九年(1731),黑龙江将军卓尔海为了改变“轮回守防”为“驻边守防”，在经过对布特哈地区兵源情况摸底调查后，向朝廷提出了调遣部分军队的建议。雍正九年（1731）十一月，雍正皇帝颁布上谕：“听说从布特哈之索伦、达斡尔、巴尔虎中共可得士兵三千。将这三千兵派至喀尔喀河、呼伦贝尔周围选定的膏腴之地，

---

① 内蒙古东北少数民族社会历史调查组：《有关达呼尔鄂伦春与索伦族历史资料》，黑龙江人民出版社，1958年1月版。“几拉木台”为地名，今称扎罗木德。笔者认为，与扎罗木德地方相毗连称为“敖尔辉”的地方为今呼伦贝尔市鄂温克族自治旗巴彦嵯岗苏木敖勒高鸿一带，此地现已被开发为旅游景区，称五泉山。

②程廷恒、张家璠：《呼伦贝尔志略》上海太平洋印刷公司，1923年版；《呼伦贝尔副都统衙门册报志稿》，黑龙江教育出版社，2016年3月版。

③ 和通淖尔，今新疆阿勒泰北与蒙古国边界地区。蒙古语称湖泊为“淖尔”。准噶尔部与清军在和通淖尔地区展开一场战争，此战以清军失败而告终。

④ 察罕叟尔，蒙古语“白尾”之意，位于蒙古国境内。

赏赐给足够生活所需之家产、家畜，使其游牧驻扎，并选择适合训练步射、骑射、鸟枪的地方筑城……数年间，便会成为一支精锐的部队”①。可想而知，雍正帝调兵至呼伦贝尔的目的，首先是因为呼伦贝尔地方不仅与俄罗斯相接壤，又处于喀尔喀蒙古等之游牧边缘，地理位置极为重要。其次是抵制俄罗斯继续东进扩张，监护喀尔喀蒙古内讧，防御准噶尔势力对北疆的延伸而造成对清廷威胁。这些也成为清廷组建“索伦八旗”驻防呼伦贝尔的主要任务，继而在北疆训练造就一支永久守疆护国的精锐部队。

二、索伦部②进驻呼伦贝尔的经过

清廷着手调遣索伦部进驻呼伦贝尔的过程，在中国第一历史档案馆藏有较为翔实的原始档案资料。依据这些档案资料，可以认定，黑龙江将军卓尔海于雍正九年（1731）就安排布特哈索伦总管达巴哈以及头等侍卫博尔本察对该地进行了实地考察。卓尔海根据此二人的考察汇报，于雍正十年（1732）四月十六日拟定初步设想呈奏京城朝廷。在此奏折中，卓尔海具体阐述了以下几个方面的内容：一是呼伦贝尔河流、草场、林木以及自然资源等情况，同时提出“扎罗木德地方很是广阔，该地与北方俄国边境额尔古纳很近，在西南与喀尔喀蒙古交界，而且又与敖尔辉驻兵处所相毗连”，有利于巡防。二是对在布特哈地区挑选3000兵丁的基本情况加以说明。其中讲道：“奴臣我们去布特哈地区，进行选拔索伦、达呼尔、巴尔虎的兵丁的时候，鄂伦春人们也向奴臣等跪称‘我们向圣君归顺以来，受到的恩惠是无限的。我们原来是与索伦等杂居在一起生活的。如果把我们也不和他们一同选拔的话，我们大家向何处去努力效劳’等话”③。三是提出了组建八旗旗佐的设想，对管理人员提出方案，除达巴哈、博尔本察拟担任索伦左右两翼总管外，提出将头等侍卫图倭尔德尔、阿巴西克、满古达、

寺庙

① 中国第一历史档案馆藏《月折档》第3册，第397页。

② 明末清初，居住在黑龙江中上游，精奇里江等流域的鄂温克、鄂伦春、达斡尔等族先民，被清朝统称为索伦部。

③ 内蒙古东北少数民族社会历史调查组：《有关达呼尔鄂伦春与索伦族历史资料》，黑龙江人民出版社，1958年1月版。

博洛克、毕力功、里布西尔图、特通格、阿尔班常升任为副总管的建议。四是提出对达利刚该（地名）现有“骡马二万四千一百余匹、绵羊十万只”的分配意见，并对分发兵器旗纛、官兵俸禄等提出了意见。五是提出试种一两年庄稼，暂且停止建造城池等。雍正皇帝阅完奏折旨意：“命军机大臣处进行磋商再行启奏。”① 大学士鄂尔泰等接旨磋商后，于四月二十一日形成详细完整的方案呈交雍正帝。雍正皇帝于五月九日予以批复，并于五月十五日下达了正式公文。

雍正十年（1732）四月二十一日，经大学士大臣鄂尔泰等所请旨意的奏折看，从黑龙江将军卓尔海等关于向呼伦贝尔地区派驻索伦兵丁事宜的奏折看，据达巴哈等人视察该地区的呈报，巡视喀尔喀河和呼伦湖等地区：海拉尔河从东流来注于呼伦湖。扎勒木德河从南方流来注入于海拉尔河。在扎勒木德河的合流处，土地肥而又阔，对于耕种和建筑城池很适宜，而且水草很丰美，树林很茂密，禽兽也很丰富。北方，距离俄罗斯边界的额尔古纳河很近，而西南方又与喀尔喀蒙古接壤。因此，奴臣我们就去到布特哈地区，选拔了索伦人1636名、达斡尔人730名、巴尔虎人275名、鄂伦春人359名，再把在各个人的户口上不能够分开的、闲散、幼丁和老弱、残废等定额男丁包括在内，共计796名，也要随被选拔的人们一同前去，编成八旗。到那儿再建城区和设左翼四旗，游牧于跨过通俄罗斯道路的边界上；右翼四旗游牧于靠近喀尔喀境界，直到喀尔喀河的地带。把这3000名兵丁，编成50个佐，再设镶黄和正黄两个旗，各设7个佐，在正白旗以下的6个旗，各设6个佐，每佐任命佐领1名，骁骑校1名，并每旗任命副总管1名来暂时管理迁移。索伦、巴尔虎部本来以游牧为习惯的缘故，可以携带其眷属迁移。但是达斡尔部，向来都以建筑房舍、耕种为生活的缘故，可以先派遣其单身之人去新迁移所，进行耕种和建筑房舍，再把他们的眷属移去。从派驻兵丁的地方起，到达齐齐哈尔城的390余千米中间，没有人家和屯村，沿路上需要设置驿站关卡，以利于往来书信的传递。对于总管等，按照成例铸制官防发给，

---

① 内蒙古东北少数民族社会历史调查组：《有关达呼尔鄂伦春与索伦族历史资料》。黑龙江人民出版社，1958年1月版。

并且要任命笔贴式两名。任达巴哈、布尔本车等人为总管，而达巴哈去管辖左翼，布尔本车去管辖右翼，并且用共同协商的方式来办理事务。对于8个副总管的缺额，任命图倭尔德尔、阿巴西克、满古达、博洛克、毕力功、里布西尔图、特通格、阿尔般常等人为副总管，而这些个官员们都归黑龙江将军统辖。根据蒙古人的说法，预定要建筑的扎勒木德地方，降冻霜期较为早。因此，请求在此一两年期间，暂行游牧，同时试种庄稼，如果收获粮食，再行请求建城事宜。对新迁移的各总管补助马10匹、乳牛10头、绵羊80只，各副总管补助马8匹、乳牛8头、绵羊60只，各佐领补助马7匹、乳牛7头、绵羊50只，各骁骑校补助马6匹、乳牛6头、绵羊40只。至于对各笔贴式等人补助牲畜的数目，提用对骁骑校实行补助的成例来办理。对兵丁300名，每个赏与骒马5匹、乳牛5头、绵羊30只，以便于他们饲养繁殖，作为永久的财产。关于这项赏予的马和牛，可以在达力岗嘎（今锡林郭勒盟境内）和布特哈地区进行繁殖的马牛群中拨出来办理。在繁殖和饲养牲畜上，年景的好坏不一致，而绝对不可以归结于牲畜。对官员要发给半份俸禄，对兵丁每月要发给钱粮银1两，以资助他们每年修补服装和兵器等物件。现在已经实行编为八旗的关系，应迅速制成旗帜发给为要。对兵丁每名发给弓和箭袋各1个，兵刀1把，梅针箭30打，人箭10打，狩猎用具5打。并且责令布尔本车

老海拉尔远眺

呼伦贝尔城内的工匠

等人，关于兵丁们的训练射箭、轮刺等作战和各项布阵加以指导，同时关于法度、道义，好好地进行开导、晓谕、鼓励和教育。现在要派驻兵丁的地点，离俄罗斯的边境很近，等到把兵派驻以后，在什么地点可以派驻几个关卡，经过详细视察后，责令布尔本车来掌握。雍正十年（1732）五月九日。①

依据这个实施方案，卓尔海一面亲自赶到布特哈，与达巴哈、博尔本察等人一同开始各个方面的组织筹备工作。达巴哈、博尔本察等人按照预定方案在布特哈诸部族之中共选得3000名兵丁之外“再把各个人的户口上，不能够分开的、闲散、幼丁和老弱、残废等定额男丁包括在内，共计796名”。这样，最初选定迁往呼伦贝尔的兵丁及眷属人数总计为3796名。

卓尔海等清朝官员们在布特哈地区招募兵丁结束后，临行前召集所有被选官兵眷属“齐集于会盟处（楚勒罕）”②，讲明有关事宜，同时拟写了一份《官兵叩谢天恩折》转交皇上，其内容如下：“奴才卓尔海等谨奏：为转奏叩谢天恩事。切照几拉木台等

---

① 内蒙古东北少数民族社会历史调查组：《有关达呼尔鄂伦春与索伦族历史资料》，黑龙江人民出版社，1958年1月版。

②“楚勒罕”，源于蒙古语“楚固拉干”一词，即盟会、聚会之意。是清政府为收取布特哈地区各族交纳的貂皮而于康熙三十年（1691）设立的一个场所。最初，“楚勒罕”位于齐齐哈尔市西北20千米的因沁屯（今音钦村）以北约6千米处。“楚勒罕”于咸丰年间废止。

处驻兵一事，由兵部咨行，于五月初十日来到选貂皮会盟处。奴才等即召总管达巴哈，所拣选官兵齐集，圣主施恩，赏赐马牛羊，每年获半俸之事，逐一晓谕，叩谢天恩后，官兵俱雀跃，围拢来奴才处，合掌叩称：我等俱如蝼蚁末等奴才，为圣主毫无寸效，且由我等祖父至此，赈救数次，屡赐生业，实难记清。今为将奴才我等迁往几拉木台等处，复蒙圣主施恩，蠲免貂贡，给予生业，赏足马牛羊，又获半俸饷。圣主此殊恩，奴才安能报答。惟虔诚祈祷圣寿万万年，奴才等世享圣主养育无穷如天地高厚之恩。除此之外，奴才等莫可言喻。请将我等欢忭雀跃之情转达天听，等情。频频叩告。为此将叩谢天恩之处，谨转奏以闻。奴才卓尔海、奴才宗室张格。”①

雍正十年（1732）五月七日，达巴哈总管等官员带领被拣选的鄂温克、达斡尔、鄂伦春、巴尔虎兵丁由楚勒罕地方出发，赶往驻防目的地呼伦贝尔。雍正十年（1732）七月十六日《黑龙江将军卓尔海等奏报总管达巴哈率兵前往海拉尔等处折》记载：“切总管几拉木台地方军总管达巴哈呈称：达巴哈亲率新迁之索伦、达斡尔、巴尔虎官兵，于润五月初七日辰时启程，本月二十三日，俱安善迁至海拉尔、几拉木台等处。为此谨具奏闻。奴才卓尔海、奴才宗室张格。”②从以上奏折中可以看出，被选的3796名官兵及随属等首先齐集在楚勒罕，到呼伦贝尔后，分兵驻扎在海拉尔（伊敏河入海拉尔河口）以及与“敖尔辉驻兵处所相毗连”的几拉木台（今扎罗木德）等处。

清廷采取从布特哈抽调兵丁赴呼伦贝尔驻防的措施，是由于呼伦贝尔“北控俄罗斯，南抚喀尔喀，山河险要”，其地理位置在清朝版图上占有特殊的重要位置。专门拣选索伦、达斡尔、鄂伦春、巴尔虎等兵丁来驻防，除地域相近，生存的地理环境相同以外，主要考虑到的是他们的军事素质。索伦、达斡尔以武见长，康熙朝和雍正朝中都有许多令人赞叹的英勇事迹和记述。因此，让这部分人驻守边疆，

列队

① 《满文朱批奏折》，第2120页。
② 《满文朱批奏折》，第2139页。

城外

一方面与强悍的外敌沙俄形成对峙，保证边疆的安全，同时对防止准噶尔势力的延伸，有着极其重要的意义。另外表明清廷对他们忠诚的信仰以及顽强的战斗力寄予了很大的期望。

总而言之，被调遣驻防于边陲的索伦部民众，被编入八旗，成为披甲，免除了他们的贡赋，由国家赏赐牲畜，分发俸禄，为他们无偿提供军械、粮饷，甚至“连红白事赏银，屡施鸿恩”，这意味着他们已经成为维护国家尊严的职业军人，国家有责任保障他们的生活。

三、翼佐编制、防区及牧地的划分

索伦部进驻呼伦贝尔以后，呼伦贝尔全境成为索伦部防区，即由鄂温克、达斡尔、鄂伦春、陈巴尔虎蒙古等民族3000名兵丁分为左右两翼八旗50个佐（其中镶黄、正黄两旗各7个，其他六旗各6个），以左右两翼划分防区，游牧驻守边境。其左翼四旗驻牧在通往俄罗斯道路边境一带，右翼四旗驻牧在哈拉哈河喀尔喀蒙古边界一带。雍正十年（1732）五月十五日《索伦总管达巴哈为报索伦等佐领及兵丁数目事呈黑龙江将军衙门》的奏折，①将进驻呼伦贝尔当时编设八旗佐领的详细情况以表格形式展示如下：

镶黄旗			
索伦副总管　里布齐勒图			
第一佐佐领	珠鲁克都	骁骑校	乌唐阿（署理领催）
第二佐佐领	瓜察	骁骑校	喀尔玛丕（署理领催）
第三佐佐领	乌尔巴哈第	骁骑校	德济乌勒
第四佐佐领	阿勒精阿	骁骑校	布尼德依
第五佐佐领	扎里乃（署理骁骑校）	骁骑校	古尔格勒图
第六佐佐领	崩库塔（鄂伦春）	骁骑校	噶扎勒图
第七佐佐领	孟讷	骁骑校	依德勒图
领催、披甲：420 名；已及比丁西丹：70 名；未及比丁西丹：40 名			

正白旗			
达斡尔副总管　拓勒德尔			
第一佐佐领	衮泰	骁骑校	苏尔巴岱
第二佐佐领	阿纳勒图（署理骁骑校）	骁骑校	车依沃（署理领催）
第三佐佐领	伯勒图（署理骁骑校）	骁骑校	罗保；笔贴士：提第
第四佐佐领	喀都里（索伦）	骁骑校	乌色勒图（署理领催）
第五佐佐领	齐尔齐喇（署理骁骑校）	骁骑校	格尔毕琛（署理领催）
第六佐佐领	讷棱车（鄂伦春）	骁骑校	雅玛拉
领催、披甲：320 名；已及比丁西丹：80 名；未及比丁西丹：40 名			

①黑龙江省档案馆：《黑龙江将军衙门档案》，黑龙江人民出版社，1993年3月版，第1730页。

镶白旗			
索伦副总管　毕里浑			
第一佐佐领	乌齐内	骁骑校	巴达希（署理领催）
第二佐佐领	乌里勒图	骁骑校	布喇勒图（署理领催）
第三佐佐领	德尔精额	骁骑校	都热克依
第四佐佐领	乌默西（署理骁骑校）	骁骑校	布勒塔噶尔（署理领催）
第五佐佐领	阿勒塔赖（署理骁骑校）	骁骑校	乌尔巴喀察（署理领催）
第六佐佐领	额星古勒图	骁骑校	特沃尔济
领催、披甲：360 名；已及比丁西丹：86 名；未及比丁西丹：40 名			

正红旗			
索伦副总管　特东额			
第一佐佐领	满达喇	骁骑校	伯伦车
第二佐佐领	察古赖	骁骑校	多尔本察
第三佐佐领	达尔巴噶尔	骁骑校	达桑阿
第四佐佐领	玛尔达喀	骁骑校	萨扎勒图
第五佐佐领	尼尔吉达	骁骑校	英纳西喀
第六佐佐领	科尔托浑	骁骑校	英古察
领催、披甲：360 名；已及比丁西丹：153 名；未及比丁西丹：40 名			

镶红旗			
巴尔虎副总管　阿比西克			
第一佐佐领	布勒图罗	骁骑校	默勒克依
第二佐佐领	额尔德尼	骁骑校	布拉克
第三佐佐领	珠瓦齐	骁骑校	扎玛颜
第四佐佐领	莫多玛勒	骁骑校	济尔巴
第五佐佐领	莫绰依	骁骑校	衮楚克（署理领催）
第六佐佐领	锡尔哈（索伦署理蓝翎）	骁骑校	必里克（署理领催）
领催、披甲：360 名；已及比丁西丹：151 名；未及比丁西丹：43 名			

镶蓝旗			
索伦副总管　阿尔斌察			
第一佐佐领	绰托	骁骑校	腾吉勒图
第二佐佐领	乌勒申	骁骑校	阿鲁木索（署理领催）
第三佐佐领	索济勒图（署理蓝翎）	骁骑校	达欣察（署理领催）
第四佐佐领	车齐尔	骁骑校	额米雅勒图（署理领催）
第五佐佐领	多西克尔（鄂伦春）	骁骑校	恩腾额
第六佐佐领	（原稿未标明）	骁骑校	（原稿未标明）
领催、披甲：320 名；已及比丁西丹：60 名；未及比丁西丹：40 名			

正蓝旗			
达斡尔副总管　奔古达			
第一佐佐领	塔齐苏	骁骑校	穆尔斋
第二佐佐领	济勒本	骁骑校	肯德威（署理领催）
第三佐佐领	图很德依（署理骁骑校）	骁骑校	沃勒德（署理领催）
第四佐佐领	罗尔布哈尔（索伦）	骁骑校	罗伯托
第五佐佐领	额尔齐岱（署理骁骑校）	骁骑校	塔尔盖
第六佐佐领	乌尔庆额（鄂伦春）	骁骑校	宁古车
领催、披甲：360 名；已及比丁西丹：62 名；未及比丁西丹：40 名			

正黄旗			
满洲副总管　波罗纳			
第一佐佐领	噶尔兆图（达斡尔）	骁骑校	贾木保（署理领催） 笔贴式：乌扎乃
第二佐佐领	达勒果勒	骁骑校	冲恰（署理领催）
第三佐佐领	昂加图	骁骑校	德呼尼
第四佐佐领	德折勒图（署理骁骑校）	骁骑校	庆吉勒
第五佐佐领	果罗都（署理骁骑校）	骁骑校	济尔库勒德依（署理领催）
第六佐佐领	诺米岱	骁骑校	延讷（署理领催）
第七佐佐领	特沃勒德尔（署理索伦骁骑校）	骁骑校	纳孙
领催、披甲：420 名；已及比丁西丹：73 名；未及比丁西丹：40 名			

在组建索伦八旗初始，雍正帝曾经提出“朕意索伦、达斡尔、巴尔虎各设总管，统管其事……各管所属为宜”，所有官员“均由布特哈地方现任、署理、委用各员内选派”的要求，但从实际官员配制及翼佐编制情况来看并非如此。例如，在官员配制中，正黄旗副总管就由满族人担任，并且这个旗内配备了一名笔贴式。不难推断，总管博尔本察驻在正黄旗中，并受到这个由清朝中央政府委派的副总管监督控制。

再从翼佐编设情况来看，按雍正帝“各设总管，各管所属”的要求，在基本保持各民族间的部落组织形式的同时，也都存在与不同民族混编的情况。例如，镶黄旗 7 个佐以鄂温克人为主体，有部分鄂伦春人混居；正白旗 6 个佐以达斡尔人为主体，有部分鄂温克人和鄂伦春人混居；镶白旗 6 个佐全部都是鄂温克人；正蓝旗 6 个佐以达斡尔人为主体，有部分鄂温克人和鄂伦春人混居；正黄旗 7 个佐有部分达斡尔人和鄂温克人混居；镶蓝旗 6 个佐以鄂温克人为主体，有部分鄂伦春人混居；正红旗 6 个佐全部都是鄂温克人；镶红旗 6 个佐以巴尔虎人为主体，有部分鄂温克人混居。且从正白旗第三佐和正黄旗第一佐中各配 1 名笔贴式来分析，两名总管驻于该两旗。

从清廷对新组建的索伦八旗的归属，官员配制以及翼编设的情况来看，并不完全信任这支队伍，清廷这种不信任的态度，在

后几年表现得尤为突出。首先，清廷将索伦八旗归入内八旗，直接由朝廷掌控。虽然总管以下官员均由本旗原有族民中选任，但没有任期限制，采取“官不得世袭，事不得自专”的措施，通过骑射考核及战绩等，随时提任或撤免。最初雍正十年（1732）对呼伦贝尔索伦八旗的管理，任布特哈索伦三等总管达巴哈为呼伦贝尔索伦左翼总管、任管辖索伦兵头等侍卫博尔本察为呼伦贝尔索伦右翼总管并将“总管关防著博尔本察掌管”。雍正十一年（1733），由于博尔本察与达巴哈“并不和衷办事，不可不派大臣总统，著护军统领（武职正二品）博第前往”①呼伦贝尔。雍正十二年（1734）又派盛京兵部侍郎（武职正二品）永福“统辖呼伦贝尔兵丁”。乾隆六年（1741）清廷派“副都统衔（武职正二品）翟三管辖，并赏原管之总管托尔德尔以副都统衔同辖”。自此开始，呼伦贝尔即专由朝廷“简派大臣一员，加副都统衔，以三年为任期，坐镇其地资统率”的形式进行管理。乾隆八年（1743）改呼伦贝尔统领为副都统衔总管。

雍正十年（1732）六月，清廷从新疆阿尔泰地区额鲁特郡王策布登旺布处调遣100名额鲁特人，这部分额鲁特后来被称为陈额鲁特②；雍正十二年（1734）夏，清廷又从喀尔喀车臣汗部贝子延楚布多尔济等旗下移驻呼伦贝尔的巴尔虎有2983户，这部分巴尔虎人被称为新巴尔虎。

清廷将陈额鲁特蒙古人以及新巴尔虎蒙古人移驻于呼伦贝尔后，除了对索伦八旗的防区进行调整外，以上呼伦贝尔索伦八旗的编制形式一直延续至乾隆七年（1742）。随着清廷与准噶尔战事趋于缓和，清廷将达斡尔和部分鄂温克等遣回布特哈地区原籍后，驻防呼伦贝尔的索伦八旗仍编为左右两翼八旗，将原有50个调整为24个。

综上所述，清廷调遣索伦部进驻呼伦贝尔的原委及目的只有

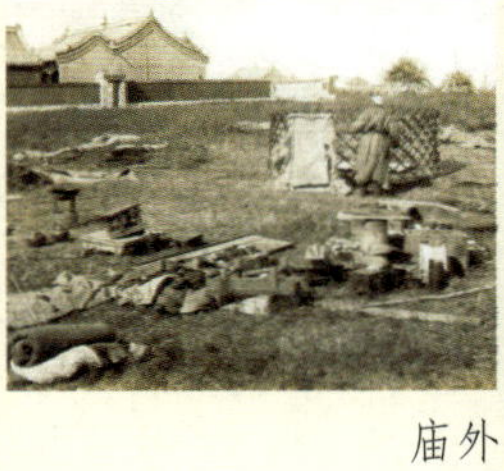

庙外

①黑龙江省档案馆：《黑龙江将军衙门档案》，黑龙江人民出版社，1993年3月版，第1730页。

②程廷恒、张家璠：《呼伦贝尔志略》，上海太平洋印刷公司，1923年版，第55页。

一个，那就是加强这一地区的边疆防务。再从清廷调遣额鲁特、巴尔虎等进驻呼伦贝尔的公文表面上看，其原委或为其安排牧场，或为调节其内部争端与矛盾等。但是，主要目的都是防备沙俄的入侵以及防备准噶尔势力向内延伸，均是为维护清朝的利益所采取的措施。无论是额鲁特人还是新巴尔虎人的移居，与组建索伦八旗的目的是同样的，只不过在时间上存有先后之别而已。清代呼伦贝尔地区的各民族驻防官兵勇猛善战，为抵御沙俄入侵，保障驿路畅通，都充分显示出了极大的智慧和才干，为维护边疆的安宁做出了应有的贡献。

四、初迁呼伦贝尔索伦八旗的军事

按照雍正帝当初对组建呼伦贝尔索伦八旗兵进行“训练步射、骑射、鸟枪……数年间，便会成为一支精锐的部队”的设想，从其进驻呼伦贝尔开始，一方面进行新区的各项生产生活、军事基地等基本建设，同时因准噶尔战事的需要，匆忙地派出其中的2000人参战，另一方面加紧进行严格的军事教育和训练。

1.建设边境卡伦。雍正十年（1732），索伦部进驻呼伦贝尔后，把领土不受侵犯、维护边界安宁视为自己的天职。总管博尔本察、达巴哈等人在进驻的当年十一月对边境进行实地考察，并根据边防需要，就何处设卡及派遣官兵等向黑龙江将军卓尔海提出了方案，请求批准。黑龙江将军卓尔海依据该方案向朝廷上奏《为遵议呼伦贝尔中俄边界设卡并贸易等事折》①，获准后，于雍正十一年（1733）在外卡的内侧增设了15处卡伦。雍正十二年（1734），清廷与喀尔喀划分境界时又设置了16个关卡。这些卡伦虽不与俄罗斯境相接，但由于其地处“边界甚近，实为北徼要冲”，同样具有防范俄人越境的边境卡伦的职能。进驻呼伦贝尔的官兵不但承担了建设这些卡伦的工程，而且长年轮值驻守卡伦。

2.建设交通驿站。清廷视呼伦贝尔为要冲之地，为了通达边情，供给军民生活用品，动员进驻呼伦贝尔的各族官兵，在进驻呼伦贝尔后，开发了由齐齐哈尔（黑龙江将军驻地）至今海拉尔的10台驿站。

① 《为遵议呼伦贝尔中俄边界设卡并贸易等事折》，载中国第一历史档案馆编《清代中俄关系档案史料选编》中华书局出版，1981年版，第588页。

索伦八旗兵所建卡伦驿站示意图

3.筑建军营城堡（海拉尔城）。对于海拉尔的筑城年代，学者们有着各不相同的见解。有主张建于雍正十年（1732）的，有主张建于雍正十二年（1734）的，也有主张建于乾隆年间的。笔者认为，当时卓尔海将军所上奏的建城，并非现代意义上的城镇，当时所讲的“城”其实是指军队的大本营而言。

在索伦八旗3000名军人进驻呼伦贝尔后，军事设施的建设至关重要。《呼伦贝尔纪略》中所说“改勘地址”选择海拉尔地方建城，是指最初打算将军队的大本营设在扎罗木得而后改勘地址选择在海拉尔设营，同时决定“拟暂于一二年游居，试之耕种，如能丰收，再行呈请建城”，“定议后迄未修筑”。这是雍正十年（1732）卓尔海等最初进入呼伦贝尔所议定后上奏朝廷的事。由于扎罗木得一带霜降太早等缘故，雍正十二年（1734）决定将呼伦贝尔八旗军队的大本营及衙门寓所改勘建设于伊敏河左岸“城西门外，偏北西沙山之阳”，即“哈日巴图鲁那日斯”（今海拉尔区西山樟子松林）之阳。经过两年时间的建设，初步形成军营规模，人们习惯称其为城。《黑龙江外记》记载：“官军屯驻呼伦、贝尔两池间，因以名地，而谓之海兰儿。”

雍正十二年至雍正十三年（1734—1735），索伦八旗军建筑“前后相连，周围各绕土墙，高六尺”的军营大本营。其主要建筑为：“大堂和传堂各1所，各计5间。印务处1所计3间。左右2司各1所，各计4间。官印室、银库、兵置库各1所，各计2间。档案室1所计3间。索伦、巴尔虎8旗兵器库8所，计16间；额鲁特1旗兵器库1所计2间。守卫兵器库的守望室2所计2间；大门1所计3间；东西栅栏门2个。衙门寓所也是在雍正年代建筑的。正房1所计5间，东西厢房各1所计4间，书斋1所计3间，2门1所，大门1所计3间。监狱室也是在雍正年代所建筑的。囚房1所计3间，围绕监狱的用木竖起的障子，从长有24丈，从高有1丈5尺。看守监狱的守望室1所计2间，按照期限，轮流地来重新修补。大药库也是在雍正年代建筑的。火药库1所计3间，铅弹库1所计3间。练武厅也是在雍正年代建筑的。射击亭1所计3间，守望室1所计2间。”以上这些建筑看不出是民房还是商户，均为军事设施和衙门寓所，所以它是实实在在的一处呼伦贝尔八旗军的军队大本营。这一时期，呼伦贝尔一地并没有随军行商商户的记载，军队所需粮菜及衣物等日常生活用品正如当时的奏折中所说，均由布特哈、齐齐哈尔等地运入供给，即“送往呼伦贝尔等处口米亦分兵丁磨之”。

直到乾隆初期，由于呼伦贝尔地区“交易往来越兴安岭而至齐齐哈尔，道险而远”，特“招山西行商”来海拉尔地方设铺开行，进行贸易。有学者记述，乾隆三年（1738）至道光年间，陆续前来呼伦贝尔有名可考的内地各处商家有聚长城、隆大号、广太号、晋升号、鼎升号、大利号、天聚号、弘盛隆等，被称为海拉尔八大家商号。这些商号“筑土房为围，划清街道”，距军营衙门的东侧始建商房店铺，形成了“周4里余，就商户市房为垣，缺处间筑土障高丈许”的“蒙旗会集场”。这样，呼伦贝尔八旗军营、衙署以及商行等建筑群，成为“海拉尔城”城区雏形。

道光二十七年（1847），在商房店铺“建南北二门，起砖楼于其上，街心建中门一座，东西二门初以木栅为之。光绪三年（1877）改修土平门并去街中心门，城内南北街二，东西街一，城外街道四，西门外南北街最长，南通孔道北接站界新街”。

综上所述，所谓的海拉尔城，是在呼伦贝尔八旗兵自雍正十二年至十三年（1734—1735）建设军营衙署以及进入乾隆年后，八大商号陆续落脚呼伦贝尔建设商房店铺的基础上，逐渐发展成为集军事、政治、经济、文化为一体的中心城。在海拉尔城的初步建设中，“向来都以建筑房屋、耕种为生活”的达斡尔人做出了突出的贡献。

20世纪初海拉尔正阳街景

4. 索伦八旗的骑射教育。由于新区建设任务繁重，人力不足，交通闭塞，事务繁杂等种种原因，致使博尔本察与达巴哈二总管之间“并不和衷办事”。于是雍正帝于雍正十一年（1733）二十三日下旨，命将“护军统领博第前往呼伦贝尔”管理军务。雍正十二年（1734）四月二十六日，雍正皇帝又下谕旨，“命将呼伦贝尔地方督管索伦、巴尔虎兵之前锋统领博第带至京城，另有用处。呼伦贝尔地方之索伦、巴尔虎等俱系新驻扎之兵，督此等操演、教诲其法度者，甚为紧要。博第之缺，令北路军营内大臣永福，由彼前往呼伦贝尔，总管操练索伦、巴尔虎兵”①，并命大臣永福于当年六月十七日由乌里雅苏台城启程赶往呼伦贝尔。

① 《满文朱批奏折》，第2274页。内大臣：清代仅次于领侍卫内大臣的侍卫亲军统领。

当年十月分别对索伦八旗及新巴尔虎八旗颁布了一条禁令，提出了严格的军事纪律和军事训练要求，禁令称：“以前，布特哈之索伦、达斡尔以狩猎贡貂为业。现在，圣主厚恩，取消貂贡，专服兵役。这是尔等殊荣，若能奋勉效力，还可加官任职。尔等以前在布特哈之地时，即使如何奋勉效力，别说做官，钱粮都不能得到。在这里，尔等务必遵从圣主旨意，竭诚尽职，不得疏怠。又要练习步射、骑射、鸟枪等武艺，操练布阵，亦甚重要……若诸事都能供职尽责，以大局为重，必能官运亨通，由小官升到大官。若是一般兵丁，也能升官荣身。习武既成，若遇战事出征，为国尽忠，奋勇杀敌，必得加官晋爵，荣宗耀祖。长披箭、梅针箭、披箭、棉甲俱写旗、佐领、姓名，武器甚为锋利，驼马俱各烙旗印；鬃或马尾，以小木牌写旗、佐领、名字、马之颜色而栓系；牧群寻找优良水草放牧，切勿懈怠；牧群若有多余马畜，即予陈报，勿得隐匿；倘有卖马或杀而食之者，务遣人不时查明，勿得隐匿；火炭妥加谨慎；倘有失火之人，则拿获必从重治罪；倘将哨探事不以为事，松懈或旷班误事，则必科以重罪；倘误官班差事，则照定例治罪；倘长披箭、梅针箭、棉甲不书旗、佐领、姓名，马无烙印，而被拿获，官则罚银，兵丁则必打后处治；倘行不肖之徒，强掠人之马畜、物品等物，而被拿获，必从重治罪；倘有盗窃，按赃物之多寡，照定例治罪；倘被旁人首告，务予奖赏；倘邻里知而不报，事发后亦与盗贼同罪；倘有不报上司，擅自去往各处，耽搁射箭、放鸟枪等操练之事者，务以重惩；上司管理时，若有不服心狂妄争辩者，必予重惩；若有饮酒撒疯斗殴者，勿予严惩；不可仗势欺人，遵守法度，务念父母养育怜爱之恩，必恭维孝顺，尊敬长辈兄长，怜爱众弟，教育幼童，男女有别，亲朋友善，宽待鳏寡孤老，不可欺骗人，不可失信；为官之人，不可假公济私，不可克扣属下，无私心且诚笃。此即世人之道，内八旗之例，尔等务仿行。嗣后，将长披箭、梅针箭、翎、衣、帽、皮袄、袍、靴等项，俱与内八旗官员、兵丁之式为之；原有衣服既已变旧则留之，我前由尔等所住游牧处经过时看得，仍俱穿尔等旧式衣服，且官兵并不论品级，俱混为一处，不分上下坐立，对大臣等站立禀告，殊属不合道理，仍为尔等之旧陋俗。嗣后官员等务按等次，

兵丁与官员同坐立，则断不可。我经过时，曾面饬总管、副总管、章京官员等。今复书写严禁。倘有侵犯此禁令之人，则执之必依禁令治罪。俱遵行法度。将此禁令，遍示详谕八旗官兵，每官各誊录一张，明白训教兵丁，俱记于各旗档册。将此训令，我必检查，倘兵丁内有不知者，则我断不轻饶其上司。铭记于心，若有遗漏之人，务加治罪。特此遍禁。为此谨具奏闻。”①

从这个禁令中可以看出，清廷对新建索伦八旗3000名兵丁，全部按照当时的军事组织要求严格管理。他们已经不是“以狩猎贡貂为业”的闲散百姓，而是“取消貂贡，专服兵役”的“将长披箭、梅针箭、翎、衣、帽、皮袄、袍、靴等项，俱与内八旗官员、兵丁之式为之”的全副武装的军人。他们要接受“关于兵丁们的训练射箭，射马箭、轮刺、射轮等作战和布阵指导，同时关于法度、道义，好好地进行开导，晓谕”的教育。但是，他们并不只进行军事训练、参加战事，新区的各种设施建设全由他们去劳动完成。如筑建城池、设立驿站、巡边守卡、开荒耕种等。例如：雍正十年（1732）年底，总管博尔本察、达巴哈将进驻呼伦贝尔，将当年官兵的生活情况奏报黑龙江将军府代为转奏朝廷，《内大臣卓尔海等转奏呼伦贝尔官兵生计情形折》记载：“切准管理呼伦贝尔地方总管博尔本察、达巴哈呈称：我等迁来之官兵，仰蒙圣主鸿恩，将赏赐为生业之马、羊、母牛之银两，自六月十九日至七月十四日，相继接受，除赏给八旗官兵本身外，仰赖圣主万恩，我处水草畅茂，诸畜俱得以肥壮。八月十一日，虽降雪二寸，但俱已融化。再迁至海拉尔地方以来，官兵仰赖圣主之恩，水土相宜，并无他事，请代为转奏以闻。再，请将我等请万安折子，亦一并俱奏，等语，为此谨具奏闻。奴才卓尔海、奴才宗室张格。”②从这一奏折中可以看出，当年迁来新居的索伦八旗官兵所受赏的牲畜肥壮，同时这个奏折也表明了索伦部官兵迁来之时，除了乘骑和役用牲畜外，大部分饲养牲畜是到达目的地以后才用清廷赐赏的银两购置的。

---

①《满文朱批奏折》对新巴尔虎八旗颁布的禁令虽然与此内容大致相同，但也略有不同之处。

②《满文朱批奏折》，第2203页。

此外，另有一份上报朝廷的奏折表明了索伦部官兵在“几拉木台（今扎罗木得）、布克图（今博克图）、特尼克（今特尼河）、伊奔（今伊敏河）、齐讷克（今鄂温克族自治旗巴彦嵯岗苏木政府所在地西部）、威特克（今鄂温克族自治旗境内的维特很河）等处试种大麦、麦子、莜麦、大黄米、荞麦等五谷，因遭夏旱，竟未生长”，有的“长高至膝盖，半已黄熟”，所种五谷颗粒未收。

雍正皇帝接到呼伦贝尔粮食歉收的奏折后，于雍正十年（1732）十一月八日，谕旨军机大臣：“据索伦总管博尔本察等奏称，呼伦贝尔等处，今岁所种地亩，因旱歉收，俟明年多为种植等语。朕思种地一事，如交与伊等，则训练兵丁，必致贻误，著行文将军卓尔海，于齐齐哈尔、瑷珲、墨尔根三处台丁及税收屯丁内，拔派五百名，动用彼处存贮正项钱粮，酌量给予盘费，并置办犁具籽种等项，令其前往呼伦贝尔地方，于明年春间及时耕种。”可以看出，清朝政府对初迁于呼伦贝尔的达斡尔人的初衷是让他们“进行耕种和建筑房舍”，但是由于当时战事的需要，主要还是强调以“训练兵丁，参与战事”为主。为防止3000名兵丁贻误战事，由雍正帝下旨，派来专职种粮者，为他们提供军粮。

雍正年间，刚刚进驻呼伦贝尔的各族官兵，一面进行繁重的军事设施的建设，筑建城池、驻守关卡、设立驿站；一面进行严格的军事训练和应征参战，同时还要饲养牲畜、试种庄稼维持生计。呼伦贝尔的各族官兵在开发和建设呼伦贝尔的各项事业中真是流尽了血和汗。

五、组建索伦八旗的特点

清廷在组织这次鄂温克、达斡尔、鄂伦春、陈巴尔虎蒙古兵丁迁居呼伦贝尔提前做了充分的准备工作，其组建八旗体制也与其他八旗体制存在一些不同之处。安置时对传统的民族习俗以及生计也考虑得十分周到，具有以下几个方面的特点：

1. 雍正皇帝亲自主抓，对迁居新区，令朝廷大臣指派被迁的索伦总管达巴哈、博尔本察等事先到呼伦贝尔踏查，经黑龙江将军卓尔海等详查后做出具体规划上奏。又经朝廷大臣们的共同审

寺庙外

街景

议，雍正皇帝签发公文后，由朝廷负责精密组织、严格要求、统一行动。

2.这次迁居行为完全属于军事性质。为了军事驻防的需要，编为八旗成为披甲，专事巡边防御，应时出征参战。由朝廷任命官爵，编排旗佐，发给戎装、兵器和旗帜进行军训，铸制关防官印，规定俸禄，取消贡赋，不但组织严密，军纪严明，义务明确，财力也十分充沛。在其待遇等方面与布特哈八旗以及其他驻防八旗均有不同之处。例如，钱粮数额比一般的驻防八旗少，并且继续把游牧、狩猎等作为生活基础。

3.清廷根据呼伦贝尔地理位置及气候特点，在选派兵丁对象时，首选的是骁勇尚武，谙熟畜牧、狩猎的索伦、达斡尔、鄂伦春、陈巴尔虎蒙古等游牧民族。将其有着共同的信仰、共同的心理素质以及共同的民族发展历程的不同民族组成共同体，建立了一个长久稳定、永戍边疆，似如铜墙铁壁的边防部队。

4.在具体安置和管理上，清廷注意尊重各族民俗。清廷虽然采取的是八旗军制，但基本上没有打乱原有各民族以及各民族间的部落组织形式，而是顺其原有部落组织，尽量做到不混编、不相混杂，分别屯聚，并划定出固定的游牧地界。这种“因其游牧性质而定为特别之制”①的“因俗而治”②的管理方式，既照顾到

20世纪初海拉尔正阳街北门

① 《满文朱批奏折》，第2331页。
② 《清世宗实录》，卷123。

了游牧民族的传统组织习惯，又实现了清廷的直接管辖，从而确立了稳定的呼伦贝尔驻防体制。

5.虽然呼伦贝尔军事驻防绝不等同于移民，但其特点是人口构成非仅官兵，有部分随属，朝廷赐给生产和生活资料，身份亦兵亦民，兼具驻防和移民两种性质。

6.在隶属关系上，专由朝廷“简派大臣一员，加副都统衔，以三年为任期，坐镇其地资统率焉”①。由京城选派的大臣，被定为内大臣或侍郎。

有些学者分析，索伦八旗的组建，其特征介于正规的驻防八旗和非边民组织的札萨克旗之间，将此称为“准八旗制度”。但是深入分析，即使是准八旗组织之间，其制度和具体实施过程中，也存在着些许差别，这里不做细述。

清朝政府组织鄂温克、达斡尔、鄂伦春、陈巴尔虎蒙古等民族迁居呼伦贝尔除外，不容忽略的另一个因素，就是清朝统治者惧怕这些曾经为维护民族利益与他们进行过殊死抗争的索伦部人民的再次崛起而威胁清朝的统治。因此，清廷自康熙至雍正时期并不完全信任索伦部官兵，对他们采取的策略是既要利用其军事力量维护清朝统治，又要削弱其地方势力，通过采取“分而治之”，达到“众建而分其势”的目的。

---

①徐世昌：《边防·呼伦贝尔篇》，吉林文史出版社，1989年版。

鄂温克族自治旗的历史变迁

杜　彪

鄂温克族自治旗是内蒙古自治区3个少数民族自治旗之一，地处内蒙古自治区北端，呼伦贝尔草原东南部，大兴安岭西侧。地理位置在东经118° 48′ 02″ ～121° 09′ 25″ ，北纬47° 32′ 50″ ～49° 15′ 37″ 之间。总面积19 111平方千米，旗域呈下垂的枫叶状。东与牙克石市接壤，西与新巴尔虎左旗毗邻，北与呼伦贝尔市海拉尔区和陈巴尔虎旗相连，南与扎兰屯市和兴安盟阿尔山市交界。

鄂温克族自治旗是鄂温克族实行区域自治的县级自治地方。全旗辖巴彦托海、大雁、伊敏河、红花尔基4个镇，辉、伊敏、巴彦嵯岗、锡尼河东、锡尼河西5个苏木，巴彦塔拉达斡尔民族乡。旗内驻有国家煤电联营企业华能伊敏煤电有限责任公司、呼伦贝尔市属煤炭企业神华大雁集团公司和呼伦贝尔市属林业企业红花尔基林业局。巴彦托海镇是旗党政机关重地，也是全旗的政治、经济、文化中心。

鄂温克族自治旗历史悠久。公元前209年，匈奴击败东胡，建立草原奴隶制政权，今旗域为左贤王庭辖地。三国时期，属鲜卑北支领地。东晋十六国时期，为高车国乌洛侯牧地。南北朝时期，室韦乌洛侯部在此游牧。五代十国时期，地属契丹乌古（于爵）。

隋唐时期，地属室韦部，受室韦都督府管辖。辽金时期，旗域属乌古敌烈统军司管辖，是乌古部的牧地。成吉思汗统一蒙古后，旗域为成吉思汗幼弟斡赤斤封地。元朝建立后，旗归岭北行省。明朝时期，属海拉尔千户所和只儿蛮卫，隶属奴儿干都指挥使司。

中俄《尼布楚条约》《恰克图界约》签订后，雍正五年（1727）清政府设12卡伦，在呼伦贝尔地方设步兵营管带，委统领加副都统衔博第带领524名官兵驻扎格丹（今海拉尔区）。

雍正十年（1732），从布特哈地区遴选3000兵丁组成索伦部移驻呼伦贝尔，同年移入额鲁特兵100名分界游牧，以资防守。雍正十二年（1734），自治旗境内有索伦左右翼八旗和额鲁特镶黄旗，隶属呼伦贝尔副都统管辖。民国时期地属呼伦县，但实行旗县分治。1919年，陈巴尔虎部分设立陈巴尔虎旗。

俄国十月革命以后，布里亚特部不断由俄罗斯迁入鄂温克旗，随着人口日渐增多，经呼伦贝尔副都统衙门批准，1922年成立布里亚特旗。1932年日本帝国主义侵入呼伦贝尔后，先是将索伦左右翼八旗合并为索伦左翼旗、索伦右翼旗，继之于1933年7月将索伦左翼旗、索伦右翼旗、布里亚特旗、额鲁特旗合并，成立索伦旗，旗公署初设于海拉尔，不久迁驻南屯（今巴彦托海），辖于伪兴安北省。索伦旗下辖南辉、北辉、锡尼河、伊敏、胡吉日托海、莫和尔图、扎敦、特尼河、胡达罕、扎罗木得、免渡河11个苏木和哈克区。其区划大致为除今鄂温克旗地域之外，还包括陈巴尔虎旗的特尼河苏木、牙克石市的兴安岭以西滨州铁路沿线地区和海拉尔区的建设镇等地区。

1941年，牙克石地区建立牙克石街，由索伦旗管辖改为直属伪兴安北省管辖。1944年，索伦旗在牙克石街设立办事处，管理哈克、扎罗木得、免渡河、乌奴耳、伊列克得、兴安、秀地、莫拐、乌鲁西、什瓦拉、尼格来夫等村屯。

20世纪巴彦托海镇街景

1945年8月日本统治垮台后，成立索伦旗公署，辖于同年10月成立的呼伦贝尔地方自治政府。1948年1月，呼伦贝尔地方自治政府取消地方自治与内蒙古实行统一自治。同年3月，索伦旗公署改称索伦旗政府，同时组建基层民主政权。此时，索伦旗辖巴彦托海、锡尼河、辉河、巴彦嵯岗、伊敏5个苏木和哈克、扎罗木得、

免渡河3个区。1948年5月，扎敦苏木（1947年设）划属牙克石街政府，胡达罕苏木（今建设镇）划归海拉尔市。1950年1月23日，内蒙古自治区政府命令增设喜桂图旗，将索伦旗属地哈克、扎罗木得、免渡河区划归喜桂图旗。此时，索伦旗辖辉、伊敏、锡尼河、巴彦嵯岗、巴彦托海5个苏木。1954年，将锡尼河苏木分为锡尼河东、锡尼河西2个苏木，全旗辖6个苏木。1955年7月，根据《中华人民共和国地方和各级人民代表大会和地方人民委员会组织法》的规定，旗人民政府更名为旗人民委员会。

鹿雕塑

鄂温克人为争取本民族生存和发展的权利，在过去的岁月中，做出了巨大的努力，甚至不惜牺牲自己的生命。中华人民共和国成立后，在党的民族政策光辉照耀下，鄂温克族人民建立人民民主政权，获得了当家做主人的权利。

1954年，在内蒙古自治区人口普查会议上，与会的鄂温克人提出统一鄂温克族族称问题。1956年，在内蒙古政协会议上，与会的鄂温克族委员把统一鄂温克民族族称问题当作一项提案提交大会，并得到自治区党委和自治区人民政府的重视。在调查研究的基础上，中共呼伦贝尔盟委和盟人民委员会召集鄂温克族各部落代表举行座谈会征求意见。随后，内蒙古自治区人民委员会于1958年3月5日发出《关于我区“索伦”“通古斯”“雅库特”统一改称鄂温克族的通知》（以下简称《通知》）。《通知》称：“今后凡口头称呼、文字宣传、公文、布告等一律使用‘鄂温克’名称。”

1958年，根据全旗政治、经济、文化发展的实际情况，已经具备了实行民族区域自治的条件。民族构成上，全旗总人口10 535人，其中鄂温克族2558人，占24.28%。各族人民在长期交往中，建立了兄弟般的亲密关系。这个时期，党的建设有了发展，民族干部也成长起来。全旗已有中共党员501人、干部432人，其中鄂温克族干部100人，他们已经成为建设自治旗的骨干。在经济建设方面，全旗由于民主改革的胜利，消灭了剥削和压迫，生产力得到解放。全旗牲畜由1946年的37 612头（只）发展到1958年的140 202头（只），平均每年增长15.4%。1949—1958年，共向国家交售牲畜79 171头（只），牧民人均年收入由1952年的26元提

早期旗委办公楼

高到 129 元，增长近 4 倍。

根据上述条件，按照宪法规定，内蒙古自治区人民委员会于 1958 年 4 月 11 日向国务院提出关于撤销索伦旗，成立鄂温克族自治旗的报告。5 月 29 日，经国务院第 77 次全体会议决定，批准了这个报告。鄂温克族自治旗的成立，实现了民族区域自治愿望。这是全旗各族人民政治生活的一次历史性飞跃。从此，鄂温克人民享有了本民族事务的民主权利和自治权利，揭开了鄂温克旗历史的新篇章。

当年旗所在地巴镇居民去伊敏河对岸办事要靠摆渡过河

1958 年 8 月 1 日，鄂温克族自治旗成立大会在巴彦托海隆重举行。从清晨开始，旗政府所在地巴彦托海充满了一片欢腾的气氛，人们换上了节日的盛装。万里晴空之下，百花盛开的草原显得格外美丽。二百里开外的牧民，也骑着马赶来了。庆祝大会会场在一块碧绿的草原上。各企业、商业单位，刚刚兴修起来的建筑物，在会场附近形成一个热闹的新市区。

庆祝大会在下午两点开始，旗党政领导人陪同内蒙古自治区和呼伦贝尔盟联合代表团，一起登上了主席台。参加庆祝大会的还有旗和巴彦托海苏木各机关、团体、企业的干部、部队、学生，以及 10 个牧业社和远道而来的牧民。内蒙古歌舞团、呼伦贝尔盟歌舞团等来宾，也参加了庆祝大会。

旗政府办公楼

旗长图盟巴雅尔致开幕词后，在音乐声、鞭炮声和热烈的掌声中，各代表团献旗献礼。联合代表团团长黄巨俊代表中共内蒙古自治区党委、自治区人民委员会、中共呼伦贝尔盟委、呼伦贝尔盟行署，致辞祝贺鄂温克族自治旗的成立。接着，由各兄弟旗县市代表团负责人讲话。他们对自治旗的成立表示衷心的祝贺，并提出今后要加强各民族之间的团结，彼此学习，互相协助，以便促进经济、文化事业的共同发展。

1969 年 7 月，根据《中共中央关于变更内蒙古自治区行政区划的规定》精神，鄂温克旗随呼伦贝尔盟划归黑龙江省管辖。

1979 年 7 月，根据《中共中央、国务院关于恢复内蒙古自治区行政区划的通知》精神，鄂温克旗重新划归内蒙古自治区，仍归呼伦贝尔盟管辖。

2001 年 10 月，呼伦贝尔撤盟设市，鄂温克旗辖属呼伦贝尔市，旗驻地仍为巴彦托海镇。

鄂温克族自治旗成立后，全旗各族人民在中国共产党的领导下，遵照党的民族政策，走各民族共同繁荣、共同发展的道路。特别是中共十一届三中全会以后，坚持党的基本路线，艰苦奋斗、开拓创新、与时俱进，使昔日贫穷落后、经济萧条的鄂温克草原发生了巨大的变化，开创了民族团结、经济发展、社会进步、文化繁荣的新局面。

在经济建设方面，不断深化改革，扩大开放，加大生态建设和基础设施建设力度，加快产业结构调整步伐，形成以煤炭、电力、森工、重化工为重点的具有地方特色的工业体系和乳肉草业为主的支牧工业体系。国民经济持续稳步健康发展，自治旗综合经济实力逐年增强。2015 年，全旗地区生产总值完成 1 115 644 万元，按可比价格计算同比增长 8.2%。其中，第一产业增加值完成 80 446 万元，同比增长 3.9%；第二产业增加值完成 760 719 万元，同比增长 8.5%; 第二产业中工业增加值完成 679 723 万元，同比增长 8.5% 。建筑业增加值完成 80 996 万元，同比增长 9.2%；第三产业增加值完成 274 479 万元，同比增长 8.7%。人均 GDP 达 78 916 元，同比增长 9.6%。旗生产总值占全市的 7%，总量位居全市第 6 位，增速位居全市第 4 位。

农牧业生产发生深刻的变革，畜牧业的基础地位得到进一步巩固，产业化进程明显加快。牧区基本形成草场改良、划区轮牧、人工种草、饲草料种植、节水灌溉星罗棋布、遍地开花的喜人景象，从而减轻了畜牧业对天然草场的依赖性，使天然草场得到休养生息。2015 年，全旗牲畜头数达 1 009 612 头（只），增长 2.1%。其中，大小牲畜达 996 130 头（只），增长 2.1%；大小牲畜能繁殖母畜达 692 665 头（只），增长 16.5%。其中，牛 142 718 头，增长 71.6%；马 19 773 匹，增长 26.8%；骆驼 372 峰，增长 8.5%；小畜 808 064 只，增长 63.1%。大小牲畜能繁殖母畜占牲畜头数的 69.5%，比上年上升 8.6 个百分点。鲜奶总产量达 165 000 吨，增长 1.2%；出售商品奶 63 246 吨，下降 38.7%；肉类总产量达 16 247 吨，下降 12.2%；绵羊毛产量为 1462 吨，增长 15.6%；牛皮产量为 57 279 张，下降 21.1%；绵羊皮和山羊皮产量达 413 947 张，增长 100.1%。

全旗农作物播种面积为 28 151 公顷，增长 25.6%。其中，粮食作物面积 18 011 公顷，油料面积 7590 公顷，蔬菜面积 112 公顷，瓜果类面积 28 公顷，其他农作物面积 2410 公顷。2015 年，全旗粮食总产量达 30 688 吨，增长 48.5%。其中，小麦产量 17 509 吨，增长 42.8%；油菜籽产量为 6072 吨，增长 4.3%；薯类产量为 3258 吨，增长 10.2% 。全旗人均粮食产量达 217 公斤，增长 50.7%。

全旗农牧业生产条件进一步改善，机械化程度进一步提高。全年拥有农牧业机械总动力 200 648 千瓦，增长 4.0%。拥有拖拉机

早期旗政府办公地

7916台，增长3.2%。其中，大中型拖拉机6149台，小型拖拉机1767台。农用运输车182台，牧草收割机达8476台。农牧业机械总值为25 058万元，同比增长0.6%。农牧业机械净值为21 733万元，增长6.5%。全年化肥施用量（折纯）3852吨，下降2.1%。牧区用电量933万千瓦时，下降1.27%。

在工业生产方面，现代工业从无到有。自治旗成立时，只有4家手工业合作社，现在已经形成了煤炭、电力、森工、化工、建材等门类比较齐全的工业体系，产品远销国内外，工业经济效益明显提高。全旗15家规模以上工业企业累计实现工业总产值101.9亿元，同比增长5.3%。原煤产量累计完成2958.9万吨，同比下降0.2%；发电量累计完成202.7亿千瓦时，同比下降5.2%。乳制品中液态乳生产完成20 904吨；奶粉生产完成3073.04吨，同比增长51.9%。规模以上工业企业产销率达99.6%，上升1.2个百分点。工业增加值完成68.0亿元，同比增长8.5%，占全市的11.2%，总量位居全市第4位，增速位居全市第3位。全旗规模以上工业增加值增速为9.5%，高于全市增速0.1个百分点，增速位居全市第3位。

全旗固定资产投资快速增长，基础设施建设得到加强，投资结构得到进一步优化。限额以上固定资产投资完成622 794万元，同比增长27.1%。总量位居全市第6位，增速位居全市第3位。其中，工业固定资产投资完成163 040万元，同比下降19.3%。按三次产业分：第一产业完成11 651万元，同比增长20.8%；第二产业完成163 040万元，同比下降19.3%；第三产业完成448 103万元，同比增长61.1%。按构成分：建筑工程完成542 737万元，同比增长52.5%；安装工程完成9011万元，同比增长46.9%；设备、器具购置完成45 918万元，同比下降22.5%；其他费用25 128万元，同比下降56.5%。按建设性质分：新建投资365 690万元，同比增长73.2%；扩建投资37158万元，同比增长111.2%；改建和技术改造121 971万元，同比下降2.7%；其他投资97 975万元，同比下降5.5%。本年新增固定资产655 660万元，同比下降27.9%

城镇基础设施建设不断增强。积极实施道路、给水、排水、居民住宅、桥梁及牧区基础设施建设等重点工程，旗所在地巴彦托海镇以多处住宅小区和风格各异的宾馆、博物馆以及机关办公

鄂温克旗民族文化产业创业园

鄂温克旗民族文化产业创业园

鄂温克博物馆

鄂温克旗第二民族幼儿园

楼为骨架，以中央路、索伦大街以及纵横交错的水泥路、砂石路为网络，以多处绿地点缀为辅的边陲新城已初具规模，居民生活质量不断提高。交通邮电事业不断发展，初步形成以铁路和公路为骨干的四通八达的综合交通网络，运输线路不断增加，草原自然路发展为等级路；邮电通讯设施遍布城乡，全旗8个苏木乡镇全部开通程控电话，邮电业务迅速增长，移动电话走进千家万户，对开发自治旗丰富的自然资源，促进经济社会的协调全面发展起了积极的促进作用。

城乡建设日新月异，全面提升了小城镇水平。总投资1732万元，建设总长1750米、宽29米的巴彦托海镇索伦大街于2002年7月竣工通车，使巴彦托海镇实现了绿、亮、净、美，形成以公共绿地和庭院绿化为重点，各类绿地景点相连接，园林与人造景观融为一体的绿色长廊。

全旗消费市场稳中趋旺，市场消费结构升级明显加快。全年实现社会消费品零售总额159 235万元，同比增长8.5%。按销售单位所在地分：城镇实现零售额137 973万元，增长9.4%；乡村实现零售额21 262万元，增长8.4%。按消费形态分：商品零售实现137 572万元，增长7.8%;餐饮收入实现零售额21 663万元，增长12.7%。全旗社会消费品零售总额位居全市第9位，增速位居全市第2位，总量占全市的2.9%，同上年持平。

财政金融业平稳运行。财政总收入完成211 218万元，下降5.1%。其中，地方财政收入210 712万元，同比增长9.0%，总量位居全市第3位，增速位居全市第6位，占全市地方财政收入的12.6%，比上年下降0.2个百分点。公共财政预算收入86 741万元，同比增长7.0%，总量位居全市第3位，增速位居全市第4位。财政总支出完成222 343万元，同比增长4.7%。公共财政预算支出219 681万元，同比增长21.6%。总量位居全市第8位，增速位居全市第3位。

全旗金融市场平稳发展。金融机构各项存款余额达688 031万元，同比增长6.1%。各项贷款余额达542 322万元，同比增长24.4%。城乡居民储蓄存款达到451 547万元，同比增长3.2%。全旗人均储蓄存款达31 941元，同比增长4.5%。

保险事业持续发展，为各项事业的发展提供了有力保障。2015

年，全旗保险总收入达6399万元，同比下降6.6%。其中，财产保险收入3015万元，同比下降21.9%；人寿保险收入3384万元，同比增长13.1%。全年保险赔付1457万元，同比增长5.9%。其中，财产保险赔付1337万元，同比增长7.1%；人寿保险赔付120万元，同比下降7.7%。

随着经济的快速发展，自治旗的各项社会事业也有较快的发展和变化。全旗共有普通中学11所，职业中学（含新区）2所，小学10所。全年在校生11 088人，其中，小学4919人，普通初中2282人，普通高中1353人，职业高中2534人。全年毕业生人数为2833人，其中，小学666人，普通初中838人，普通高中414人，职业中学915人。全年招生2527人，其中，小学765人，普通初中637人，普通高中403人，职业高中722人。教职工人数1925人，其中，小学678人，初中872人、高中231人，职业中学144人。专任教师1661人，其中，小学725人，初中616人、高中203人，职业中学117人。幼儿园24所，在园幼儿2834人，教职工478人，其中，园长24人，专任教师331人，保健医11人，保育员44人，其他68人。

卫生工作不断提高服务水平，积极采取措施开展疾病预防控制工作，切实保障了全旗各族人民身心健康。全旗卫生机构88个（含个体），拥有病床809张，从业人数达1268人。其中，卫生技术人员1008人，全旗每139人拥有一名卫生技术人员。

全旗出生人数为916人，出生率6.8‰，比上年下降1.8个千分点；死亡人数703人，死亡率5.2‰，比上年上升0.6个千分点；人口自然增长率为1.6‰，比上年下降2.4个千分点。出生婴儿性别比达109，比上年下降1个百分点。计划生育率95.7%，综合避孕率达86.0%。全旗总户数达54 215户，比上年增加76户，总人口为139 775人，比上年减少3192人。其中，男性人口71 583人，女性人口为68 192人，性别比为104.9，比上年下降1.3个百分点。从年龄结构看：0—17岁以下人口为15 511人，占总人口的11.1%，比上年下降0.8个百分点；18—4岁人口为34 886人，占总人口的25%，比上年下降1.6个百分点；35—59岁人口为66 057人，占总人口的47.3%，比上年增长0.2个百分点；60岁及以上人口为

23 321 人，占总人口的 16.7%，比上年上升 1.3 个百分点，全旗进入老龄化社会趋势已明显加快。城镇人口 115 839 人，占总人口的比例为 82.9%；乡村人口 23 936 人，占总人口的比例为 17.1%。

鄂温克旗是多民族聚居地区，由 25 个民族构成，少数民族人口为 58 637 人，比上年减少 797 人，少数民族人口占总人口的比例为 42.0%，比上年上升 0.4 个百分点。

人民生活水平明显提高。全旗财政民生支出达到 19.8 亿元，占财政总支出的 90%。城镇常住居民人均可支配收入达 25 200 元，同比增长 8.5%，总量位居全市第 6 位，增速位居全市第 2 位；人均消费性支出 15 250 元，同比增长 2.3%。牧区常住居民人均可支配收入达 17 646 元，同比增长 8.5%。总量位居全市第 3 位，增速位居全市第 2 位；人均生活费支出 11 922 元，同比增长 4.3%。创业就业工程有序实施，全面落实促进就业三年行动计划，稳步推进创业型旗县创建工作。全年实现城镇新增就业 1640 人，城镇失业人员再就业 308 人，农牧民转移就业 100 人，高校毕业生稳定就业及灵活就业 223 人，城镇登记失业率控制在 3.75%。社会保障水平逐步提高，社会养老保险、城镇医疗保险覆盖面不断扩大，参保人数分别达到 4.6 万人和 11.4 万人。新型农村牧区合作医疗筹资水平进一步提高，人均筹资标准达到 490 元。社会救助标准稳定提升。城乡低保标准由 460 元提高到 480 元，全年发放城乡低保金 4717.5 万元，发放五保和“三无”人员供养金 308.4 万元，发放各类自然灾害救助资金 125 万元，社会救灾救助工作稳步推进。

参考文献

[1] 鄂温克族自治旗史志编纂委员会：《鄂温克族自治旗志》，中国城市出版社，1990 年版。

[2] 鄂温克族自治旗史志编纂委员会：《鄂温克年鉴（1958—2008 年）》，中国城市出版社，2008 年版。

[3] 齐全：《鄂温克族百年实录》，中国文史出版社，2008 年版。

华能伊敏电厂

布里亚特人的100年

金 巴　宝力道

一、新中国成立以前的布里亚特人

以那木达格诺彦、阿由喜巴格西、阿比得为首的布里亚特牧民好几百户（其中包括少数通古斯—鄂温克族），3000多人，赶着大批牲口，于1922年跋涉千山万水，历经惊险，回到成吉思汗的故乡呼伦贝尔草原，鄂温克旗锡尼河沿岸定居。

布里亚特部族属于蒙古族，而其大部分自古以来住在贝加尔湖周围过着游牧生活。他们早先信奉萨满教，以后改信黄教。他们使用的语言、生活方式基本上和蒙古游牧各部族相同。不过有些土言方语罢了。过去，他们的性格暴躁，态度冷淡，喜欢冒险。自信教以来，其性格情感逐渐温和柔软起来了。他们忠厚老实，勤劳肯干，责任心强。

布里亚特人，在牧业经济上有一套老的经验和技术办法。能识别水土花草的质量，能预见天文地理的变化，如气候的寒暑、风

力大小及方向、雨雪的来势、星象的位置（夜间走路不迷失方向）。他们能治牧畜的一般疾病以及母畜之难产症，也能用土办法改良畜种。因而，他们的牛马都体高奶多肉大、跑得快、体质好，而其羊群中细毛羊占多数。他们善于识别牧场，能率先利用空闲草原。老牧民官布·巴扎尔，移驻锡尼河，多年内只打过三次秋草，那三年就是大白灾年，所以他家牲口没死，而其他人的都死过不少。

他们在养畜方面，着重少而精，以少花钱多获利，少用人，多出活，精打细算，以高价出售牛马，而购来多数幼畜养活。他们善于利用敖特尔，体壮力大的年轻夫妇们都在野外活动，而年老幼者们在冬营地饲养瘦弱及怀胎牛羊。把冬营地当作养老托幼的疗养院。他们的室外干净整洁、屋内温暖清洁。靠近林区的冬营地也以狩猎作为家庭副业。

他们大部分男女都能骑马放牧。旅行、赛马，参加那达慕大会及拜祭寺庙。他们的女工，在牧业上总能代替男工。所以他们都同工同酬。在他们之中没有突出的大牧主，也没有赤贫如洗的困难户，而其最困难户也有一定数量的牛马。他们不习惯一户人家养活好几千匹马，好几万只羊。牧户内普遍有手摇缝纫机、牛奶分离机、四轮车、打草机、簿铁包的货车等。

每人都有换季的衣服，如冬季换穿的皮大衣就有四件：赴宴、进城穿的羔子皮衣，外出办事穿的秋羊皮衣，野外穿的老羊皮衣，在家劳动穿的破旧皮衣。

布里亚特人在生活及生产上特别重视地区特点、民族特点。所以他们居住的蒙古包以及扎干（夏季临时住用的土房），穿戴的服装帽靴，吃喝的食品，使用的工具、车辆、鞍子以及院套棚圈都适合于地域特点，处处体现民族特色。

1.居住的房舍。蒙古包及扎干，冬暖夏凉又干净。室内西北角柜上有神龛。每逢佳节，家人烧香点卓拉（神灯）叩拜。客人们一进屋，先拜佛，然后向家人问候。西部之床为客人之座席，中央（北部）为主人之座席，东部为子、媳之席，东南部有饭橱。用铁炉和砖灶做饭煮茶，以当日的羊粪作为燃料，火力很旺。毡包是平尖的，不高，所以不怕四面刮风，不易被风吹倒。冬季，包外有两层毡子，里有一层厚纸，不易透风，能通宵保持包内温度。

布里亚特人

顶上有小玻璃窗，使包内阳光充足。

2．饮食。以米面为主食，用砖茶、肉食、奶食品以及土豆、圆白菜、葱蒜当作副食品。无论红白事，都有吃饺子的习惯。没有炒菜之类，以手扒肉为主要食品。夏季在自家烧奶酒饮用。

布里亚特人

3．穿戴。四季所穿戴的服装帽靴都是自家制出。他们所用的皮草都是用生奶子、酸奶子、牲畜油膏加工出来的。用驼、羊毛纺线，用牛筋索线，其制成品都很温暖轻便柔软结实，不怕雨水，质量好而且成本低。自制的长筒皮靴，轻巧舒适，骑马时穿用最安全。

他们自家制作的冬、夏季帽子，帽顶是高尖形的，宜于在草原防风防雨，更适合于外出骑行，不易于掉落在野地。

4．劳动态度。他们有严格的劳动纪律，不怕冬冷夏热，不顾风雪，能克服困难，能坚守岗位。在夏季操场上、冬季风雪中，可以看出他们埋头苦干的劳动表现。冬营地的运草车夫们过半夜就套车，日出就回来了。妇女们天亮前起床煮茶食，女孩们在灯下做针线活。早茶后只在床上小憩片刻，便又开始劳作。

5．家庭礼貌。孩子们从小在家里学礼貌，怎样对长老问候，客人来了怎样看狗，怎样献哈达，怎样敬酒倒茶，怎样送走客人，这些大人都要一一教导。孩子们在父兄和外人谈话时绝不插嘴，在父母面前不打人骂人，更不能喝酒。

6．家庭手工业。家庭主人都能做简易木工，如蒙古包的哈那、牛车、雪橇、马鞍、车具、羊哈厦等。一般男工们会加工牛马皮的马龙头、马绊、革制皮条卖。妇女们普遍会做针线活，如靴袜、毛毡子，还会制作蒙古包的绳子零件等。家中所用的生活用品基本上可以自制自足，质量也好。

布里亚特式的马鞍、蒙古包、皮大袍，以及包内所用的铁炉、砖灶等已在呼伦贝尔牧区普遍流行。他们制作的蒙古包和日常用品模型还在呼伦贝尔宾馆展出，供中外人士参观。

7．医疗。他们患了病，除请喇嘛念经拜神以外，习惯吃蒙医医药或到阿尔山等温泉治疗。

8．布里亚特人在牧业上有一套土办法。布里亚特人为其他没有劳力和牧场的家庭的牲畜代管放牧，收取相应的报酬。

9. 婚宴。该部族人是一夫一妻制。男女青年自由恋爱，经父

母同意订婚、成家。婚后独立生活，不依赖父兄，自食其力。女方不索取财礼，男方自愿准备房舍家具，设宴招待女方来宾，而女方视对方的经济情况为女儿准备嫁妆，也可用牲畜为陪嫁。在家庭生活方面全家人和睦相处。若在生活中情感上出现问题，便可离婚。不强求年轻妇女在丈夫死后守寡，可以随时改嫁。老人有多子女者就和他（她）一个儿子生活。

10.葬仪。人死了，请来喇嘛念经，超度其灵魂之安息。不备棺材，以布袋代之。不宰杀牛羊款待来友。没有指定坟地，有时火葬，把骨灰奉送明山古寺埋葬。有时把尸体安置在山野中。

11.宗教。布里亚特人原先信奉萨满教，后改信黄教。建了寺庙，念了佛经，受佛教思想影响大。也有信众不怕道远艰辛，前往西藏拉萨叩拜布达拉宫、西宁塔尔寺、大库伦哲布尊丹活佛。到山西五台山、北京雍和宫、奉天嘛哈嘎拉庙叩拜班禅额尔德尼、章嘉活佛的人也多。移住呼伦贝尔后，牧民们筹集巨款，修建锡尼河寺庙，祭祀神佛。

12.敖特尔、冬营地。因为草原广阔，水草丰富，过去他们轻视定居及冬营地，而着重走敖特尔。以为冬营地用人多，工作复杂，花销也大，更不能大量养畜，得不偿失。如大量打草，拉秧草，盖棚圈，盖住宅，打井，又要清扫院套，又难以多养牧畜，获利不多。他们常说，布里亚特人5年敖特尔的话，缺不了吃的肉、骑的马、喝的奶。可是常住冬营地，一辈子难以起家。冬营地及夏营地都在山坡和高岗上。早晨，牛马自己走向河沿吃草，晚间回到营地。冬季，中午牲畜喝水，天冷风大时牲畜躲在密树中吃草，到晚上自己回到冬营地来。夏季，河沿上蚊子多，密树茂草中无风闷热，牲口难于多待，自然而然赶回高岗营地附近吃草取凉。岗上有风，蚊子少，无泥潭，草美地干。

布里亚特人善于利用自然，采取无人放牧措施。这种办法节省人力，也对牲畜的抓膘有好处。他们的冬营地和夏营地最宜于“无人放牧”。

布里亚特式冬营地防寒院套简介：

（1）柳制双层墙，冬季在墙内装入大块牛粪，当作挡风墙和燃料，供来年烧用。这种燃料不用搬动，自然晒干即可。因为冬

布里亚特婚礼

季西北风多而大，各院门朝南或朝东开。

(2) 因其防寒力强，大马和大牛圈在西部和西北部。产牛及牛犊要在南部东部院内。

(3) 为了牲畜之安全，每口外门上要住一户人家。蒙古包外也有防风小院。

(4) 草场要在中间以便给各院扔草。各院子都有从里往外开的闸口。

(5) 牛犊要分公母饲养，防止混起来惹事。

(6) 牛圈分成二部，白天在外部吃草，夜里在里面卧睡，不许乱窜。

(7) 车夫每日运草，利用冬闲期多干活。冬营地是利用老弱男女劳动力的大好场所，其中车夫一人是强壮的劳动者。

13.布里亚特人中出过不少学者。如斯登一喜、喜尔尼、索尼、步日达日、旺楚克、巴达玛·色仁等，都是郭道甫在呼伦贝尔活动时期的得力助手。

新中国成立后，特别是合作化、公社化以来，布里亚特人组织了社队。在党的正确领导下，同时并用敖特尔、冬营地养畜。经过几年的经营，生产队的基础稳定了，人口和牲畜都增加了，随之家庭生活也改善了。他们克服了各种困难，抗灾减灾，自力更生，自给自足，为祖国贡献了一分力量。每家每户都有一定数量的牛马羊，还每月领劳动工分。此外，家庭普遍有了录音机、半导体、照相机等。有些家里也有了摩托车以及银行存款等。

现在他们人畜两旺，生活也好了，人均寿命也长了，有很多70岁高龄的老人骑着马放羊。

布里亚特人，说话有分寸，不乱发言，不捏造事实，他们忠厚、老实、谦虚、有道义。

布里亚特人内部很团结，有互相救济的精神。在夏初依木能节（阉割公畜日）上能看到救济遭难亲友子弟的，有的给羊羔、马驹、牛犊之类，并在它们的耳朵上打记号，长大了以后便成为所送孩子的牲畜了。

自从公社化以来，布里亚特人的集体经济发展了，交售国家的牲畜多了，同时家庭生活水平也提高了。他们热爱劳动、热爱生活、热爱祖国。国家领导人刘少奇、朱德、董必武、刘伯承等同志先后来访东西公社，深入牧户，看望勉励了布里亚特人。此外，各区的少数民族参观团也多次来访。

二、新中国成立以后的布里亚特人

1945年8月东北解放，到1947年布里亚特人结束了动荡不安的历史，终于在锡尼河畔安定下来。由于新中国成立前呼伦贝尔地区政治局势的混乱，直到新中国成立后，他们才真正走上安居乐业的发展道路。

中共呼伦贝尔纳文慕仁盟工委成立后，1947年3月撤销伪满时间锡尼河地区的机构，建立了锡尼河苏木，隶属于呼伦贝尔盟索伦旗管辖。苏木成立时，总户数为870余户，人口3000多人，其中还有一部分哈木尼干鄂温克族500多人，布里亚特人口只有2500多人。各种牲畜总数为16 800多头（只）。

1948年9月，呼伦贝尔盟在原来每年阴历八月的甘珠尔庙会的基础上召开首届全盟那达慕大会，中共呼伦贝尔盟吉雅太在大会上向牧民群众宣布了党的“三不两利”与“稳宽长”的新牧区政策。这是以乌兰夫同志为首的内蒙古党委根据中央的总体部署，于20世纪40年代末到50年代中期，在内蒙古畜牧业地区民主改革和社会主义改造过程中实施的重要政策。“三不两利”，即“牧场公有，放牧自由”，“不斗、不分、不划阶段”，“牧工、牧主两利”。这一政策得到广大牧民的积极拥护，对牧业区民主改革的胜利完成起了决定性作用。“三不两利”政策得到中共中央充分肯定，并在全国少数民族地区和牧业区广泛推广。

在这里，我们主要是从两个时期介绍布里亚特人的生活情况：一是从1949年中华人民共和国建国到1956年社会主义改造开始；二是从1956年的社会主义改造到21世纪初期。

布里亚特人

1956年全国农业合作化运动开展以来，改造农村生产关系，建设社会主义的经济基础。呼伦贝尔地区普遍建立初级合作社。索伦旗政府对互助组整顿收缩，整顿后有72个互助组，组员551户，而入组牲畜增到31 457头（只），占全旗牲畜总数的21.6%。并于同年开始组建畜牧生产合作社，个体牧民在自愿互利的基础上组

布里亚特青少年

成合作社。

1958年，鄂温克族自治旗成立，锡尼河苏木被分成东、西两个苏木，在全国合作化运动的促动下，锡尼河两苏木也成立了好几个初级牧业合作社，成立了三个人民公社和一个公私合营的牧场。最早的合作社是在西苏木其木德常年互助组的基础上，于1956年3月升格而成，称为牧业生产初级合作社——伊拉力特（胜利）合作社。合作社规定：牲畜入股，分红40%，以实物兑现，其余为劳动力分红，以现金兑现；生产工具作价入社，分期偿还。劳动力以劳动量和质量记工分，每个劳动日记7—10分，年终以劳动工分为分红依据。

牲畜头数的增加与改良工作成绩的不断提高，牧民收入有了较大幅度的增长，生活得到了很大的改善，布里亚特人家庭中，80%左右的人家有了缝纫机、牛奶分离器，90%以上的人家有了收音机。锡尼河地区的布里亚特蒙古族人口也有了较快的增长。据1966年的不完全统计，人口已经达到7000多人。集体经济积累也不断增加，集体经济实力愈来愈强。各生产队开始购买拖拉机、机械打草机，打草、堆草、运输等环节逐步实现了机械化，率先

布里亚特妇女

走向了牧业机械化，受到了中央的肯定，并在北京农业展览馆展出牧业成果。

党的十一届三中全会与联产承包责任制的推行。1978 年 12 月，中共中央召开党的十一届三中全会，吹起了改革开放的号角，“极左”思潮被废止，党的工作中心转移经济建设上来，布里亚特人和呼伦贝尔各族人民一道迎来了改革开放的新时代。

1980 年 9 月，中共中央发出当时著名的 75 号文件，对包产到户的形式予以肯定，一个新时代来临了。

1983 年，锡尼河地区开始了经济体制改革，“公社一大队”体制转变为“苏木—嘎查”体制，对集体牲畜实行了作价归户、分散经营的方式，把“以集体经营为主”的畜牧业经营形式转移到以“家庭经营为基础”的轨道上来。作价归户牲畜 40 726 头（只），作价额 293 万元。牲畜和牧场重新分给了牧民，这样牧民家庭又开始成为牧业生产的基本单位。牧民都有了自己的牲畜和资产，他们为了经济效益和社会效益仍然坚持牧畜改良，在过去改良牲畜经验的基础上成功地改良并定型了体质优良的锡尼河牛、马和肉质鲜美体态高大的短尾羊。

锡尼河地区布里特人的生产生活进入了新的历史时期，经济和社会事业各方面都有了新的发展，畜牧业经济发展迅速。统计数据，截至2001年6月30日，锡尼河西苏木大小牲畜发展到12万多头（只），占全鄂温克旗存栏牲畜的1/4。布里亚特人口发展到3787人，其中牧业户645户，全苏木基本都是布里亚特人。全苏木人均收入达到3519元，人们的生活水平得到了普遍的提高，苏木有健全的以布里亚特医务人员为主的蒙医、中医、西医和设施、设备完善的卫生院，并建有完成九年义务教育的小学和初级中学，为了与其他民族进行语言交流和扩大生活空间、加强社会实际，加强了双语教学，使布里亚特学生基本上达到了蒙古语、汉语兼通。布里亚特人正在全面步入小康生活。

2001年锡尼河布里亚特成立了牧民服饰表演队。十几年来，锡尼河布里亚特服饰表演队先后到蒙古国、俄罗斯、首都北京、首府呼和浩特等国家和地区演出百余场次，并以精彩的表演和华美的服饰受到各地观众的好评。2002年2月参加北京电视台、内蒙古电视台联合举办的春节联欢晚会。2003年赴赤峰巴林左旗参加首届全国蒙古族服饰大赛，获特等奖。2004年7月赴蒙古国参加“阿拉塔日嘎那”文化节。2005年3月赴俄罗斯乌兰乌德市参加“丝绸之路”国际蒙古族传统大赛，获特等奖。2006年5月代表呼伦贝尔市赴北京参加中国“魅力城市”展示活动。2006年6月赴俄罗斯乌兰乌德市参加“阿拉塔日嘎那”文化艺术节，分别获得传统服饰一等奖、现代服饰一等奖。2008年6月29日，在俄罗斯参加伊尔库斯克“阿拉塔日嘎那”艺术节。2008年12月，参加黑龙江省漠河县首届北方少数民族歌舞服饰展演。2009年10月一行12人赴俄罗斯乌兰乌德参加“丝绸之路”服饰大赛。2012年7月参加俄罗斯赤塔州“阿拉塔日嘎那”文化艺术节。2013年7月参加青海“中国西部那达慕·中国蒙古族服饰大赛”。2014年5月参加美国世界仁爱基金会组织的慈善演出。2015年2月赴俄罗斯赤塔州阿金斯克参加“额立斯盖阿拉坦旭日勃苏”服饰大赛。

2003年末，锡尼河东苏木人口已达4571人，纯牧户807户，牧业人口2614人，牧业劳动力1879人。牲畜总头数发展到了

布里亚特蒙古族姓氏旗

104 580 头（只），鲜奶产量连续两年超万吨，达到 14 600 吨，肉类总产量 2100 吨，牧民人均纯收入达 3611 元，有小康户 329 户，小康示范户 19 户，4 个嘎查党支部均被评为“五个好”支部。2002 年苏木党委被评为全旗先进基层党委，2003 年被评为市级高标准“六个好”苏木乡镇党委。

2006 年 6 月，由于内蒙古自治区实施撤乡并镇，鄂温克旗撤销锡尼河西苏木和锡尼河东苏木，合并而成锡尼河镇，全镇下辖 12 个嘎查。全镇土地面积达到 9035 平方千米，辖区内有蒙古、鄂温克等八个民族，截至 2008 年 9 月，总人口达 8605 人，布里亚特蒙古族 7000 多人，占总人口的 85% 左右。2007 年度全镇牲畜总数为 32 万头（只），肉产量 5120 吨，鲜奶生产量 42 000 吨。地区生产总值完成 21 592 万元，实现财政收入 759 万元，牧民人均纯收入达到 6152 元。2011 年 4 月份恢复锡尼河西苏木和锡尼河东苏木设置。

近年来，锡尼河东苏木、锡尼河西苏木积极发挥草原畜牧业优势，突出特色，使苏木经济步入了快速发展的轨道。他们以科学发展畜牧业为目标，发展优良牲畜为目的，利用草场承包到户，并帮助牧民贷款等多种形式，积极扶持和帮助牧民发展新兴畜牧业（牲畜量少质高），发展畜牧业专业户。从而大大激发了广大

布里亚特婚礼

牧民的积极性，他们已经开始重视饲养牛马羊的质量和数量，还把部分草场用网围栏围起来，对于草质不好的草场进行改良种植良种饲草，并实施了分场放牧、科学养畜的经营方式。锡尼河布里亚特蒙古人，现在为了畜牧业生产虽然还需要游牧生活，但基本上都实现了定居生活，住宅大部分都是清一色镀锌铁皮盖的砖木结构的房子，宽敞明亮，部分还安装有土暖气。苏木实现了政治稳定，人民安居乐业，社会各项事业蒸蒸日上，经济快速发展，两个文明建设取得了丰硕成果。

布里亚特人非常重视教育。2008 年，锡尼河学校中考成绩名列全市第三，2009 年升到第二位。2013 年，投资 360 万，修建锡尼河学校教学楼、宿舍楼，建筑面积 3000 平方米，学校附属配套设施完备。

布里亚特人人才济济，他们中间涌现出一大批学识渊博的教授以及具有高级职称的专家学者，艺术家在不同的岗位做出了卓越贡献。普通牧民中，有不少留学生、大学生回乡参加畜牧业生产，成为科技兴牧的带头人，为建设社会主义新牧区贡献力量。

布里亚特人对内蒙古自治区、呼伦贝尔市和鄂温克族自治旗文化建设贡献很大。他们积极参加国内外举办的各种表演活动，在全国和全区服饰大赛、民族文化表演及民族那达慕、瑟宾节、祭敖包、冰雪节等活动上，都有布里亚特人的精彩表演。在俄罗斯和蒙古国也曾多次载誉而归。从1980年到现在每年举办“锡尼河杯”足球赛。2016年7月成功举办纪念“锡尼河杯”草原足球30周年活动及草原足球发展高峰论坛。2002年起打造了他们独特的文化品牌——“悠扬的锡尼河”。这是一个全面展示布里亚特蒙古族文化的平台。他们建立了呼伦贝尔第一家乡镇级“布里亚特博物馆”；在呼伦贝尔草原上率先举办了马文化节。成立了布里亚特蒙古历史文化研究会、民族服饰表演队、牧民合唱团、马协会、射箭协会、博客协会、国际象棋协会等。可以说，这是举世少有的布里亚特全民参与民族文化传承和保护的大行动，这使得布里亚特蒙古人的古老民族文化焕发出新的生机和活力。

额鲁特蒙古族迁徙之路

鄂 晶 整理

额鲁特亦云厄鲁特，属阿尔泰语系蒙古语族，元太师托欢之后，其先世为元放牧。明清时盛强，号称四部，居黑龙江的是额鲁特族之准噶尔部人。乾隆二十年（1755），准噶尔台吉巴桑投诚，附打牲部落之后。迁居呼裕尔流域及呼伦贝尔者，则于雍正十年（1732）从阿尔泰移来，牧地在喀尔喀河迤东宽翁河一带。此族驻呼裕尔河者，以伊克明安为首领；驻呼伦贝尔者编一旗，以本旗总管为

九曲伊敏河

首领。

额鲁特部落位于内蒙古自治区呼伦贝尔市鄂温克族自治旗草原境内。额鲁特蒙古是中国古代对西部蒙古的称呼，蒙古语“草原百姓”之意。雍正九年（1731），清廷将一部分额鲁特人迁往呼伦贝尔，游牧于今锡尼河南、伊敏河东地区。这一部分额鲁特蒙古因先期迁来，称为陈额鲁特。乾隆二十年（1755），又有一部分额鲁特人迁居呼伦贝尔，称新额鲁特。

蒙古族自称“蒙古”。“蒙古”这一名称较早记载于《旧唐书》和《契丹国志》，其意为“永恒之火”，别称“马背民族”。蒙古族的名称起源于额尔古纳河东岸的一个室韦部落——蒙兀室韦。“蒙兀”是“蒙古族”一词最早的汉文音写。在宋、辽、金时期，史籍就有“萌古”“蒙骨”“萌骨”“蒙古里”等译称。“蒙古”一词，《史集》解释为“质朴”（蒙古文的文献中多解释为“永恒之火”）。13 世纪初，“蒙古”一词由部落名称正式变成民族的名称。

额鲁特蒙古最早居于叶尼塞河上游，以狩猎为生。13 世纪初归附于成吉思汗，改营畜牧。

在明末清初形成四部，准噶尔、杜尔伯特、和硕特、土尔扈特。另有辉特等小部。四部之间虽“分牧而居”“部自为长”，却“以伊犁为会宗地”，结成松散的部落联盟，设有盟主，以调节四大部落之间的纠纷。准噶尔部又名绰罗斯部，因该部和杜尔伯特部的首领同姓绰罗斯而得之，初游牧于额尔齐斯河中上游至霍博克河、萨里山一带，后以伊犁河流域为中心。杜尔伯特部游牧于额尔齐斯河沿岸。土尔扈特部原游牧于塔尔巴哈台及其以北，西徙后，辉特部居之。和硕特部游牧于额敏河两岸至乌鲁木齐地区。四部额鲁特中准噶尔和杜尔伯特贵族姓绰罗斯，和硕特贵族姓博尔济吉特，辉特部贵族姓伊克明安，土尔扈特贵族姓氏史书不载。

和硕特与漠南蒙古、漠北蒙古有一定关系，属于黄金家族体系。据说，成吉思汗同母兄弟哈布图哈撒儿家族传至七世阿克萨噶勒代，其长子阿鲁克特穆尔，于公元 1425 年登上蒙古大汗之位，称阿岱汗。他将哈撒儿家族的势力扩展到兴安岭以南的兀良哈三卫之地。次子乌鲁克特穆尔与兄长因为属民问题发生纠纷，于是率以福余卫乌济叶特人为主的部分属民西迁，后成为风格迥异的额鲁特蒙古之组成部分——和硕特部，在西蒙古游牧。

和硕特部顾实汗于1636年出兵南下，1637年打败绰克图台吉占领青海，1641年出兵西藏，次年灭掉藏巴汗丹津旺布，在西藏建立了以和硕特汗为首的蒙藏僧俗封建主联合统治的政权，即和硕特汗廷，顾实汗成为统治青藏地区的最高统治者。

和硕特部外，其他几个额鲁特部落蒙古都与黄金家族有姻亲关系，但因不是真正的成吉思汗家族的血统，所以与漠南蒙古与漠北蒙古关系较远，经常相互攻击。蒙古本部的蒙古部落基本上视额鲁特蒙古为被征服民族，而额鲁特蒙古则一直认为自己没有受到应有的重视，因此互相攻击。额鲁特蒙古参与反对忽必烈即汗位的蒙古内战，尔后在蒙古势力削弱时重新走上政治舞台，扶持北元的几个蒙古汗位，造成蒙古内部的大纷乱，与蒙古其他各部势如水火。所以蒙古各部与清军联合后，对以准噶尔部为首的额鲁特蒙古痛下杀手，准噶尔部几乎灭亡。

明初对鞑靼用兵，使瓦剌首领猛哥帖木儿乘时而起。永乐七年（1409），其首领马哈木、太平、把秃孛罗分别被明封为顺宁王、贤义王、安乐王。永乐十二年（1414），明成祖北征瓦剌，直至土剌河（今蒙古国境内的图拉河）。翌年，马哈木等贡马谢罪。不久马哈木死，传子脱懽。脱懽统一蒙古。他死后，子也先嗣，瓦剌势力极盛。正统十四年（1449），也先大举攻明，宦官王振挟英宗亲征，败于土木堡，英宗被俘，也先直犯京师，但被于谦所却，只好与明讲和，送还英宗。也先死后，瓦剌部落分散，逐渐衰落。

明末清初，瓦剌各部最后归并为准噶尔、杜尔伯特、和硕特、土尔扈特四大部，及附牧于杜尔伯特的辉特部。其牧地，西北不断向额尔齐斯河中游、鄂毕河以及哈萨克草原移动，西南向伊犁河流域推进，东南向青海迁徙。诸部分牧而居，互不相属。另设松散的议事机构——丘尔干（蒙古语会盟之意），即定期的领主代表会议，作为协调各部关系，加强封建统治，以及抵御外侮的临时组织。17世纪20年代后，准噶尔部取代和硕特部，成为实际上的盟主。明崇祯十三年（1640）额鲁特蒙古和喀尔喀蒙古封建主会盟于塔尔巴哈台，制定法典（《蒙古—卫拉特法典》），确定

额鲁特搏克手

喇嘛教为共同信仰的宗教。额鲁特蒙古原采用回鹘式蒙古文字，1648年后使用托忒文。明崇祯元年（1628），土尔扈特首领和鄂尔勒克率其部，联合和硕特、杜尔伯特的一部分，徙牧额济勒河（今俄罗斯伏尔加河）下游。崇祯十年（1637）前后，和硕特顾实汗等也率部族迁移到青海一带。而当时准噶尔、杜尔伯特、土尔扈特，以及一部分和硕特、土尔扈特属众仍留居天山南北，逐渐形成以准噶尔部为核心、联合额鲁特各部及其他一些蒙古突厥部落的强大政权。故清代史籍往往把额鲁特也统称为准噶尔。准噶尔部地方政权与中原地区政治、经济联系甚为密切。17世纪70年代，噶尔丹称汗后，伊犁成为准噶尔政治中心和各部会宗地。除统治天山南北外，其势力曾远及塔什干、费尔干纳、撒马尔罕等地。18世纪前半叶，策妄阿拉布坦和噶尔丹策凌统治时期，畜牧业、农业、手工业均有所发展。乾隆十年（1745），噶尔丹策凌病故，准噶尔统治集团汗位之争激烈。乾隆二十年至二十二年（1755—1757），清廷出兵平定达瓦齐和阿睦尔撒纳割据势力，统一西北。乾隆三十六年（1771），土尔扈特渥巴锡率众从伏尔加河万里返归祖国。清廷在额鲁特蒙古族聚居区先后实行盟旗制度，编置佐领，以札萨克领之。额鲁特蒙古的后裔仍生活在新疆、青海、甘肃、内蒙古一带。

伊敏苏木

呼伦贝尔地区蒙古族主要由巴尔虎、额鲁特、布里亚特等几个支系组成。额鲁特部人来源于卫拉特四部的一部分，在《元朝秘史》称斡亦剌惕，是“林中百姓”较为著名的部落。也是当今呼伦贝尔地区蒙古族中最早来到现鄂温克族自治旗伊敏河中游驻牧的部落。13世纪初，活动在蒙古高原上，以狩猎为主兼做渔业、牧业生产。额鲁特部与索伦（鄂温克）、达呼尔、陈巴尔虎的移驻有些不同，他们是迫于生计的需要而请求迁徙。1731年1月，舍布腾旺布里亚特向清朝请求牧地，而在此时清朝政府为加强呼伦贝尔地区的边疆防务正急需壮丁兵士。这与雍正皇帝分散额鲁特降民，使其远离准噶尔部的计划不谋而合。因此1732年仲春月二十八日，清政府诏谕：“朕以额鲁特旧臣策布所属两佐领属民均为新近迁徙来之兀良哈众，昔因罗卜桑希拉卜等叛逃之事，汝所属察哈尔，藩部额鲁特等均怀猜疑……朕虽不猜疑汝等，而诸人猜疑之因，不便俾汝等在此生息。”“东呼伦贝尔之海拉尔河附近，地域辽阔，水草丰美，树木繁茂、野兽水产富有，系汝等生息之美好场所。”于是朝廷允许额鲁特蒙古先派人去看看再做决定，结果在看过之后，额鲁特人喜出望外，奏报雍正皇帝：“那个地方可比阿尔泰强多了，四季都有活路，又特别适合繁殖牲畜，皇上若能把那个地方赏赐给我们居住，我额鲁特人将会个个发财，

延福寺

过上好日子。”于是“自额鲁特郡王策布登旺布处所呈奏疏曰：吾等昔日住推河流域时，既无呈请圣主赏赐，吾等迁往喀尔喀河等地，享受主上之恩惠，兀降旨正合吾等之意，行即迁往喀尔喀河流域”。这样约于1732年6月迁至喀尔喀河之地，与喀尔喀车臣汗却扎布等共议驻牧于喀尔喀河东多伦得、古尔班沙班儿、库库诺尔、阿兰萨至喀尔喀河博恩巴图和硕，自喀尔喀河西兀儿图云格尔图、兀赫尔海崖、塔希海等地至博恩巴图和硕，他们将商议结果呈报理藩院并获得恩准。1732年1月，舍部移牧喀尔喀河，2月，清廷又以“东方呼伦贝尔海拉尔河流域，水草美，林茂，兽、鱼多，宜于尔等生存的好去处”，派使者带银两到舍布腾旺布处，协助迁往呼伦贝尔，并以舍不腾旺布为额鲁特总管，额鲁特人自成一翼，编为一旗，称额鲁特镶黄旗，驻牧于东自兴安岭、西至伊敏河，南自维纳河、北至锡尼河之间的区域内。从此额鲁特蒙古就在呼伦贝尔定居下来，他们同索伦官兵一起，维护着北部边疆的稳定。这一部分额鲁特因先一步迁来，又称陈额鲁特，游牧于今锡尼河南、伊敏河东地区。 1755年，有一部分准噶尔兵民被清军俘获，遣送到黑龙江等地，其中又有一部分额鲁特人迁居呼伦贝尔。额鲁特部兵丁及家属是先后分两批进驻呼伦贝尔鄂温克旗的。两次迁入额鲁特蒙古人共590户。清乾隆二十二年（1757），

伊敏苏木牧民冬季那达慕

乌里雅苏布台副将请求将杜尔伯特等部落中的额鲁特蒙古近150户留驻呼伦贝尔。1790年，经黑龙江将军再次请求，将这些人分摊给陈额鲁特蒙古两个苏木。这一部分又称锡尼很（新）额鲁特（今锡尼河名由此而来）。

伊敏河畔

1732年清政府从布特哈迁来鄂温克族、达斡尔族、巴尔虎蒙古族、鄂伦春族兵丁及家属建索伦八旗。1790年杜尔伯特台吉率三氏蒙古族额鲁特部迁锡尼河流域，也被编入索伦八旗。1928年建额鲁特旗。1917—1928年间苏联境内的部分蒙古族布里亚特部迁至伊敏河、锡尼河一带，于1921年建布里亚特旗。1932年将索伦八旗、布里亚特旗、额鲁特旗合并建为索伦旗，1958年改称鄂温克族自治旗。额鲁特蒙古人从阿拉泰迁徙至呼伦贝尔已有200多年的历史，他们经历过战争的创伤、游牧迁徙的颠沛流离、日本侵略者的摧残、疫病等人口锐减，有关资料记载，其人口曾达到3000人，后经1910年、1920年和1943—1945年三次严重的鼠疫和瘟疫，人口锐减。到1990年，额鲁特蒙古人仅存169户、751人，大都居住在鄂温克旗伊敏苏木境内。伊敏苏木是呼伦贝尔市唯一一个额鲁特蒙古族集中居住的地区。额鲁特蒙古人主要分布在伊敏苏木毕鲁图嘎查、阿贵图嘎查、巴音塔拉嘎查、伊敏嘎查。现在只有600多人居住在鄂温克旗伊敏苏木从事畜牧业生产。额鲁特蒙古人一定程度上保留了其独特的生产生活习俗和文化历史，尤其是服饰有别于其他蒙古族部落。

伊敏苏木位于鄂温克族自治旗南部，东与锡尼河东苏木接壤，南与扎兰屯和牙克石市相连，西和北与锡尼河西苏木接壤。地处大兴安岭山地向呼伦贝尔高原过渡地段，平均海拔980米，地貌为坡状平原、丘陵、山脉地带及河谷滩地，地形起伏，形成由东南向西北倾斜的走势，大致分为南部山地，中部低山丘陵，西北高原三部分。全苏木土地总面积为439 964.98公顷。伊敏苏木，现有鄂温克、蒙古、汉、达斡尔、满、鄂伦春、俄罗斯7个民族，总人口约4844人，总户数约1414户。伊敏苏木有着辽阔的草原资源、茂密的森林和猎场，也有肥沃的耕地。出产各种奇禽异兽和珍贵药材，如世界稀有的贵重木材——樟子松、闻名中外的白蘑菇和黄花菜及鹿、狍、野猪、天鹅、犴、猞猁、飞龙、乌鸡等野生动物资源；蕴藏着大量的煤、铁、金、铜和水晶、石灰石、大理石等地下资源。

参考资料

[1] 格日勒图：《卫拉特研究》，内蒙古文化出版社，2003 年版。

[2] 呼伦贝尔额鲁特研究会编：《呼伦贝尔额鲁特文史资料》，内蒙古文化出版社，2008 年版。

[3] 《全国第六届卫拉特蒙古族历史文化学术研讨会论文提要》。

[4] 特·官布扎布、阿斯钢译：《蒙古秘史》，新华出版社，2006 年版。

夏营地

绰日格勒艾里迁入呼伦贝尔南屯地区

苏福荣

玛布岱①家族先祖在朝廷任职，家族后代受过良好的教育，不少人被派各地担任重要职务，据故宫博物院档案考证，现已明确记载玛布岱家族有 10 人是清朝清廷正一品或从一品官衔。鄂博什（家族第五代）太爷之子，耶给业苏（根杰松，家族第六代）于 1789 年任职呼伦贝尔副都统衔总管。在呼伦贝尔任职时，家眷及亲属也相继迁入海拉尔和南屯（现鄂温克族自治旗巴彦托海镇），清末时期有 10 多户迁入南屯地区。在民国时期搬迁海拉尔和南屯地区的有 20 多户。在 20 世纪 40 年代由政府统一组织移民到牙克石地区的 20 户，后搬迁到海拉尔南屯。20 世纪 50 年代，绰日格勒②艾里③就派五台胶轮马车在海拉尔、鄂温克地区搞运输生产。

---

① 玛布岱: 达斡尔族，苏氏绰日格勒家族的四代先祖。于康熙二十六年(1687)由京城侍卫调任齐齐哈尔索伦总管。康熙二十七年（1688）首次提议建齐齐哈尔城，康熙三十年（1691）获皇帝恩准并下旨筑城，同时被任命为副都统衔总管。康熙四十四年(1705)十月初，玛布岱病故于索伦总管任上。

②绰日格勒：玛布岱的子孙后代就是代代繁衍生息到现在的绰日格勒。

③艾里：村落。

家族联谊会

50 年代末，玛布岱家族剩余部分集体搬迁到海拉尔、鄂温克族自治旗。

搬迁与安顿

20 世纪 50 年代末期，绰日格勒艾里搬迁到呼伦贝尔南屯（现鄂温克族自治旗巴彦托海镇）。当时，鄂温克族自治旗也在搞人民公社化，在南屯成立了巴彦托海公社。刚成立的巴彦托海公社划分西大队和东大队。西大队分别为红旗队、爱国队、星星队、胜利队、火星队、前进队、团结队、友谊队；东大队以牧业为主，叫巴彦温都日、巴彦朝格、巴彦汗、巴彦诺日、巴彦高勒。1961 年 6 月成立了巴彦塔拉苏木，巴彦托海公社东大队（5 个生产队）全部划到巴彦塔拉苏木（后改称为巴彦塔拉达斡尔族民族乡）。苏木的所在地设在辉阿木斯尔的南边。当时，刚刚建立生产队，基础薄弱，人民公社化时，牧户、牧主的牲畜大部分都归到东大队，新搬迁来的西大队有很少牲畜入社。当时的草场在伊敏河以西，南到西苏木，西南的特莫胡珠、蓬坡、二道沟，西边的巴勒格敖包、乌吉热布日德，南屯西的霍吉热诺日、哈日格那替扎勒格、纯齐坎阿木斯日、敖仁宝力格、三八水库、南京布拉日、安奔诺日，均属巴彦托海公社的草牧场和打草场。

玛布岱雕像

1965 年，旗里对草场又进行了大面积调整。巴彦托海的牲畜、

家族史纪念碑

放牧点、草场全部划到伊敏河以东，伊敏河南屯地段以东至马鞍山、高色敖包，北从哈克301国道以南。哈给诺尔、西莫什克（马蹄坑）至东南毛和列高勒、布墩夸、穿特依、塔温陶力盖（五头山）、汗敖拉、准宝乐吉若、温都热宝乐吉若，一直到锡尼河桥；沿着伊敏河东以南的南坝，切特日莫日登、贡格布窝棚、瓜日布德日（依齐很雅尔思）、都日布德日（依赫雅尔思）到锡尼河桥北的柳条筒、湿地都属巴彦托海公社。同时，还给划分了苇场，在辉阿木斯日南、特莫胡珠、大理、蓬坡、西博、二道沟一直到立新点。也给划分制作达古日特日格（勒勒车）所需木料的采伐场，在东苏木以南博德日、三道桥等森林地带。

1958年至1959年，绰日格勒浅①家族的人们，开始规划建造房屋，当年搬进二十来户。经过两三年，绰日格勒浅基本上全部建造房屋，解决了住的问题。适龄小孩全部进入学校学习，当时南屯是用蒙古语授课，因为绰日格勒浅搬来前都学汉语，1959年开始，成立完全小学，设立汉语授课班，岁数较大的高年级学生，进入到海拉尔四中、二中学习。

解决了住房和孩子上学的问题后，家族人把全部精力放在了发展生产上。当时，牲畜数量少，西大队分生产队时，红旗队只

---

① 浅：达斡尔语，指众多的人们或群体。

分得140多只母羊，牛分给每户一头奶牛后只剩30多头，马不到20匹。当时，红旗队党支部根据巴彦托海公社党委建议，提出了以副业促牧业，增加牲畜头数，全面发展的方针。

抓副业生产

1. 制作达古日特日格（勒勒车）。每年都要派十多名有经验的劳力，到博德日一带，进行采伐制作车轱辘的木料，挖窑用火烤蒸，然后围成圆形车腕子固定。还要采伐制作车辕子、轴等的木料。然后分多次派十多辆达古日特日格到山上拉这些材料；还要到林区发保勒（车轱辘头）、黑格斯（车辐条）。在队部西边有一个大房子，有十几位木匠加班加点制作达古日特日格。一个达古日特日格能卖90元至120元左右。同时，也可以跟西旗、陈旗等换牛、马、羊等。

2. 打芦苇。组织生产队社员打芦苇是冬季一项重要的生产活动。在鄂温克旗辉河流域有天然的芦苇荡，长100多千米、宽10多千米。以前，从辉阿木斯尔、特莫胡珠、西博、蓬坡、二道沟、立新点一直到东旗的莫达木吉都是鄂温克旗的芦苇场。打芦苇的主要是巴彦托海镇和巴彦塔拉公社等。一到11月秋冬时，辉河流

家族那达慕

达斡尔戍边 250 周年纪念

域全面封冻，在这儿生长着天然茂密的芦苇，一望无际，金黄一片，丰收的景象很壮观。这里是为全国各地造纸企业提供原料的一个基地。当时，旗里成立了芦苇公司，组织对芦苇的管理、生产等。在 20 世纪 70 年代辉河流域生产芦苇 3 万吨左右，巴彦托海镇就能打芦苇 1 万吨以上。1 吨芦苇收购价当时为 15 元至 17 元，这是一笔可观的经济收入。

3．搞运输，增加收入。搞运输主要是运芦苇捆包，还给各单位运草、土方或石料。当时红旗队、爱国队、星星队都有 8 台以上的胶轮马拉大车，每台车上大约都需装 2 至 3 吨芦苇。整个春季，都搞芦苇运输，除了马拉胶轮大车外，还用达古日特日格搞运输，一个队有 40 至 50 台勒勒车。当时，搞运输拉 1 吨芦苇的价格差不多跟收购 1 吨芦苇的价格一样，收入可观。那时旗属机关全部养马，马是干部下乡的交通工具，所以各单位都要准备大量饲草，这也为各生产队搞副业、搞运输提供了机遇。通过搞运输，增强了各生产队的经济实力，也增加了牧民的收入，为发展畜牧业提供了有力支持。

4．打饲草，增加收入。打饲草出售剩余饲草，是当时几个生产队主要收入来源。在伊敏河以西，从哈日格那蹄扎勒格到巴拉

玛布岱建城 320 周年纪念

格敖包、乌吉布日德都是巴彦托海公社的打草场。1966 年，巴彦托海公社的草场进行了调整，划到伊敏河以东，从伊敏河以东一直到马鞍山、布敦夸、穿特；从哈克南 301 国道到五头山、准宝尔吉若、锡尼河桥以北都是巴彦托海公社的草场。

20 世纪 60 年代初，鄂温克旗草的长势非常好。这为巴彦托海公社的几个生产队带来发展的机遇。因为当时各队的牲畜头数很少，能余富大量饲草作为商品草卖出。

70 年代初开始，由于国家发展进步，各生产队开始有了较大型胶轮（28 型、55 型）拖拉机，提高了劳动效率，一台拖拉机可以拉三个到五个割草机，搂草机也是购买宽 12 米的大型搂草机，机械作业队的一个打草点人员可达 40 至 50 人。接下来，生产队长跟购草的商人或机关派来购草的人员进行洽商，一部分草还要拉到东营地解决集体牲畜的过冬问题；还有部分草分配给社员饲养自留畜。

发展畜牧业

20 世纪 50 年代南屯公社西大队的红旗队、爱国队、星星队是

达斡尔敖包文化节

以绰日格勒艾里为主；当时因为羊少，三个生产队的羊群合并成一大群，1700多只羊，走敖特尔，游牧形式放养。到1965年时，红旗队、爱国队的羊都分别发展到3000多只，星星队也有2000只左右。每年秋天，生产队按人口分羊，作为冬季肉食，一般情况下，每两口人分1只羊，有时一个劳动力还加1只羊。50年代，养牛业和养马业也得到了发展。当时，红旗队除每家1头奶牛外，队里的牛就30多头，后来，因搞运输需要，购置了一些犍牛套车拉货。由于以副促牧，牛发展也较快。短短时间内，牛达到200多头，走敖特尔的就100多头；马最多达到100多匹。凡是在畜牧业生产劳动的社员每人都基本上固定了1匹坐骑，作为放牧及出行的主要工具。这是牧民社员遵循巴彦托海公社发展多种经营，以副促牧，发展畜牧业的生产方针，充分利用丰富的资源，坚持自力更生、艰苦奋斗的结果。当时，红旗队、爱国队一个工分达到0.33元左右，在全公社是很高的。平均一个劳力日工分为 12 分左右，其中放牧 13 分左右，赶马车 15 分左右，自制勒勒车计 15 分以上。

玛布岱家族剩余部分人员，从 20 世纪 50 年代整体搬迁到呼伦贝尔鄂温克族自治旗，从狩猎、游牧、渔猎、农耕文化到草原游牧文化的转变过程中，由于家族那种坚忍不拔、不屈不挠、与时俱进的精神，家族完全融入鄂温克旗的经济社会发展的洪流之中，成为鄂温克旗改革开放、建设小康社会的一支力量。

参考文献

［1］鄂温克族自治旗文史编纂委员会：《鄂温克族自治旗志》，中国城市出版社，1997 年版。

［2］呼伦贝尔盟史志编纂委员会：《呼伦贝尔盟地名志》，内蒙古文化出版社，1990 年版。

［3］苏福廷、苏福荣、苏静媛：《玛布岱家族史》，内蒙古文化出版社，2017 年版。

第二章

人物春秋

清代至民国时期
海拉尔达斡尔人创办民族教育过程

阿　力

海拉尔达斡尔人家家都有重视学习文化知识的优良传统，致力兴办教育事业更受到人们的欢迎和支持。不论在战争时期还是在和平年代，海拉尔达斡尔人始终将教育放在首要位置，因此文化教育事业发展较快，一些史学者有“注重开化亦以三姓子弟为最”的评说。海拉尔达斡尔人重视文化的学习，原因是多方面的。首先，开明的上层人士热心办学，发展民族教育事业；其次，不少达斡尔族知识分子持之以恒，献身于民族教育事业，推动了教育事业的发展；最后，人们支持发展教育事业，积极送子女上学，是教育事业发展的社会基础，他们节衣缩食，甚至不惜卖掉家里的牲畜或借钱来供子女上学读书，“大部分人都精通两种语言的书写方式”，“以机智和博学闻名已久，所以颇具影响力”。

一、清朝时期

1.呼伦贝尔地区创立的第一个私塾

雍正十年（1732）达斡尔人进驻呼伦贝尔后，由于繁重的家园、

城堡、卡伦、驿站建设以及巡边、征战、各种贡赋、徭役，清政府无暇顾及教育，加之朝廷厉行封禁政策，使海拉尔地区的教育形式长期处在传统的家庭教育阶段。其特点是由长辈们在生产劳动和社会生活的实践中以言传身教来进行。另外，人们通过参加萨满祭祀仪式，从其祭词（伊若）中获取丰富的民族语言，也是一种教育形式。

在海拉尔达斡尔人中，最早有学识者应属范察布和奎苏二人，也是海拉尔达斡尔人的始祖。1742年当戍边于呼伦贝尔的达斡尔人返回布特哈时，因范察布和奎苏二人任笔贴式而留居呼伦贝尔，表明他们在当时有一定的文化学识，而当时笔贴式的特点是双语双文（满、蒙古）皆通。由于该二人的文化及特殊的职务，不能不影响其家庭人员，在他们的儿孙中，出现了不少精通满文、蒙古文的人才，同时他们的后代有不少人通过教育走上了仕途。在整个清朝时期，人口极少的海拉尔达斡尔人当中被授予佐领、协领、都统、将军等爵衔者不在少数。尤其到了19世纪初期，海拉尔达斡尔人中出现了一些精通满、蒙古、汉文的学者。

在海拉尔达斡尔人中最早有文字记载的著名文人是敖拉·昌兴，他出生于1809年，于光绪十一年（1885）77岁时去世。敖拉·昌兴精通满、蒙古、汉、藏四种文字，同时懂医道，更擅长诗歌和撰文，为后代留下了许多宝贵的文化遗产。《呼伦贝尔志略》记述：“文士昌芝田先生编述京路记，调查乌的河源、田舍诗、依仁堂集等书，并用达呼尔俗语编著诗歌。”敖拉·昌兴曾于十四五岁时（1822—1823）随父赴京期间，写作了叙事诗《京路记》，此处女作展露出他的文学艺术才华。由此可知，敖拉·昌兴于道光元年（1821）就已经受到了满、蒙古文化的熏陶。可以想象，当初在这样一个远离中原文明、偏僻封闭又没有自己民族文字的北国小村庄里，达斡尔人对子女教育的重视、汲取文化知识的渴求以及发扬民族文化的信念是何等的难能可贵。

清道光十二年（1832），敖拉·昌兴被登特科艾勒和满那艾勒的父老乡亲推选为嘎辛达，其间（1832—1851）他在南屯用自家的房舍，利用春夏之时集中屯内近二十名儿童，让其弟松恒任教开办季节性的私塾，教习本族子弟满文和蒙古文。在南屯这种教育形式的出现，打破了达斡尔人传统的“家长教子”的局限，开创了“拜师求学”学习专门文化知识的新途径。这是海拉尔达斡尔人创办私塾之始，也是呼伦贝尔地区创办私塾之始。这个私塾坚持办了十余年。教材以敖拉•昌兴自己创作的“乌春”为识字教材，讲二十四节气与种地养畜生产的关系，以及观测天气等。

清朝时期，海拉尔达斡尔人通过对蒙古文、汉文的学习，通过对满族文化的学习借鉴，不仅本民族的文化素质得到迅速提高，同时保存和弘扬了自身民族悠久的历史文化，为本地达斡尔族教育事业的不断发展奠定了坚实的基础。

2. 使用多民族语言和文字的海拉尔达斡尔人

语言学研究表明，达斡尔语属于阿尔泰语系蒙古语族，在同语族各语言之间，达斡尔语和蒙古语比较接近。在 1956 年召开的达斡尔语文科学讨论会上，语言学者们将海拉尔地区达斡尔人使用的语言作为海拉尔方言提出。

海拉尔地区达斡尔人以本民族语言作为交际工具，在与其他民族联系中则采用各居住地区通用的语言。海拉尔地区达斡尔人由于长期与鄂温克、巴尔虎蒙古、额鲁特蒙古、布里亚特蒙古等族交往，虽然基本保持着原布特哈地区的语言特点，但仍受到地域环境的影响，在语音以及词汇等方面与布特哈方言有着一定的区别和不同。较早时期，留居海拉尔地区的达斡尔老少基本都能通用满语、蒙古语和鄂温克语（驻卡官兵还会俄语）。这些语言是他们在生产生活中必须掌握的语言，不论是大人和少年。由于没有自己民族的文字，他们的启蒙教育要从满文、蒙古文开始，因而，他们从幼小开始受到多种语言文字的熏陶和磨炼。其中脱颖而出的一部分学者为适应时代的需要，还要继续深造，学习和掌握汉文汉语、俄文俄语以及藏文和藏语等。例如，被誉为呼伦贝尔文士的敖拉•昌兴就是其中最突出的代表之一。在民间，熟练地用满、蒙古、汉、鄂温克等语言进行交流的达斡尔人很普遍。海拉尔达斡尔人中不仅有众多熟练掌握满、蒙古、汉语言文字的学者，而且流利地掌握使用俄、日语言文字的学者也是不乏其人。民国以后，海拉尔地区达斡尔人使用蒙古语文以及汉语文的更加普遍。到 20 世纪 40 年代之后，达斡尔人基本上不再学满文了。但满文对

达斡尔人的影响很深，直到20世纪60年代，海拉尔地区达斡尔族不少老年人都会满文。这种文化复合现象引起了语言学者的关注。日本中部大学教授、社会学博士畑中幸子曾于1986—1987年先后两次来内蒙古社会科学院进行学术访问，并来到呼伦贝尔实地考察，同时形成了题为《中国北方少数民族的民族关系和文化复合》的论文，提交1988年7月在南斯拉夫贝尔格莱德召开的第12届国际人类学和民族学大会。其中讲道："我为什么在北方少数民族中首先选择达斡尔族来研究呢？第一，他们是受满族文化影响最深的民族；第二，他们向邻近的通古斯各少数民族传播满族文化；第三，他们间接地传播先进的汉文化；第四，他们创造了今天文化复合的基础。"当然，这种文化复合现象并不只在达斡尔人中，其他诸如鄂温克族、鄂伦春族、巴尔虎蒙古等北方少数民族中是较为普遍的现象。20世纪20年代，丹麦学者亨宁·哈士伦曾在由中国和瑞典共同筹建的中国西北科学考察团工作，其间他们来到呼伦贝尔考察，后来形成《蒙古的人和神》一书，其中写道："在海拉尔地区各小邦中最杰出的要数达斡尔族人……他们中的大部分人都精通两种语言的书写方式。他们以机智和博学闻名已久，所以颇具影响力。达斡尔人富有、彬彬有礼，易于接受新生事物，但他们不会因为这个原因而抛弃本族文化的根基。"

3.首创达斡尔文字的"文学宗师"——敖拉·昌兴

在一个没有自己民族文字的情况下，使自己民族的传统文化得到流传下来，是一件极其艰难的事情。敖拉·昌兴虽然掌握了数种语言文字，但为了使自己民族文化得以原本的保留和传承，他试图为创造本民族的文字方面做了很大的努力，并以满文字母拼写达斡尔语的形式，把自己创作的诗歌记录下来。这一尝试，不仅由此结束了达斡尔语只能作为一种口头语言的历史，而且开创了达斡尔族作家文学的历史。利用这一文字工具，敖拉·昌兴创作了大量的诗歌、传记等诸多文学作品。《黑龙江志稿》五十五卷记载："昌芝田，呼伦贝尔文士，嘉庆初人，著有京路记、调查乌的河源（一名官便漫游记）、田舍诗、依仁堂集等书。并用达呼尔俗语编著诗歌。一时人争颂之。"著名的教育家郭道甫先生在他于1931年所著的《呼伦贝尔问题》一书中写道："昌芝田先生，蒙古名为阿拉布坦，他是呼伦贝尔的达呼尔人，也是创造达呼尔蒙古文学的第一个人，他不但精通满、汉、蒙古文字，并且效法陶渊明、苏东坡等清高人物，挂冠隐居，终生以翰墨自娱；他的诗词歌赋等作品很多，并有游记数种，大半都以满文和达呼尔文作的。他那作品的自然和清逸，即使在清朝文学史上，也能占很高的位置……呼伦贝尔的蒙古人民，虽妇人孺子，都能应口习诵他的诗歌，并且都称他为文学宗师。”世界著名蒙古学家 N. 鲍培先生于 20 世纪 30 年代拜读了昌芝田先生的作品之后写道：“大约在一百年以前，生活在海拉尔的敖拉氏拉布坦（阿拉布坦）是一位公认的非常有学问的人，可以说他是我很好的一位达斡尔语老师。” 当时的人民群众对敖拉·昌兴先生作品的喜爱和欣赏程度，以及他的作品在大众中的影响之深，由此可见一斑。就是如今，他的不少诗歌一直在达斡尔人中传唱不息。敖拉·昌兴的这种探索和创制，得到了其他达斡尔学者的认同并在一定的范围和时间内得以利用。例如，达斡尔族家谱人名的记载、告祭灵词等。尤其是敖拉·昌兴利用这一文字翻译编辑了《三国乌春诗》，在达斡尔人中流传甚广。

所有这些表明，这一形式的文字试创已经具有了达斡尔文字的意义和效应。所以“近年来的研究表明，达斡尔族不是一个完全没有文字的民族。他们从清代以来就使用着一种带有辅助性的文字——达呼尔文……根据对已搜集到的达呼尔文文献的研究，我以为达斡尔文学语言的创始人就是达斡尔族著名诗人昌芝田先生……第一位用达呼尔文进行系统创作活动的就是达斡尔族著名作家和诗人昌芝田先生”。而最先将这种文字形式称为“达呼尔文”的人是郭道甫先生。

中央民族大学语言文学学院教授丁石庆（达斡尔族）就“达呼尔文”的历史文化价值进行了专门论述，他认为：敖拉·昌兴所创造的“以满文字母拼写达斡尔语”的“达呼尔文”，是“借用其他文字体系加以改造，使之成为一种新的文字体系的再创造文字的过程，这在语言学上被称为借源文字。”按其理论，“达呼尔文”的借源轨迹大致勾勒如下：塞姆字母阿拉马系—叙利亚字母—粟特文—回鹘文—蒙古文—满文—达斡尔文。同时，丁石庆教授就“达呼尔文”的历史文化价值等方面进行了深入阐述。其后，

1920 年，郭道甫先生也曾利用拉丁字母创制过达斡尔文。

海拉尔达斡尔人从 19 世纪以来，在一个半世纪的时间里进行了用敖拉·昌兴所创造的“以满文字母拼写达斡尔语”的“达呼尔文”的实践活动，创造出许多脍炙人口的优秀作品，并以书面形式流传至今，为传承优秀的民族文化，做出了自己应有的贡献。因此，许多学者认为，昌芝田先生的功绩不仅在于他的文学创作，还在于他开创了使用“达呼尔文”进行文学创作活动的先河。正是由于海拉尔达斡尔人中出现了被大家“公认的非常有学问的人”，因而使文化教育在偏僻封闭的这一地区较早地得到了一定的普及，丰富和发展了当地达斡尔人的文化知识素养，也为后来的文化普及打下了牢固的基础。

4. 学习汉语言文化的先行者

如果说，海拉尔达斡尔人学习汉语始于 19 世纪 40 年代的个别几个人的话，那么，到了光绪年间，海拉尔达斡尔人进一步拓宽了教育面，开始以创办私塾的形式学习汉语言文化。《呼伦贝尔志略》记载：“光绪三年（1877），达斡尔部设私塾于南屯，由齐齐哈尔聘任教师，教授本部子弟十余人以汉满文字是为蒙古人学汉文之始。”（其实，早在道光年间，就有达斡尔人学汉文之事了。）学习满文、蒙古文，再加之汉文的学习（同时还要学习掌握巴尔虎、额鲁特、鄂温克等民族的语言文字，中东铁路的施工建设，使不少人开始学习俄罗斯语）。这种多种语言和文字的学习应用，是呼伦贝尔地区有别于其他地方的又一显著特点。海拉尔达斡尔人自设私塾开始学习汉文，在呼伦贝尔地区来讲，也是先行者，表明了他们对先进文化的汲取有着刻不容缓的积极意识。

5. 在呼伦贝尔地区第一个由牧民集资兴办起来的、新式的民办小学“石屋学堂”

宣统二年（1910），在索伦左翼牧民敖成吉的倡议下，达斡尔、鄂温克族村民共同集资建校于莫和尔图村。因为校舍是用石块垒砌而成，人们称其为“石屋学堂”。村民们推选鄂温克族人贵福为首任教师，后又聘请了布特哈地区的和希布为教师。开始时教授满文，后来加授汉文，以《三字经》《圣经》等作为教材。当时有华林太、温纳松等鄂温克族、达斡尔族学生 20 余人。“石屋

郭道甫

学堂”的创立，又成为呼伦贝尔地区第一个由牧民集资兴办起来的新式的民办小学，为莫和尔图日后文化艺术的不断发展打下了坚实的基础。

二、民国时期

1.郭道甫创建海拉尔私立学堂

民国时期动荡不定，政治上的动乱以及经济上的萧条，使人民生活处于水深火热之中。1917年的“丁巳年动乱”，使海拉尔地区仅有的一所“海拉尔城八旗满蒙学校”以及达斡尔人开设的南屯私塾、莫和尔图“石屋学堂”均被迫停办。但是，有志于振兴民族教育事业的达斡尔人并不因为时局的动乱而放弃对求知的渴望。1917年冬，伟大的十月革命成功，苏维埃政权的诞生，使郭道甫、福明太等知识青年直接或间接受到十月革命影响，他们时常借用副都统公署印物处召集社会青年谈论十月革命胜利的深远意义及国内外局势，提倡新生活与新文化，谋求民族复兴等问题。1918年，郭道甫与福明太不失时机倡议创办学校，在郭道甫家父荣禄（家名明勾）的解囊支援下，动用自家房舍在海拉尔创办了

郭道甫与蒙旗师范（油画）

呼伦贝尔蒙旗私立学校（当年已经有了呼伦学校的称谓）。教师有春德、根给苏、敖甫贵等。海拉尔地区大多数达斡尔人均在此校学习。但这一学校的创办不像以往只是以学习文化知识为目的，学校开办的同时，郭道甫在学生和青年中组建了呼伦贝尔学生会，并于当年冬季，代表学生会出席了在上乌金斯克召开的布里亚特民族大会。当时该学校有七八十名学生，以学生年龄和智力分成数个班级。教学的主课为蒙古文、汉文，兼学满文，由三种语言文字授课，同时对学员灌输反封建思想。可以说，这一学校创办之始，也是呼伦贝尔地区少数民族民主革命萌芽的破土之时。1919年，该学校改为公立蒙旗小学。当年夏末秋初，海拉尔发生鼠疫，因染疫死亡人数很多，学校一度被迫停课。进入冬季，郭道甫回到莫和尔图，与同村的福明太又筹办了一所学校。为此，他作《为蒙古代祷文》一文，公开提出办学的宗旨是“造就为蒙古民族奋斗之人才、为蒙古五百万同胞之希望”。显而易见，他的办学目的又有了新的飞跃。

2. 创建呼伦贝尔地区最早的地方中学

1920年，郭道甫与福明太等在呼伦贝尔副都统公署的公立“蒙旗小学”中增设中学部，改名为“呼伦贝尔蒙旗学校”。教学以汉文为主，兼学蒙古文和俄文。教员有贺毅、索岳勒太、傅贵、哈勒特尔以及俄语女教师阿•伊万诺夫娜等。至此，海拉尔达斡尔人在呼伦贝尔地区开设中学教育方面，又率先迈出了第一步。（该校于1923年5月正式启用“呼伦贝尔蒙旗中校”图章，成为呼伦贝尔地区中学历史之最，为今海拉尔第一中学的前身。）无疑，郭道甫成为呼伦贝尔少数民族中等教育的奠基人，同时也是现海拉尔第一中学的奠基人。而它的意义不仅于此。这所学校的改建，是教授辛亥革命后新编教材的新式学校。它成为郭道甫、福明太为学生和社会青年传播俄国十月革命、中国辛亥革命和反帝反封建革命思想的基地，并在学生会的基础上组建了呼伦贝尔青年党。而且，这期间郭道甫还创制了以拉丁字母为基础的达斡尔文字，在海拉尔、南屯、莫和尔图等地得到推广使用。但是，日本侵占东北以后，把达斡尔文字视为“赤化”的工具而将其封禁。

郭道甫文选

3.创建呼伦贝尔地区少数民族的第一所女子学校

1922年，郭道甫在其父亲荣禄的资助下与福明太等人，在他的家乡创办了莫和尔图女子学校，在反封建、反压迫、解放妇女的运动中，海拉尔达斡尔人在少数民族中又率先迈出了坚实的第一步，同时培养出了一批投身于革命的热血青年。1925年12月28日，苏联布里亚特蒙古苏维埃社会主义自治共和国在乌兰乌德报道了“巴尔虎蒙古的革命正在崛起，反封建、反压迫的5名女青年逃离家乡，投身于革命，昨日抵达乌兰乌德”。当时，这一报道震惊了国内外，在国内外引起了巨大反响。而这5名女青年正是莫和尔图女子学校的5名达斡尔族敖拉氏女学生。她们在俄国十月革命思想的熏陶下，与其他3名男青年，为寻求真理、寻求解放，毅然离家投奔苏联，进入莫斯科东方劳动者共产主义大学（后改为中山大学）、乌兰乌德师范等学校学习，并先后加入了苏联共产党。这标志着海拉尔达斡尔妇女青年投身于革命运动的开始。

莫和尔图女子学校从苏联布里亚特蒙古苏维埃社会主义自治共和国聘请女教师索尼授课，开设课程有俄语、数学、音乐等，学员10余名。1926年索尼教师回国后，另聘教师教授蒙古语、汉语，直至1931年日本入侵为止。

4.不间断地积极创办村屯私塾

由于时局的动荡不稳，加之经济萧条，官办学校时常停课，时断时续。为了不使村内儿童失学，热心于教育的达斡尔人尽力想方设法解决村内学童的教育问题。1925年，西屯“嘎辛达”胜谷在自己家里开办私塾，让儿子额尔其莫当教师为从村里招来的十几名孩子教授满文。两年之后该私塾停办。不久，村里人霍毕图从布特哈地方请来莫日根教师重新办起私塾，当时的学生有阿别、巴依尔、多仁、诺敦嘎、风奎、杨根太、端贝、那森依日格、诺和保、色尔森太等。海拉尔地区私塾的停办时间，大约在20世纪20年代中后期。

5.南屯学堂（民办小学）的创立

1926年夏，南屯达斡尔族郭博勒氏哈斯巴特尔（又名荣茂）在热衷于教育事业人士的帮助下，在南屯创办了学堂，并担任校长。时有3名教员20余名学生。由于教室还未来得及建成，他们的第一课在伊敏河畔的沙滩上露天讲授，持续到当年的秋末。由此，人们称该学校为“沙滩学校”。在此期间，他一方面向学生传播文化知识，另一方面积极宣传蒙古人民革命、俄国十月革命和消灭封建统治的革命道理，在共产国际的支持下培养了很多革命骨干力量。自开办学校至1931年，受其影响，有不少南屯青年赴苏联、蒙古学习深造，接受革命教育。

6.创建东北蒙旗师范学校

1928年，郭道甫在沈阳任东北长官公署咨议期间，以蒙古文化促进会的名义向东北当局提议，在沈阳筹建以振兴蒙旗教育为目的的“东北蒙旗师范学校”，并于当年7月正式成立，由郭道甫亲自出任校长，张学良任董事长并出席开学典礼。该校聘请国内名牌大学本科或专科毕业者为教员，学生来源遍及内蒙古东部各盟部旗。蒙古族教师中包括克兴额（科左前旗人）、王宗洛等知名人士。在郭道甫主持下，该校不仅开设讲授全套新式课程和蒙语文，郭道甫还指定学生阅读唯物史观、社会发展史、列宁关于民族和殖民地问题的论述及介绍苏联革命的书籍，使该校一时成为蒙古族接受进步思想的摇篮。当时，从海拉尔地区入该校学习的30多名学员中，多数为敖、郭、孟三姓海拉尔达斡尔人。郭道甫、福明太二人以提倡文化教育挽救民族为办学宗旨，积极争取一切社会力量创办教育事业，团结各方人士，培养青年一代，以不屈不挠的反帝反封建的革命精神，艰苦探索的进取精神，引导青年一代走上了民族民主革命的道路。在他的革命思想影响下，呼伦贝尔地区的各族青年纷纷走上了寻求民族解放的革命道路。

7.为寻求民族解放奔赴“十月革命”发源地的呼伦贝尔各族青年

由于郭道甫深受辛亥革命、苏联十月革命和五四运动的影响而竭尽全力提倡民族文化教育，并以此为办学宗旨，在当地引起了很大反响，因而遭到黑龙江督军吴俊升的残酷镇压，甚至向其部下发出命令：“哪里见到赤化分子郭道甫、福明太二人，要立即枪决，以绝后患。”为此，郭道甫不得不离校到京津一带游说呼吁，福明太到蒙古与该国党机构政建立来往关系。在郭道甫、福明太、荣茂的动员以及华林太、葆定、阿达、奈勒尔图等人的暗中联系下，致力于革命的当地各族青年前往苏联、蒙古的学员多达40多人。其中有的学员长期留居国外，有的参加了苏德战役而壮烈牺牲，有的返回国内参加反满抗日活动被日寇逮捕入狱或惨遭杀害，有的担任了内蒙古人民革命党的领导职务。他们是文尚（达斡尔族，郭布勒氏，莫和尔图屯人）、倭赫（陈巴尔虎蒙古族，胡尔拉德氏）、荣茂（又名哈斯巴特尔，达斡尔族，郭布勒氏，巴彦托海人）、阿林太（达斡尔族，敖拉氏，莫和尔图屯人）、特英太（达斡尔族，郭布勒氏，莫和尔图屯人）、察干喇嘛（达斡尔族，敖拉氏，巴彦托海人）、春寿（达斡尔族，郭布勒氏，莫和尔图屯人）、霍布勒（达斡尔族，郭布勒氏，莫和尔图屯人）、铁珠（达斡尔族，敖拉氏，莫和尔图屯人）、阿格东太（又名额尔登毕力格，达斡尔族，郭布勒氏，莫和尔图屯人）、达兰布为库（莫和尔图屯人）、昌哈尔（鄂温克族，莫和尔图屯人）、松格布（鄂温克族，今鄂温克旗伊敏苏木人）、苏格精太（达斡尔族，郭布勒氏，莫和尔图屯人）、霍仁太（鄂温克族）、达日扎（鄂温克族，今鄂温克旗伊敏苏木人）、额尔登太（达斡尔族，敖拉氏，莫和尔图屯人）、布迪扎布（达斡尔族，莫日登氏）、利克仓（达斡尔族，金克尔氏，原籍黑龙江省甘南县梅斯勒人）、索布德（又名松贤，达斡尔族，敖拉氏，莫和尔图屯人）、萨仁（又名孟贤，达斡尔族，敖拉氏，莫和尔图屯人）、海瑞（又名马尼拉，达斡尔族，敖拉氏，莫和尔图屯人）、仁贤（达斡尔族，敖拉氏，莫和尔图屯人）、桂瑞（达斡尔族，敖拉氏，莫和尔图屯人）、索岳勒太（又名敖瑞增，达斡尔族，敖拉氏，甘南县敖乃屯人）、福尔格通（陈巴尔虎蒙古族，齐布庆氏）、扎布勒精（达斡尔族，郭布勒氏，莫和尔图屯人）、都古尔（达斡尔族，苏都尔氏，世居巴彦托海）、阿勒精太（达斡尔族，敖拉氏，巴彦托海人）、仕定（达斡尔族，莫日登氏，巴彦托海人）、文录（达斡尔族，郭布勒氏，巴彦托海人）、额尔登毕力格（陈巴尔虎蒙古族，齐布庆氏）、全定（达斡尔族，莫日登氏，巴彦托海人）、爱信（达斡尔族，郭布勒氏，莫和尔图屯人）、额尔登格（达斡尔族，敖拉氏，巴彦托海人）、阿比（达斡尔族，莫日登氏，巴彦托海人）、察迪（达斡尔族，莫日登氏）、多尔那（达斡尔族，郭布勒氏，巴彦托海人）、东保（又名额尔登毕力格，达斡尔族，苏都尔氏）、色尔古伦（达斡尔族，敖拉氏，巴彦托海人）、苏和巴图尔（达斡尔族，郭布勒氏，巴彦托海人）等。

开明人士热心办学，致力于发展民族教育事业；知识分子持之以恒，献身于民族教育事业；人民支持办学，齐心响应发展民族教育事业，是海拉尔达斡尔人求知学识的优良传统。致力兴办教育事业倍受人们的欢迎和支持，不论时代如何变迁，他们始终将教育放在首要位置，培养出了许多时代的先锋和楷模。为了草原的繁荣，为了民族的兴旺，一代又一代的达斡尔人，谱写着一篇又一篇耀眼的历史篇章。

参考文献

［1］达斡尔资料集编委会编：《达斡尔资料集》（第1-7辑），民族出版社，2007年版。

［2］苏日嘎拉图：《呼伦贝尔民族教育史略》（上），民族出版社，2001年版。

文学宗师敖拉·昌兴

阿·恩克巴图　敖拉·杜梅供稿　月玲整理

敖拉·昌兴

敖拉·昌兴字芝田，敖拉氏达斡尔族人，原籍为呼伦贝尔索伦左翼人，他的祖先范察布（祖父）于清雍正十年（1732）以文官职务从军由嫩江流域移住海拉尔区南部圆形小泡子一带。其后裔移居南屯落户定居。昌兴于嘉庆十四年（1809）生在南屯（今鄂温克族自治旗巴彦托海镇），是官行农牧结合家庭出身者，他的父亲沃格精额是文职官员。昌兴是长子，兄弟共5人。昌兴原名阿尔巴敦，因德高望重，人们尊称他阿·乌塔齐（达斡尔族对福先之尊称）。他不仅精通满、蒙古、汉、藏文，同时懂医道、更擅长写诗歌和撰文，为后代留下了许多有价值的文学作品和记录地理风情的文章。他是达斡尔族杰出文人之一，有呼伦贝尔文士、一代宗师之称。

一、非凡成就

青少年时代。昌兴自幼聪明伶俐，童年就表露出聪明才智。15 岁那年，其父沃格精额为升任章京（佐领）赴京城觐见皇帝时，为了开阔昌兴的眼界和增长他的社会知识，遂携其进京。一路上昌兴将经过的村落、城镇、山河、田野描绘成简略地图，将所见人物名、胜古迹用散文诗的形式记述下来。这就是他的处女作《京路记》，充分表现了少年时代昌兴的聪明才智。

据传在京期间，其父领昌兴叩拜章嘉活佛。沃格精额叩拜时，佛静坐未动；昌兴叩拜时，佛起身扶起。说明，昌兴是个非凡的神童，将来必成大器。那次游京，昌兴大开眼界，接触了中原文明，触动了他幼小心灵，对他日后成长产生了极大影响。可惜《京路记》和简略地图早已失传。

提倡教育。昌兴研究过动植物、天文地理、政治历史古物、民族语言、宗教、医药病理、建筑工程、艺术乐曲等。在此基础上做出不少贡献。如编著许多民族诗歌史志，描述民族地区的特点以及俄罗斯人的简况；掌握阿尔泰语系中蒙古语族与通古斯语族在语言上的关系和规律特点；他在所写的诗歌上都新编过不同音调的民族歌曲。他最初引用满文字母，撰写过各少数民族诗歌、萨满神词及故事民谣等，是当时当地倡导教育的先驱者。

创设私塾。清同治年间，在昌兴的倡议下，昌兴和小弟每年春暖夏热的季节在南屯自宅召集郭、敖二氏子孙男孩子二十余人，亲自（他当过副总官）担任教师教学子满文、汉文。当时，以自作的诗歌做教材，礼仪、贤德相结合，要求学员们每日必早起洗脸洗手，参加家务劳动，不可打人骂人，讲文明礼貌，尊老爱幼，他开发了当地达斡尔子弟启蒙教育，它是民族教育的萌芽，其所创办的私塾也是呼伦贝尔地区最初出现的私塾。

改革创新。昌兴还善于改造生产生活用具，精心研究进行改革。例如，达斡尔族惯用的勒勒车，原来车上是不架篷的，昌兴设计，做成车篷安在车上，既能防风雨雪，又能遮蔽日光，还可装物件，

敖拉·昌兴研究著作

敖拉·昌兴在阿尔山的后裔

适宜老幼出门乘用。

过去，冬季使用的雪橇上也无遮蔽风雪的篷子。昌兴设计出一种木制活动篷架子，外部用黑布包裹，篷内钉上羊皮，美观保暖。拉货物时，便将篷架卸下，方便耐用。

从前，达斡尔族婴儿摇篮车实用，但不够美观。昌兴精心设计，在摇篮头部绣上了民族特点的图案；在头部下面横挂一串鸡腿骨和铜铃，摇动时发出清柔谐和的响声，促进婴儿入睡。这种达斡尔族民间传统的摇篮车至今仍然在民间使用。

文学艺术。昌兴精通好几种文字，浏览古今书籍，重视民族文化，倡导爱国主义教育。创作了许多诗歌、纪事。所编的诗词，通俗易懂，脍炙人口，每个诗词上分别有不同民族特色的音调歌曲，为后代留下了许多有价值的文学作品和记录地理风情、风俗习惯等的文章。现在遗留下来的都是手抄本，大约有六七十篇。除《巡边记》外，保存下来的有:《戒酒》《正月里》《海拉尔的娘家》《春天》《鸟兽之歌》《人生难得百岁》《仲秋》《父母之恩》《四季》《天地》《世人之身》《百花》《赞美爱妻》《田舍记》《胡吉尔诺尔敖包祭》《阿尔山碑文记》《海兰察将军碑文记》《狱中悲哀》《京路记》《壬辰年乡老会议纪要》等，他是达斡尔族杰出的文人之一。

二、乡亲中的贤者

驻防呼伦贝尔地方的达斡尔族移居南屯之初，村落小，人口少，只有莫昆组织管理居民。后来人口增加，牲畜增多，在享用草甸、柳条通方面不断发生纠纷。为此，1833年在长者的倡议和支持下，在胡吉尔诺尔（碱池）搭起帐篷及蒙古包召开敖包会。杀羊宰牛摆肴果品祭祀敖包、山河神灵。在大摆酒宴时，不分贫富、职务高低，又不失传统的习惯，欢聚一席，共同酝酿商议建立嘎辛组织事宜。在大家的一致倡议下，昌兴执笔写出了《壬辰年（1832）间乡村长老共同商定并实施的纪事》。纪事中写道：圣者说，十户之乡，必有贤者。如若有治好乡里的诚意，还愁没有贤者吗？因此，于道光壬辰年六月甲申日，祭祀乡社之际，召集了乡里长老壮年提议选贤。大家欣然接受这一良举，并共同努力实现，以图乡村安宁。经征得大家同意选能胜任这项工作的合适人。最后一致认为昌兴为人精明强干，涵养学识均备。虽说年龄资格略为幼浅，官职在身。如不具身心劳瘁，定能为大家出好的谋策，树立良好风尚，经大家反复议论，推举昌兴为嘎辛达，并向大家宣布这一决定。昌兴担任嘎辛达后，谨遵该决定，处事勤恳、公道。有些需要处理的大事，都在每年夏季召开的胡吉尔诺尔敖包会上协商解决。并提出了很多公共生产生活制度和建设美好家乡的规划。据说，昌兴担任嘎辛达以来，乡村秩序颇见好转，两屯间的纠葛，草场、柳条通、田地以及农牧矛盾日趋缓和。

三、哈伦阿尔山的开发者

很早以来，在民间流传着一个美妙神奇的故事：有一位猎人在喀尔喀河南岸深山老林里狩猎。突然发现有只马鹿低头吃草，猎人搭箭射去，正中其后腿。这只马鹿惊跳起来，蜷曲着带箭的伤腿，流着血逃跑了。猎人骑着马沿着马鹿的血迹追踪。当他乘马跃上小山坡时，发现马鹿在一洼明镜般的小水池中饮水。见猎追来，该鹿“呦儿”一声鸣叫，四蹄腾起奔驰，消失在一片林海之中，马鹿腿不瘸了，血迹也不见了，留给猎人的只是一支残箭。

这个神奇的传说，深深地触动了昌兴敏感的神经。从小他目睹了草原上缺医少药，有病求神拜佛，因愚昧无知失去生命的悲剧。为此，他迫不及待地带着邀请来的一位喇嘛医生，到索岳尔济山寻找那神奇的泉水。经过跋山涉水在喀尔喀河南岸的山坡上发现了 32 个泉眼，远处望去，泉眼的布局犹如一个巨人仰卧在山坡上。他的头在坡顶，胸膛和腹肚在坡腰，下肢伸向坡下，双手和双脚向两侧伸开。头颅上口、眼、鼻、耳俱全。昌兴见状，惊叹不已，这真是天赐的神泉啊！据悉，当地牧民沐浴治疗伤口和疥疮都很见效。

昌兴一行不顾路途劳顿，细心查看，品尝每一眼泉水，用手试探水温。当他们畅饮一眼清清冷泉水后，顿觉胃肠舒适。又用一眼泉水洗脸后，眼目豁然亮起，昌兴由衷地庆幸发现神奇的泉，在缺医少药的情况下对牧民身心健康将有积极的作用，这就是大自然的神奇所在。

敖拉・昌兴在阿尔山的后裔

昌兴回到海拉尔，向呼伦贝尔副都统衙门详尽呈报，建议开发哈伦阿尔山。之后，副都统衙门划拨专款，委派昌兴着手进行开发。翌年，昌兴携同那位喇嘛医生，和另外几位有名望的蒙医和几名有经验的牧民及工匠，前往阿尔山，破土动工，开始修建哈伦阿尔山泉。在每个泉眼都安装木池，立木标，用蒙古、满、藏三种文字注明泉名和效能。自那以后，沉睡多年的哈伦阿尔山，开始为人民大众造福。每年，当春暖花开的时候，牧民们赶着勒勒车或骑着马，甚至有的为表示对泉水的虔诚之心，一步一步徒步走到阿尔山，参拜泉水，治病疗养，享受恩典。哈伦阿尔山为千百万牧民解除病痛，赐给了再生的希望。这天然泉水也因此而扬名中外。那些泉眼里有哈伦最热的池子，因而人们称它为哈伦阿尔山。

几年后，几经风吹雨打，木牌烂掉，木池蚀散，给治病疗养的广大牧民群众带来极大的不便。清咸丰三年（1853）昌兴又倡议重修阿尔山。因副都统衙门的认可，并得到管辖阿尔山的东新巴旗官佐、喇嘛、斋森（富牧）们的大力支持，筹集了大批捐款及牲畜，二次修建哈伦阿尔山。

昌兴跟从藏族活佛和著名蒙医、喇嘛们，再次探查哈伦阿尔山，重新鉴别每眼泉水的成分、作用和效能。采掘喀尔喀河以北郭尔邦赛罕山的石头，凿成方形、长方形石块，砌了32个石池子，石池前竖立刻有泉名及其效能的石牌，如大哈伦（最热）、陈科尔（最

敖拉·昌兴发现阿尔山矿泉

凉）等。还有内科、外科、皮肤科、妇科以及眼、鼻、耳、口腔等科目。另外，注有浴治、饮治、点治等三种疗法和治疗过程中的注意事项。患者一到阿尔山，首先进入陈科尔池里浸泡确诊病情，然后在所选择的对症池里治疗，最后再进陈科尔池里浸泡半天，以巩固疗效。经过这三个阶段，病就不会再犯。当时尽管没掌握先进的科学知识，但他们总结了蒙医、藏医多年行医的经验和牧民们的实践体会。所以这种疗法一直沿用到现在。

据悉，近年经国内外科学家的多次考察，阿尔山温泉属于“重碳酸钠，含有多种放射元素”对皮肤病、风湿性关节炎、肠胃病、溃疡病、神经系统病、初期高血压和妇科病等各种慢性病均有良好的疗效。昌兴等人当时对温泉的性能的分类鉴别以及传统的疗法基本符合现代医学科学鉴定，这在当时也是难能可贵的。

据说当时为阿尔山刻制过一大石碑，满文碑铭的作者是昌兴。其原文满语译文如下: 咸丰年(癸丑)八月吉日1853年10月20日(碑背面文，现该石碑下落不明）。从此，昌兴的名字与哈伦阿尔山紧紧联系在一起，受到后人的颂扬和尊敬。

四、奉旨巡边

自《尼布楚条约》签订之后，1727年至1728年，中俄两国又先后签订了《布连斯奇条约》和《恰克图条约》，正式划定中俄两国接壤的边界。在此以后，尽管沙皇对中国领土虎视眈眈，但是，慑于清朝的自卫力量，尚不敢轻举妄动。一百多年来我国北部边疆稳定和安宁。

1840年鸦片战争以来，外国帝国主义打开了中国的门户，这就使沙俄得到了乘虚而入的机会。他们先派出武装船只，探测我库页岛沿岸、鞑靼海峡和黑龙江下游水域的情况，派出“陆上考察队”对外兴安岭以南地区广泛侦察，然后武力渗透，建立军事哨所，派兵屯守，作为侵略军的立足点。正是在这样的形势下，咸丰元年（1851），清朝为确保北部边境的安全，特命黑龙江将军颖拣选贤能数员，认真巡察边境地区。昌兴因精明练达，忠于清室而被选中，于五月二十八日启程巡查额尔古纳河和黑

敖拉・昌兴寻找传说中的神泉32个泉眼

龙江边卡。

昌兴奉圣旨向边境出发前，其老母恋恋不舍。对此，昌兴叹息吟诗：“奉到君国令，今别去远方，因忠难尽孝，暂违膝下倚。豪气填满胸，有何不畅快，勿为我沉思，挽留亦枉然。”昌兴满怀爱国深情，拜别老母，依依惜别族亲，踏上了巡察边界的征途。在那交通十分不便的年代里，送行的亲友们都为他的安全担忧。昌兴却心胸坦荡，片刻不忘巡边重任。他作诗曰：“任重不问路途远，义足安能惧艰辛。”表达为边境安全不顾自己的安危的决心。

当时，根据《尼布楚条约》《恰克图条约》，以额尔古纳河为中俄中段边界。而额尔古纳河水路所经地方都很险峻。《呼伦贝尔志略》曰：“至根河以南陡起三峰，高一百一十丈，长二十余里，越根河而北山势仍继续不绝。过吉拉木至额尔古纳河口一带，沿岸多悬崖峭壁，不可攀登。其中红土崖、金刚峰、卧虚石为险峻，无路可通……”当时交通工具是木船，有些地方河流湍急，只得改乘桦皮船。而桦皮船触礁就很容易破碎，又很难修复，只得冒险前进。已如昌兴诗所云：“风波最险些叠嶂，烈火烹油翔热浪。听天由命过鬼门，失足毫厘变蛤蟆。”就算是在这样的险境中航行，昌兴仍兴致浓郁乐观。春尽秋来，又不知巡察到何时，不顾前途有何险阻。然而，他对自己所担负的使命感到自豪。他赋诗曰：“昔有张骞通西域，桦船万里谁有人？”

从昌兴的《巡边记》中可以看出他对北部边疆安全的关切，对祖国大好河山的热爱。他细心观察，甚至风土人情都不放过，诗作言志。他对祖国山河讴歌赞颂，诸如“都云扬子江水美，孰知诺尔溪更奇”，“巡边不意逢仙境，群峰济济如玉屏，轻烟缭绕万象新，扑鼻幽香何处生”等都充分表现昌兴热爱祖国大好河山的思想感情。此时昌兴年已近半百（42岁），但他不辞辛劳、不惧艰险的精神受到后人的赞扬。其《巡边记》更是留给后人的宝贵遗产，并具有重要的史志价值。

五、昌兴的晚年

昌兴所处的时代，正是清王朝“日之将夕，悲风骤至”的时代。对内压迫人民，对外妥协投降。派到呼伦贝尔地方的官员都

是一些只图安逸享受，不理政事、不明民情、不务实际的庸碌无能之辈，而且，嫉贤妒能，明争暗斗，尔虞我诈，钩心斗角。所以，像昌兴这样志趣远大、多才多艺、又不肯摧眉折腰的人无立足之地，他只是个小小的佐领，其建议不能采纳，计划不能实施。只能作诗吟歌来讽刺他们的寡廉鲜耻的行为。昌兴公开宣扬：“时代的潮流如同流水一样，社会必然有大的变化。未来铁轨上能行驶铁车，能越渡大山深河。北海之狼、东洋之犬交斗起来，谁胜谁败暂无定论，民众唤起之时，才能出现安宁快活的人间世界。”

昌兴的这些言论，不可避免地触怒了清朝统治者，给昌兴扣上“疯狂分子、反抗政策的罪犯”的帽子。昌兴锒铛入狱。这对他的打击非同小可，使他逐渐认识到清朝时运不长了，为之出力效命不会有好的结果。因而他悲观失望，厌世嫉俗。所以，出狱后他就抑郁愤慨，告别了家乡，在海拉尔河畔陈巴尔虎巴嘎绰格地方的密林中，搭起茅舍隐居起来，不问政事专门写作。他在房前小溪上架起一座木桥，房前房后种植蔬菜。昌兴写作之余，游山玩水，吟诗赏月，夜间执笔写作，过起了安然自得的田园生活。他于 1885 年患病，不幸在舍内病故，时年 76 岁。他的遗体安葬于祖墓，其后人将他所收集的蒙古文、藏文等书籍和本人的遗作，都拿到南屯老家，堆满了一间小屋，在无人整理、读阅、管理下，无人知道曾有过多少资料和作品。1900 年（庚子战乱）南、西屯民宅全部遭到火灾，昌兴一生所珍藏的作品和书籍也被大火吞没，昌兴的遗作也全部化为灰烬。据老年人说，昌兴免官隐居时所写的作品更多，民间遗留下来的只有手抄本和口传的几十首诗词和几篇叙述文而已。

参考文献

[1] 敖·毕力格：《达斡尔文学宗师敖拉·昌兴》，内蒙古文化出版社，2001 年版，第 733、第 743 页。

[2] 赛音塔娜 托娅：《达斡尔族文学史略》，内蒙古大学出版社，1997 年版，第 163—167、第 181—191 页。

[3] 内蒙古自治区达斡尔学会：《达斡尔族研究》，内蒙古大学出版社，2000 年版，第 147 页。

敖拉·昌兴研究集

抗日志士海瑞

特木其乐供稿　月玲整理

海瑞

海瑞，又名玛尼拉，女，敖拉氏，达斡尔族，1908出生于索伦左翼正白旗莫和尔图（现内蒙古鄂温克族自治旗巴彦嵯岗苏木）。正值国际上战争风云变幻之际，中国国内军阀混战，广大

劳苦大众民不聊生，尤其是少数民族地区的人民更是生活在水深火热之中。在这种特殊的历史时期，受辛亥革命、俄国十月革命和五四运动的影响，索伦旗左翼正白旗有知识、有志向的青年郭道甫、福明太等人深为祖国受到外强凌辱义愤填膺，对军阀政府的倒行逆施深恶痛绝，认为只有提高民族文化素质，才能富国强民，因此他们大力提倡民族文化教育，为培养人才而到处奔走呼吁。

1919年，郭道甫在其父亲荣禄的资助下与福明太等人，在索伦左翼正白旗莫和尔图创办了女子学校。海瑞和松贤、桂瑞、仁贤、孟贤五姐妹就是该校的首批学员。该女子学校的创建，在反封建、反压迫、解放妇女的运动中，迈出了坚实的第一步，同时培养了一批像海瑞一样投身于革命的热血青年。

一、受进步思想熏陶，寻求革命真理

海瑞从小天资聪慧，勤奋好学，性格刚毅，在女子学校深受郭道甫和福明太进步人士先进思想的熏陶，为她以后走上革命道路奠定了基础。同年，郭道甫从苏联请来了一名布里亚特蒙古苏维埃社会主义共和国主席玛丽雅（女）的妹妹——俄罗斯姑娘莎哈诺娃·索妮娅在女子学校当教师，教俄语、数学、音乐等课程，同时宣传革命思想，宣传俄国十月革命，引导青年走革命的道路。这位苏联女教师还向女学生们宣传男女平等、婚姻自由、改造社会的进步思想，对海瑞树立新的人生观起到了决定性的作用。海瑞和杜贤剪掉长发，穿上短袍出入乡里。同乡的人们，认为女孩子们的行为坏了章法规矩，纷纷出面干涉，给家长施加压力。家长出于无奈，就私自给姑娘们订了婚事。这事直接促成了海瑞等5位姑娘离家出走，去苏联寻求真理，实现梦想的初心。

海瑞和姐妹们的想法和决心得到郭道甫和福明太的支持。郭道甫和福明太秘密策划，由郭道甫父亲荣禄提供资助路费，安排索尼娅老师于1924年底提前回国做准备。行前，福明太和索尼娅商定让海瑞等5位女青年到苏联学习。海瑞她们与家人谎称去海拉尔亲属家观看俄罗斯侨民过圣诞节。从海拉尔辗转到满洲里后，在苏联领事馆的帮助下，换上西装，连夜乘车到达苏联的赤塔，然后到了乌兰乌德。当家里人得知消息后非常生气，追赶到满洲里时，海瑞她们已经踏上了去往目的地的列车。这件事在当地轰动一时。在那个封建保守的时代，女孩子逃婚离家出走，前所未闻。

二、经受磨炼，逐步成长

在苏联的乌兰乌德市，海瑞她们受到索尼亚老师的母亲莎哈娅诺娃（时任苏联布里亚特蒙古苏维埃社会主义共和国领导人之一）的热情款待。1925 年 12 月 28 日，苏联布里亚特蒙古苏维埃社会主义共和国在乌兰乌德报道了“巴尔虎蒙古的革命正在崛起，反封建、反压迫的五名女青年逃离家乡，投身于革命，昨日抵达乌兰乌德”的消息。当时，这一报道震惊了国内外，在国内外引起了巨大反响。而这五位女青年正是莫和尔图女子学校的海瑞在内的五名学生，这标志着青年妇女投身于革命运动的开始。

海瑞和姐妹们在乌兰乌德师范学校学习俄语。一年后，于1925 年被保送到莫斯科东方大学学习。1921 年苏联为培养中国在内的东方国家的革命干部而建立的莫斯科东方大学，原称“东方劳动者共产主义大学”。一些中国革命青年、东方政治侨民在这里学习马列主义。1925 年为纪念孙中山先生，改成中山大学。海瑞她们是东方大学第二批学员，学校每月给学员发10卢布补助金，还有校服，生活学习环境较好。海瑞在莫斯科东方大学学习时，结识了朋斯克①、特木尔巴根（张志远）等中国蒙古族学员。据朋斯克回忆:“那时在东方大学的蒙古族、达斡尔族青年有20多个，乌兰夫同志也在内。我们一起过组织生活。玛尼拉（海瑞）她是党员，学习很好，成绩优秀。”海瑞在莫斯科东方大学学习期间，受到了先进思想与革命理想的洗礼，在革命烈火的熔炉中，历练、成长为坚强的无产阶级革命战士，并与同校的蒙古族青年孟和巴特尔结为革命伉俪。1929 年，海瑞从莫斯科东方大学毕业后，受

---

① 朋斯克：内蒙古自治区政府成立后，历任内蒙古自治区公安部部长、交通部部长，中央民委办公厅副主任，翻译局局长，内蒙古自治区党委统战部部长，人民委员会副主任，政协副主席兼秘书长。

共产国际的派遣，到蒙古人民共和国乌兰巴托工作。1932年，海瑞在乌兰巴托听说家乡已被日本侵略军占领后，提出回国申请，要求奔赴抗日前线，贡献青春和热血。

三、接受使命，隐蔽行动

1935年，日本关东军不断派遣特工人员与德木楚克栋鲁布进行勾结。从事态发展看，日本侵略者蠢蠢欲动，策划实施东进战略，一旦侵入内蒙古，下一步可能会严重地威胁苏联的国家安全。为了做到有备无患，共产国际驻蒙古分支机构决定派一个地下工作小组去内蒙古，潜入内蒙古化德搜集日本关东军的相关情报，严密监视京绥沿线的日军动态和德木楚克栋鲁布的政治动向，这就对情报小组成员提出了必须精通蒙古、汉、俄三种语言的要求。几经挑选，正在莫斯科东方大学求学的海瑞夫妇，由于她们多次要求回国投身革命，并符合各种条件，就成为最合适的人选。

海瑞和丈夫孟和巴特尔（化名乌瑞廷、刘德禄）夫妻二人在乌兰巴托共产国际驻蒙古人民共和国分支机构经过半年情报工作训练后，于1935年冬以行商做掩护，携带一台小型短波无线电收发报机和足够的金条、贵重皮毛，同一名助理骑着骆驼，沿二连浩特、集宁这条秘密交通线潜入到集宁，准备乘火车从集宁到归绥。为安全起见先到火车站观察，发现火车站检票口军警检查特别严格。带着电台无法躲过检查，于是他们到车站附近的饭馆边吃饭边研究对策。这时，隔壁有两个军人也在吃饭，从口音上判断是赤峰一带的蒙古人。海瑞用眼神示意孟和巴特尔去用蒙古语和他们搭讪，对方见到同乡，看对方像有钱的商人，就放松警惕，双方谈得非常投机，原来两名军人是归绥服役的傅作义部队的两名军官，得知他们也要坐这趟车去归绥，海瑞意识到机会来了。用完餐海瑞主动前去替他们买了单，请求同行，上车时海瑞假装拿不动装电台的箱子，两位军官主动过来帮着拎箱子，顺利通过了军警检查站，上了火车。在车上她们打听到孟和巴特尔的好友吴祥文在化德德王政府工作，就做好了下一步工作打算。

行前，既定计划是海瑞情报小组到达绥远后，到旧城一个以皮毛商作掩护的情报据点接头，由他们负责安置海瑞夫妇。为了安全起见，以防万一，海瑞决定自己先去看看。海瑞走进这家商铺后，按着约定的接头暗号问对方，“现在黑山羊绒的价格怎么样”，但是对方没有对上暗号。从掌柜的眼神中海瑞判断出这个秘密据点已经暴露了，必须迅速撤离。海瑞快速跳上一辆出租马车，在绥远城里绕了两圈后回到旅店。二人意识到此地不宜久留，经研究决定先投奔吴祥文，落脚后再做打算。

吴祥文是孟和巴特尔的同乡，有亲属关系，又是中学同学，是一个关心民族前途的正直青年。因此，投奔吴祥文，对打探日本和德王勾结情况以及搜集日本动向非常有利。当天夜里他们把计划发密电请示指挥部。得到指挥部的同意，他们辗转到化德，找到了吴祥文。海瑞夫妇与吴祥文推心置腹，一起探讨当前局势，痛斥日本军阀侵华的罪行，激发吴祥文的民族自尊心与爱国热情，并把来意明确告诉吴祥文，求得他多方面的帮助和支持。吴祥文欣然答应了他们的要求，把她们留在家里工作，以确保她们的安全。在吴祥文的大力帮助下，海瑞情报小组工作进展顺利，获得不少重要情报，其中包括日本关东军从1936年夏季开始在长城沿线集结的情况等。他们将获得的情报，及时用密码电报发给赛音山达的一个联络站，这些情报在当时对敌斗争中发挥了重要作用，而更加艰巨的任务还在等着他们。

四、争取各方支持，获取重要情报

1937年“七七”事变发生之后，日本侵略军相继占领京津地区，并有一部分向居庸关推进。海瑞情报小组把这一情况及时用电报报告，回电指示：“根据日军的动向，势必大举进兵打通京绥路，之后有可能把战火燃烧到蒙古和苏联，因此，必须密切注视日军的一举一动，并将情况及时向组织汇报。”8月下旬，日军侵占了张家口之后，遂沿着京绥路向西长驱直入，仅用一个多月的时间便相继侵占了大同、集宁、归绥和包头。海瑞情报小组把这些情况及时做了报告，并根据判断，指出日军重点驻扎于铁道沿线。这就给蒙古国加强南部防御力量以充足的准备时间。日本侵略军攻占张家口之后，便一手将“蒙古联盟”“察南政厅”“晋北政厅”等伪政权合并，成立了“蒙疆联合自治政府”。德木楚克栋鲁布被日本侵略者扶植为这个政府的傀儡主席，又任命了一批部长、局长，吴祥文也被提拔担任了税务监督署长。海瑞把上述情况及时向上级报告，回电指示：“为了准确了解敌人的情况，在北京找个临时联络点，以采购和出售货物作掩护，频繁往来于京张、归绥，妥善保管收发报机。”海瑞夫妇和吴祥文三人商量同去北京，吴祥文把海瑞夫妇领到居住在护国寺喇嘛住宅区的一位姓包的亲家里，和亲属说，海瑞两口子是搞皮货商贸的，因经常到北京采购货物，准备租一两间房子。由于这家人口不多，就答应租给一间房子，并同意另开一道门。

海瑞情报小组在北京安顿后，向指挥部汇报情况，指挥部指示：“一定要在重要敌特地区物色发展内线，获取日伪内幕情报。”情报小组根据指挥部的指示，在周围的人员当中进行认真的摸底调查，并以老乡的身份结识了护国寺和雍和宫的几位著名喇嘛。其中雍和宫有一位姓白的老喇嘛引起他们的注意，他精通占卜术和藏医术，在当地有很高的威望，许多日伪军军官在部队开赴前线前，都要来雍和宫祈福、许愿、占卜。川岛芳子在中国与日军

海瑞（左一）和女友合影

高官及汉奸来往密切，过着挥金如土、荒淫无度的生活，所以体力透支严重，经常感觉到力不从心，在得知大喇嘛的藏药具有独到效果之后，便经常前来造访，成了这里的常客。所以这里的喇嘛与当时的日本军警头目及伪华北政务委员会的人员正面接触的机会较多。海瑞抓住这难得的机遇，计划把这位大喇嘛发展为内线，就能获取他们所需要的情报。从此，他们就寻找机会与大喇嘛接触，拜大喇嘛为干兄，并在交往中，侧面了解到大喇嘛对日本帝国主义侵略行径和对中国老百姓的烧杀抢掠非常不满，海瑞就以此为突破口，宣传国难当头，救国之道，争取到大喇嘛加入组织做内线工作。海瑞他们去寺庙的身份是药商，主要是给大喇嘛送药材，这样就可以掩人耳目，不易引起怀疑。大喇嘛的任务是先以川岛芳子作突破口，逐步向日伪高层渗透，用看病占卜的时机，套取有价值的情报。所以给川岛芳子治疗时，大喇嘛有意给川岛芳子只开两个星期的药，并从川岛芳子口中探出了许多重要情报。如日本侵略军将要进攻上海、南京及日方正与汪精卫进行政治勾结等情报，并通过川岛芳子又结识了一批慕名而来找大喇嘛看病占卜的日伪军政要员。为了笼络他们，大喇嘛把一些名贵药材免费赠送。这样海瑞情报小组获取的内幕情报源源不断地发往总部，得到总部高度评价。

五、临危受命，激烈交锋

1938年3月间，海瑞情报小组接到指挥部发来的紧急电报，电文大意：“据侦悉，日本关东军正在呼伦贝尔的将军庙以西地区集结，还有很多车辆从海拉尔向将军庙运送物资。现在对其详细情况虽尚不了解，但这种军事行动对苏联的安全造成了严重的威胁。故决定暂停京绥地区工作，派你二人前去伪满军事、政治重镇——王爷庙（今乌兰浩特市）设点，深入详细了解敌人的兵力、武器装备、运输物资的种类和使用车辆数等情况，收发报机要委托吴祥文给带到满洲，设点之事也要求他给以解决。”4月间，吴祥文去长春参加几个傀儡政权召开的税务署局长联席会议，把收发报机带到开鲁交给兴安西省人事股那斯图来保存。并告诉孟

和巴特尔，那斯图是他的亲表弟，直接找他，他一定会给帮忙的。吴祥文把收发报机交给那斯图时并没有告诉详情，收发报机装在一个普通的小型硬皮手提包里，那斯图并未在意，就顺手放在柜子上。吴祥文对那斯图交代，这是朋友的东西，过几天有一对夫妇来取，叮嘱好好接待他们。之后，他就回张家口了。几天后，海瑞夫妇到开鲁找到那斯图家，他俩以为吴祥文已经把他们的全部情况告诉了那斯图，就直截了当地说明了来意，并要求夜里在他家架设收发报机发报，那斯图听后，吓得目瞪口呆，他颤抖着说："我家后院就是警务厅的电台，如果在我家架设电台，一旦发现，我们全家就会性命难保！"海瑞夫妇反复地劝说那斯图，还讲述了不少为民族的利益赴汤蹈火、英勇捐躯的英雄事例，最后坦率地对那斯图说："如果你为了一己安逸，置民族的生死于不顾，死心塌地依靠日本侵略者荣华富贵的话，可以马上去检举，我们早已做好了牺牲的准备。"那斯图被他们英雄气概所感染，表示愿意给以帮助。

由于在开鲁买不到发报机专用电池，第一天晚上未能发报。据那斯图介绍哈丰阿①家里有发报机用的电池。孟和巴特尔听说哈丰阿也在开鲁，顿时喜出望外。因孟和巴特尔与哈丰阿有一面之交，了解哈丰阿的情况，便要求那斯图立即带他去见哈丰阿。为了避免发生意外，第二天中午，那斯图去哈丰阿家，把海瑞夫妇来开鲁的目的和借电池的事，毫无隐瞒地告诉了哈丰阿。哈丰阿答应他们的请求并与他们见了面。当天晚上十二点，海瑞顺利地向指挥部报告了现在的地点，并请示可否在开鲁设点。第三天夜里，指挥部回电指示："开鲁地处偏僻，既不是军事要地，又不是政治中心，不宜设点，仍按原来指示，必须设法在王爷庙设点。"为此，他们便离开了开鲁。

海瑞夫妇由于在王爷庙没有熟人，决定先去叶柏寿南屯，那里有孟和巴特尔的舅舅。到舅舅家，海瑞夫妇受到了热情款待。

---

①哈丰阿：中华人民共和国成立后，历任内蒙古自治区政府副主席兼教育厅厅长、中共内蒙古自治区委员会委员、内蒙古自治区科学工作委员会委员、内蒙古中苏友好协会会长、中国人民保卫世界和平委员会内蒙古分会主席等职，是第四届全国政协常务委员会委员。

按照提前商定好的对策，孟和巴特尔对舅舅说，近几年搞皮货贸易，虽然赚钱，但很艰苦，准备在王爷庙开设一个商店，希望舅舅帮助找到一所房子。没几天舅舅就找到了两间过去曾开过小铺的房子，通知他们去看看是否合适，海瑞他们发现两间房子地处热闹的中心街，北边不远的胡同里就是日本特务机关监禁“反满抗日分子”“赤党分子”的“公馆”，不适合设点，他们又委托舅舅求其朋友在郊区弄到一所房子，决定过几天再来。

在一个漆黑的深夜，海瑞夫妇二人去郊区新租借的那个房子时，途中遭遇三名日本宪兵搜查，此时他们正带着电台，情急之下，双方通过眼神会意对方用意。孟和巴特尔故意将证件递过去给宪兵检查，借宪兵举手接过递过来的证件的同时，迅速一拳打在宪兵脸上，乘宪兵捂住脸倒下时，孟和巴特尔拔出宪兵腰间的手枪，击毙其他两名宪兵，随后捡起地上的证件迅速撤离。枪声惊动了日宪特机关，他们决定带着电台快速撤离王爷庙，连夜回到了叶柏寿南屯，并及时将遭遇向总部汇报，总部指示：“立即毁掉发报机和密码，火速撤回张家口。”海瑞和孟和巴特尔认为毁掉发报机和密码很可惜，就与那斯图商量后，将发报机做了安全措施后埋在那斯图家房后。海瑞情报小组此次到“王爷庙”，虽没有久留，但获得了在将军庙一带集结的日本侵略军的兵力部署、武器装备、战役意图等重要情报。此情报在诺门罕战役发挥了重要作用。

六、危机四伏、置身不顾

1938 年底的一天夜里，海瑞在张家口家中，听到轻轻的敲门声，从这个敲门声判断是自己人，开门后进来一位同志，及时对上了暗号，该人介绍姓刘，是中国共产党热河抗日部队的一名情报员，受共产国际委托，将一部发报机送海瑞情报点，并传达共产国际的指示：“一是张家口是日本向苏联进攻的重要地区之一，又是德王政府地，所在工作任务继续以张家口为中心；二是以北京、天津、京包线，战略要地观察敌情动向。”从此，海瑞情报小组在上述地区投入工作。

1940年总指挥部命令："据掌握日军大本营计划可能改为南下，进攻苏、蒙，密切注视这一动向，详细掌握日军南下的具体部署、兵力调配情况，使苏军能够把东线的军队调往西线。"情报组接到命令后深知此事的重要性，及时分头向任务地区不分昼夜地穿梭工作，获取到很多重要情报。10月份，海瑞按约定时间回到家，却未见孟和巴特尔回来，海瑞隐约有种不祥之兆，在期待中又等了10天仍没有孟和巴特尔的任何消息。海瑞分析孟和巴特尔未归的可能性，有可能被敌人捕获、商人身份被土匪绑架、意外事故或在野外被野兽袭击身亡，除此之外想不出其他原因。想到这里，海瑞悲痛万分，把情况电告指挥部，指挥部回电指令："撤离速回，可到集宁与地下交通线联系，交通员会把你秘密带出境。"海瑞经过认真思考，她认为自己现在回去，这几年情报小组精心建立起来的情报网可能就要瘫痪，组织派新情报员会遇到更大的困难，更对不起战友和爱人。为此，她不顾个人安危，回电申请继续战斗在岗位。从此，海瑞为祖国民族大业走风雨险途、入虎穴狼窝，以她的机智和无畏的精神，多次处于危机四伏、如履薄冰的境地。为了追求信仰，她将生死置之度外，在隐蔽战线进行了无数次的激烈交锋，出色地完成了组织交给她的任务。

七、面对抉择，视死如归

1940年，吴祥文被派往日本进修一年。这期间妻子经常去德古来家和德妻打牌。其间吴祥文接连收到告发妻子和德古来有暧昧关系的匿名信。吴祥文能坐上税务监督署长的宝座，是德古来一手提拔，因此吴祥文没太在意此事。到年底吴祥文学习结束回到家，妻子又去打牌没在家，就引起吴的怀疑，妻子回来后，吴借着酒劲对妻子大打出手，导致妻子重伤被送到医院抢救。吴上班后，有人把此事报告给德古来，德古来听后恼羞成怒，立即通知警察总隶署捕了吴祥文，并送到最高检察署向法院提出公诉，要求依法严惩吴祥文。最高检察署根据吴祥文的犯罪事实以"杀人未遂罪"向法院起诉。在法院宣判前，很多人向德古来求情。德古来尚念旧交，释放了吴祥文，但为了教训他，暂未给他复职。

吴祥文获释后，无颜去见德古来和同僚们，就跑到北平闲居半年多，由于精神压抑，百无聊赖，终日借酒消愁，吃喝玩乐，最终身无分文。他以为德古来念旧情一定会派人把他叫回去给以复职，出乎意料的是，半年之久音讯皆无。由于付不起住宿费，难以维持生计，他心中的希望变成了仇恨。他认为之所以落到这般田地，完全是德古来所造成的，他被仇恨冲昏了头脑，不顾后果，竟跑到北平日本特务机关，检举了德古来勾结苏、蒙企图颠覆“蒙疆联合自治政府”、驱逐日本等情况。因为德古来是日本一手扶植起来的且认为是最可靠的一个人，所以没有理睬吴祥文，只是说：“需要经过调查了解才能下结论。”吴祥文等了数日没有动静，就再次去北平日本特务机关，而且声称他完全可以作证，有证据证明德古来的所为。北平日本特务机关回答说：“事关重大，口说无凭，必须详细了解了才能定。”第二次检举又未获成，吴祥文以为北平日本特务机关在有意包庇德古来。于是，他改变了主意，跑到化德日本特务机关检举，未被受理，又向北平日本特务机关报告了此事。北平日本特务机关指示：“此人已经两次检举德古来，我们没有理睬他，所以又跑到了你们那里。既然如此，命他拿出人证物证，否则，就以诬告陷害罪送交法院处理。”化德日本特务机关用强硬的口气向吴祥文转达了这一指示。吴祥文为了达到陷害德古来的目的，就向化德日本特务机关交代了海瑞夫妇存放收发报机和密码及存放地点。化德日本特务机关派两名便衣特务随吴祥文去张家口，从吴祥文家中找到了海瑞、孟和巴特尔存放的收发报机一台，密码本一册。化德日本特务机关把吴祥文连同交出的物件一并交送给北平特务机关。北平日本特务机关经过分析认为，德古来即使是主犯，但根据他的身份和现在的职位不可能亲自动手，也不可能他一个人。而且这样重要的物件为什么会寄放在吴祥文家里呢，为了弄清这个问题，北平特务机关强迫吴祥文交代实情。吴祥文在检举之初，并未考虑到这个问题，不得不把他与海瑞和孟和巴特尔之间的关系以及自己如何作掩护的事实坦白出来。北平特务机关会同化德日本特务机关，派遣了数名精干的特务拘捕了海瑞。

八、英勇不屈，保持共产党员本色

北平日本特务机关根据吴祥文的口供，完全掌握了上述情况，把伪满关联此案的人委托兴安西省保安局（分室）处理，并于1941年5月，派一名日本高级特务和两名随员把海瑞带到开鲁。与局长当麻因治朗、理事官绿川胜治取得联系之后，就把海瑞的全部材料和北平日本特务机关关于此案处理的意见书交给了理事官绿川胜治，建议立即派人查找到收发报机和密码。绿川胜治当即派事务官、机要股长横矢稔、属官佐藤方雄带几名日本警官逮捕了那斯图父子，并挖出了收发报机和密码本。

绿川胜治遂主持召开了股长会议，参加的股长有机要股长横矢稔、对蒙政策股股长吉田和宗教政策股长色系浩。列席的有属官佐藤民雄。会议开始后，绿川胜治宣布：现在，北平特务机关查获了一起“苏蒙间谍案”，其主犯海瑞已逮捕归案，其使用的短波无线电收发报机一台，密码本一册，已由张家口通牒分子吴祥文交出。北平日本特务机关委托分室（保安局）处理伪满洲的通牒分子或者共产国际派来的“赤党分子”，为此决定设立专案组负责调查、审讯和处理。

专案组组长是机要股股长横矢稔，组员有对蒙政策股长吉田次郎、宗教政策股长色希浩、书记员属官佐藤敏雄。另外，根据需要从省警务厅特高科临时调来了日本警官，专案组成员把工作委托股内属官办。专案组把海瑞移送到当时的德王府化德县监押，对海瑞进行了惨无人道、丧心病狂的酷刑。面对酷刑，海瑞大义凛然，视死如归，敌人没有得到任何有价值的情报。

1943年，日本人使用奸计，想“放长线钓大鱼”，把海瑞释放出来，又释放当时也被关押的蒙古族侦察员都古尔苏荣（详细情况不详），逼迫他们同居，在街里摆小摊，引诱组织人员出现，想一网打尽。海瑞知道，他们完全暴露于特务监视之下，一点疏忽都会造成严重后果。为了重新回到抗日队伍，冲出日本特务设下的陷阱，海瑞和都古尔苏荣开始精心准备，他们仔细观察周围的地形环境，准确掌握特务的活动规律和布岗哨点时间，等待时机逃离敌人的魔掌。

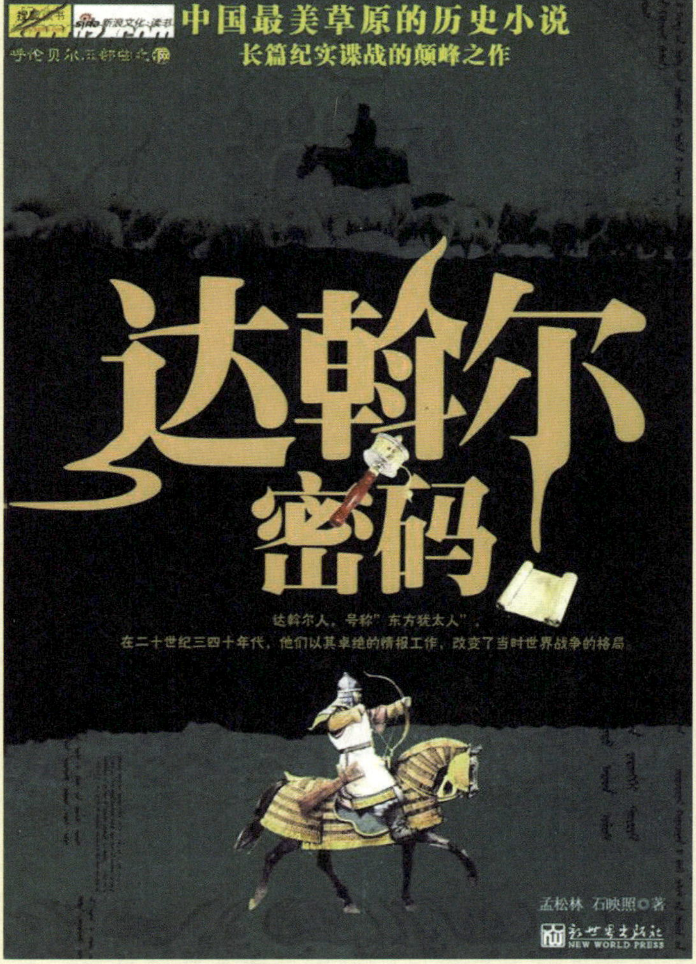

《达斡尔密码》一书中有描写海瑞的章节

1944 年一个大雪纷飞的晚上，海瑞和都古尔苏荣悄悄来到马棚，牵上两匹马，趁着夜色，策马向边境狂奔。日本人发现了她们在雪上留下的马蹄印，在他们快要冲到中蒙边境线时，追了上来，他们二人与日特分子进行了顽强的搏斗，直到生命的最后一刻。但因手无寸铁，徒手与敌人搏斗，最终英勇就义，海瑞年仅 31 岁。海瑞为她从事的神圣事业献出了年轻的生命，她的英勇事迹在全世界人类解放事业大潮中只是沧海一粟，但为中国人民抗日战争及世界反法西斯战争的胜利提供了有力的支持，人民永远纪念她。

参考文献

[1] 鄂温克族自治旗文史编纂委员会：《鄂温克族自治旗人物志》，内蒙古文化出版社，1998 年版，第 40 页。

[2] 李春友、赵松：《呼伦贝尔盟革命斗争史料汇编》，内蒙古文化出版社，2002 年版，第 133 页。

著名作曲家通福

月　玲　整理

通福雕像

通福，达斡尔族，郭布勒氏，1919年出生于内蒙古索伦左翼正白旗莫和尔图（今内蒙古鄂温克族自治旗巴彦嵯岗苏木）。通福一生从事音乐工作，把毕生精力贡献给文化艺术事业，为我国音乐事业发展做出了重要贡献，成为驰名中外的作曲家。曾任中国音乐家协会内蒙古分会理事、副主席，上海美术电影制片厂工作人员，内蒙古文联、内蒙古歌舞团乐队指挥，长春电影制片厂

通福创作歌曲

和内蒙古制片厂工作人员等职。

通福从小生活在四世同堂和睦快乐的大家庭中，家庭成员大部分人员天生能歌善舞，赋有音乐天分，父亲爱幸太擅长编唱达斡尔乌钦、扎恩达乐及各民族的民间民歌。六叔无师自通，能吹一口好笛子，弟弟图布新后来也曾是呼伦贝尔歌舞团舞蹈演员，妹妹雪梅曾是内蒙古歌舞团舞蹈演员，其他表兄妹也有不少人从事了音乐、艺术、绘画事业。通福的父亲在他十几岁时受俄国十月革命和一些进步人士的影响，和一些志同道合的朋友到乌兰巴托寻求革命道路，再也没有回来。通福姊妹三个，他排行老大，

母亲带着三个子女在婆家及亲属的帮助下，把子女个个都培养成对社会有贡献的优秀人才。年少的通福并没有因为父亲不在身边而缺少父爱，他的几个叔叔始终给予他无微不至的关怀和无私奉献的大爱，并在他追求音乐道路上给予慷慨的资助和支持，成就了一个普通的牧民家庭的孩子，沿着自己追求的音乐梦想道路，到外地接受专业学习和到国外继续深造，加上自己的勤奋努力最终成为一名出色的作曲家。

敖包相会

通福的家乡莫和尔图村曾涌现出了很多闻名国内外的人物，其中有作曲家、音乐家、舞蹈家、著名音乐教师等，因此，莫和尔图村被称为“歌舞之乡”。达斡尔族音乐家、学者恩和巴依热，在《兴安杜鹃映山红——缅怀通福先生》的文章里说：“通福自幼生活在达斡尔族、蒙古族、鄂温克族等民族的民间音乐、民歌的海洋里，受到家乡的浓厚音乐元素的感染和厚重的民族文化的熏陶，对音乐有着不同寻常的敏感和天赋。”通福喜爱民歌，从祖辈那里学唱了许多民间民歌，并对民歌有着与生俱来的情感和迷恋，积累了丰富的民间音乐素材，为他今后音乐创作提供了得天独厚的沃土、取之不尽的源泉，也打下了扎实深厚的民间民歌音乐根基。

家乡厚重的民族文化，在通福心灵深处赋予他灵感和才气，加上他勤奋好学，使他养成了淳朴憨厚、热情豪放的性格。音乐家、学者恩和巴依热还说：“达斡尔族、蒙古族、鄂温克族等多民族杂居的生活环境，使通福精通好几种语言（包括日语），他熟悉的生活习惯、生产方式、民俗礼仪、思想情感，他的心与这些民族人民群众相通相连，他热爱家乡的山山水水，一草一木，这就激发了他心灵中强烈的歌唱欲望以及后来的创作冲动。他的灵感来自生活，来自对家乡、对祖国的热爱。”通福待人热情随和、思维敏捷、健谈，讲话形象生动、风趣幽默，很有表演天赋，模仿电影人物惟妙惟肖。他从唱片上学唱《空城计》《霸王别姬》等京剧唱段也别有风味。

1935 年，通福就读并毕业于莫村和尔图国民优级学校。当时，他的音乐教师乌云图对他走上音乐道路起到重要的启蒙作用。从村里学校毕业后，通福考入扎兰屯师范学校。1940 年，通福赴日本新泻师范学院学习钢琴和小提琴及音乐理论。在日本，通福边打工边学习，生活极其艰苦。1945 年，中日战争进入尾声，日本帝国主义看到了侵略者的末日，在国内对中国人进行疯狂的秘密屠杀和打击报复。通福在一位日本同学的帮助下，经过千辛万苦终于回到祖国的怀抱。他是达斡尔族第一位留洋学习音乐的人，有很高的作曲、和声、配器、交响等方面的专业知识和理论素养，多年的创作实践又使他积累和掌握了丰富娴熟的音乐表现方法和技巧。

通福回国后，在哈尔滨犹太人开的百老汇打工维持生计。当时，他没有能力为自己买一把梦寐以求的小提琴，五叔就卖了两头牛给他买了一把小提琴送给他，通福就在百老汇拉小提琴。呼伦贝尔自治军文工团（后改为内蒙古呼伦贝尔歌舞团）成立后，通福回到当地参加工作，开始他的音乐创作。其间，创作的作品有《团结之歌》《呼伦贝尔家乡》《沙漠之歌》《内蒙古青年进行曲》等歌曲。50 年代初，他调到内蒙古歌舞团工作，先后创作了《前进吧》《牧民之歌》《歌颂毛泽东》《雁舞》《猎人舞》《摔跤舞》等歌曲、曲目。这期间，通福经常回到家乡深入生活，在大自然中寻找灵感。据他叔辈妹妹苏荣挂回忆说："那时通福每次回到家乡就像着了魔一样，只要听到各种声音或看到什么，如牛、马、羊、骆驼的叫声或嘶鸣，牛羊戏耍、牧民各种节庆活动上赛马、套马、摔跤等各种比赛表演项目，甚至看到下雪的场景他就即兴创作。通福每次完成一部作品，就和家人分享，那种喜悦兴奋，手舞足蹈的场景仿佛历历在目。"可以说通福的每一个细胞都充满了乐感，他的激情和感悟来源于牧人的生产、生活。有人说通福是"内蒙古第一个写立体音乐的人"，可见他在音乐专业水平上的造诣。1952—1964 年，通福先后在上海美术电影制片厂、长春电影制片厂和内蒙古电影制片厂从事电影音乐创作。这一时期他创作的电影配乐有：《敖包相会》《草原晨曲》《彩虹》《鄂尔多斯风暴》《牧人之子》《飞跃的内蒙古》《内蒙人民的胜利》等。

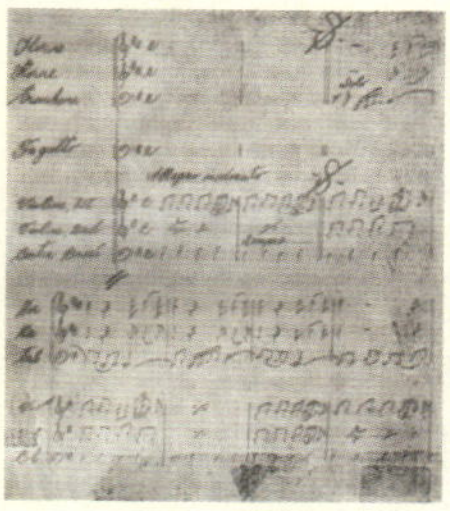

通福手稿

1964 年，通福回到阔别 10 年的内蒙古呼伦贝尔歌舞团工作。1966 年，正当通福开始潜心投入音乐创作追求的时候，"文化大

天下第一敖包

革命”风暴席卷全国。在当时，文艺思想的羽翼被捆绑，无论是作曲题材的选择还是艺术表现风格都受到种种限制，特别是传统民歌的个性得不到体现。1971 年，通福被安排到内蒙古歌舞团锅炉房烧水，从事繁重的体力劳动“改造”。在这期间，他被作为普通劳动力使唤，干着与自己所学音乐创作无关的工作，内心无比痛苦与怅惘，对于如何实现自己追求音乐作曲的梦想产生了强烈的紧迫感，脑海里始终没有放弃音乐作曲的梦想。他从工人师傅修锅炉和暖气管道发出的声响中找到灵感，在锅炉房那张摇晃的床板上谱写出欢快的、节奏感极强的作品《钢管进行曲》。当时，艰苦的环境和对音乐执着的追寻，造就了通福成长为一位具有良好的音乐专业素养和深厚扎实的民间民歌音乐功底的作曲家，磨砺出他更为坚强的意志与坚韧不拔的毅力。

1979 年，通福得以平反，终于盼来了艺术生涯的第二个春天。他以极大的热情投入到创作之中，谱写了《青城之歌》《新呼伦贝尔》及大量活泼欢快的儿童歌曲。1981 年，他调到中国音乐家协会内蒙古分会工作。其间，创作了《小黄马》《等着你》《乌珠穆沁姑娘》《巴尔虎小伙子》等歌曲、弦乐曲、达斡尔歌曲和儿童曲目。此时，他着手整理过去创作和改编的 100 多首歌曲，交内蒙古人民出版社出版，并在自治区第二届“萨日纳”文艺评奖中，获音乐创作最高奖——“金驼奖”。

通福一生创作和改编的 100 多首歌曲中，代表作品有《团结之歌》《呼伦贝尔家乡》《沙漠之歌》《内蒙古青年进行曲》《前进吧》《牧民之歌》《歌颂毛泽东》《雁舞》《猎人舞》《摔跤舞》《敖包相会》《草原晨曲》《钢管进行曲》《青城之歌》《新呼伦贝尔》《小黄马》《等着你》《乌珠穆沁的姑娘》《巴尔虎小伙子》《日出》等。

通福创作的大量歌曲中，整理、改编或以民歌为素材创作的歌曲占很大的比重，家乡民间民歌多年的浸染、积淀，在他的创作过程中得到充分体现。通福编曲的《敖包相会》是 50 年代新中国第一部以草原为题材的《草原上的人们》电影片中的插曲。当时，歌词是用汉语创作的，因为通福创作于呼伦贝尔草原，在影片没有公演之前已经在通福的家乡呼伦贝尔市鄂温克族自治旗用鄂温克语、蒙古语开始传唱。1953年电影《草原上的人们》在全国上映，片中插曲《敖包相会》这首脍炙人口的经典歌曲，传遍大江南北，这首歌的诞生地——内蒙古鄂温克族自治旗因而也被人们称为“被世界传唱的地方”。皎洁的月光下，神圣的敖包山月色朦胧，一对恋人牵着手在这里幸福地相会，成为草原上最浪漫动人的图画。1954年，歌曲《敖包相会》先后刊登在第4期《广播歌曲》和第12期《歌曲》杂志上。歌曲《敖包相会》蜚声海内外，飘荡在维也纳金色大厅的音乐圣殿，成为传世经典的爱情歌曲，为中华音乐宝库增添了经典歌曲。

通福的另一首成名曲《草原晨曲》，是我国1959年出品的黑白故事片的插曲，是由乌兰察布民歌改编而成的。在民歌的改编上通福慧眼识真金，以他深厚的民歌功底，抓住并挖掘出这首民歌的精髓，低沉中蕴含着高扬，哀怨中深藏着期盼，无奈中孕育着爆发，把表现旧社会女奴思念远方做苦役的情人、述说愁苦恋情的一首很平常的民歌，动几个音符就变成了一首经典曲目。通福在电影《牧人之子》中创作的编曲《银河》，是一部富有民族特色的曲目，欢快简明的曲调，真实地再现了影片中将要成为新一代钢铁工人的一群蒙古族青年，去鞍钢学习，乘车飞驰在草

通福（左）生活照

天下第一敖包

通福妹妹苏荣挂讲述哥哥的往事

原上令人心旷神怡、豪迈奔放、奋发向上的情景。《映山红花满山坡》是通福20世纪60年代以达斡尔民歌元素创作的成功之作。作品用达斡尔族民歌元素，创作了一首时代气息强烈、民族风格浓郁、地方特色鲜明的达斡尔族歌曲，是达斡尔族音乐在新时代歌曲发展的里程碑，是达斡尔民族音乐（歌曲）宝库中的经典曲目。作为达斡尔族作曲家，通福对达斡尔族民间民歌的传承与发展，有开创性的贡献。他在挖掘传承达斡尔民间民歌的基础上，为达斡尔族歌曲注入了新的内容、新音调、新的时代气息，深受本民族的认可和欢迎，提高了达斡尔族歌曲的艺术水平。1987年，通福夫妇到北戴河旅游，创作出歌曲《日出》，它以大合唱形式写成，体现了大海的磅礴气势，红日升腾的壮丽景象，反映了作者对大自然的热爱和对理想的追求。这也是他生前创作的最后一首歌曲，为他的音乐创作添上了完整的休止符。他一生传承守护民间民歌，对民歌的继承和发展做出了贡献，给草原上的人民留下民族文化艺术瑰宝。1989 年通福因病在呼和浩特去世，享年 70 岁。

岁月流逝并没有冲淡通福先生及其作品的艺术魅力，其中不少作品至今在民族文艺中堪称经典。人们对其作品的热爱和理解越来越浓烈。

（图喜格太、木其热、敖拉·杜梅提供照片）

参考文献

［1］索能苏荣：《莫和尔图名人录》，内蒙古文化出版社，1998 年版。
［2］鄂原：《嫩水兴安绿野情》，内蒙古文化出版社，2011 年版。

我的父亲图盟巴雅尔

杜　刚

图盟巴雅尔

我在父亲图盟巴雅尔身旁生活仅仅10多年，正当我刚刚步入成年的时候，父亲与世长辞，和我们永别了。但是父亲的人民公仆形象和严教子女的音容笑貌，仍历历在目，让我们永志不忘。

一

父亲于1924年出生在大兴安岭西麓诺敏河畔杜拉尔鄂温克族乡一个普通鄂温克家庭，在尼尔基镇读完小学以后，留学日本中级师范，中途退学回国任教。1946年2月，参加革命，同年10月加入中国共产党，历任莫旗旗委委员、公安局局长、牙克石大兴安岭森林业管理局公安处处长，自1958年调转至鄂温克族自治旗，在自治旗任旗长和书记，1968年逝世，英年早逝的父亲在人世间生存了44个春秋。父亲一生最后10年是在鄂温克草原度过的，这10年是他最艰辛也是最有成效的10年。他与自治旗各族干部和群众患难与共，情同手足，结下了深情厚谊，他在马背上与牧民话家常，在蒙古包里和牧民促膝谈心，在打草场上的联欢会上和青年们引吭高歌，他始终以普通劳动者的身份出现在群众之中，做到了不断克服“官气”，努力缩短同群众的思想感情的距离，尽最大努力，把党的政策转化为群众的自觉行动，全旗牧业战线上广大群众生产积极性日益高涨。1958年，父亲来到鄂温克旗时，对草原畜牧业不熟悉，他不耻下问、虚心好学、调查研究、总结经验，很快熟悉了牧业生产，甩掉了外行帽子，从而很快掌握了工作的主动权。他大胆起用与群众联系紧密、有管理和生产经验的当地干部，团结广大群众，坚持“千条万条发展畜牧业第一条”的经济建设方针，大力发展牧业经济。

二

父亲在世时，虽然长期身居要职，但从不利用职权谋取私利，终生保持着共产党人的廉洁公正本色，他的好作风被了解父亲的不少干部群众传为佳话。我记得，当年旗领导干部的住房和普通干部住房相差无几，看不到特殊化的迹象，父亲所住公房也毫不例外。从1959年至1965年的近7年中，我们家住在一长栋住有13户人家的土坯房里，居住面积只有30平方米，除去狭窄的小厨房，仅有10平方米的小卧室，全家五六口人都挤在正屋的一铺土炕上。那时我们一家人过得真是其乐融融。

有一次，我的两个堂兄从千里外的家乡来看望父亲，只能睡在地板上，我因起夜不小心踩过他们的腿，因此搅醒了全家人。两个堂兄抱怨说：“这还真不如我们普通农民的住房宽敞呢。”两个堂兄仅住了 3 天就匆匆返回农村老家去了。我对此产生过不满情绪，背地向弟弟妹妹发牢骚。爸爸一得知是我这个老大搞的“鬼”，就把我叫到身边，上了一堂艰苦奋斗的政治课，他说“参加革命不是为了个人享乐，而是为最广大人民群众谋幸福”，“多数干部群众生活都十分艰苦，牧民生活更困难，我们没有理由贪图享乐”，“青少年要树立艰苦奋斗的理想信念，要做到先天下之忧而忧，后天下之乐而乐，生活上要多关心有困难的群众，学习工作上要向高水平的人看齐”。父亲的教育使我沉默下来，我们从此以后再不提非分之想。

1958 年，我的三堂兄偕妻子从林区来投奔爸爸，指望爸爸给安排适当的工作。爸爸却向他们介绍道，鄂温克旗工业企业很少，就业困难，作为旗委书记不能特殊安排自己的亲属。爸爸就这样无情地拒绝了堂兄的要求，苦口婆心地规劝他们回老家去从事农业生产。堂兄两口子搞不通，哭闹了几天，仍无济于事，最后还是听从爸爸的劝告，返回了老家。前几年，三堂兄在一次酒后还流露出不满情绪，说爸爸为了自己当清官，不照顾亲属，太不近人情。爸爸在职期间，处处严格要求自己，绝不徇情枉法，为维护党的声誉，率先垂范，带头杜绝不正之风。当年确实有不少干部群众认为，爸爸在世时不愧是牧区的焦裕禄式的好干部、好党员。

三

鄂温克族自治旗是以鄂温克族为主体，包括达斡尔、蒙古、汉等民族在内的多民族杂居的少数民族自治地方。爸爸生前在领导岗位时，非常重视这一特点，在干部和群众中全心全意灌输民族团结进步思想，坚持不懈致力于民族团结进步工作，对各民族干部一视同仁，大力培养各民族具有社会主义觉悟的干部。他从细致的思想工作入手，给青年干部肩上压担子，指导他们在实践中增长才干，为他们的成长倾注了心血。爸爸作风民主，对各族干部肝胆相照，开诚布公，经常跟他们促膝谈心。许多旗里领导

同志们对爸爸十分信赖，把他当成各族人民的共同代表。所以，那一时期各民族干部紧密团结在旗委和旗人民委员会周围，各民族的团结日益巩固，各项事业繁荣发展。锡尼河西公社党委书记乌兰喇嘛就曾是爸爸的常客，他每到南屯办事时，必到我们家看望爸爸。在1960年自然灾害时期，一天早晨，乌兰喇嘛领着十几岁的孩子来我们家串门，爸爸就像见了亲人一样，一边给他们盛上糊糊粥，一边用布里亚特蒙古语和乌兰喇嘛攀谈起来，谈得津津有味，滔滔不绝。我注意到，乌兰喇嘛出于礼貌，勉强喝下了那碗粥，他的儿子却尝了一口后，皱了眉头，再也没有碰那碗粥。饭后爸爸又和乌兰喇嘛推心置腹地谈到上班为止。从这件事上，看出爸爸和乌兰喇嘛之间不仅是上下级工作关系，而且还是情同手足的兄弟关系，是共同的事业把他们紧紧地联系在一起。父辈之间的革命友情和为共同目标并肩奋斗的精神，在鄂温克草原传为佳话。前几年，乌兰喇嘛书记的儿子见到我，以深深怀念的心情，侃侃谈起随他父亲到我的家喝糊糊粥的往事，他对爸爸和蒙古族基层干部的深情厚谊，对爸爸的艰苦朴素的工作、生活作风，依然赞不绝口，十分钦佩。

1966年春，爸爸以副团长的身份，带领鄂温克旗牧区干部参观伊克昭盟乌审旗后，返回北京时，我有幸随爸爸进北京农业展览馆参观了大半天，那时我正在北京中央民族学院附属中学读书。爸爸和参观团成员进入展厅后，他就成了讲解员的蒙古语翻译。他精神振奋，声音洪亮，竟学着讲解员的架势，往图片和实物上指指点点，遇到有的干部提出问题时，他总是不厌其烦地反复介绍，我一直被冷落在参观队伍之外，那些展览对我并没有吸引力，可我看到十几个讲解员的介绍，都由爸爸一人当蒙古语翻译，一方面同情他的劳累，另一方面也觉得爸爸的举动未免有失领导者的尊严，产生了一丝不愉快的念头。当参观接近尾声时，爸爸和西博大队书记玛·道恩德格二人手拉手地站立在一组照片前，注视着那组照片时，他的眼睛湿润了，看得出来他俩的心情异常激动。我顺着他俩的视线望去，惊奇地发现整整一个版面全是介绍鄂温克族自治旗锡尼河西公社西博大队牧业机械化成果的照片。我万万没想到小小的鄂温克竟然也会在全国展览会上占上

第一届人民委员会旗长图盟巴雅尔接受上级授旗

一个版面，原来这是介绍全国牧业机械化标兵单位的展览，西博大队成了全国知名的牧业机械化先进典型。我身为生长在鄂温克旗的一名青年，十分惊讶与振奋，感到脸上也有了光彩。从这一展板的照片上，爸爸看到自治旗为发展牧业经济而努力的成果。他握着玛·道恩德格的手深思和回忆着，同时为全旗人民在牧业战线上奋斗的喜人成果而骄傲和自豪。在牧区奋斗的基层干部和创造财富的牧民，是建设牧区的英雄，爸爸为这些英雄们当“翻译”不正是人民公仆应尽的义务吗？我从爸爸身上看到了党的领导干部甘为人民公仆的品德，我悟出爸爸有失“领导干部尊严”的认识是不健康的时候，脸上真的有点发烧。那次参观后不到两年，爸爸不幸英年早逝，过早地永远地离开了他所热爱的人民、所热爱的草原伟大的事业。但他们所开创的伟大业绩，就像一座丰碑，永远屹立在鄂温克大地上，与世长存。爸爸从促进各民族干部努力建设鄂温克旗的思想出发，十分关心和爱护汉族干部与外来干部，借各种机会宣传谁也离不开谁的观念，许多汉族干部学习了蒙古语，提高为少数民族服务的本领。1965 年全旗发生特大雪灾，各族干部都奔赴灾区参加抗灾斗争。一些汉族干部不怕苦不怕累，为抗灾做出了贡献。在抗灾总结会上，爸爸热情地赞扬了他们的崇高精神，他们有的当场激动地流下了热泪，当时整个会场洋溢着民族团结的暖流，凝聚成了守望相助、团结奋战的坚强意志。在爸爸的倡导下，于鄂温克旗工作的外地干部，有些人学会了蒙古语、蒙古文，能用流利的蒙古语和牧民交流思想感情，为牧民排忧解难，做出了贡献。特别是在基层工作的汉族干部和外来干部与牧民群众打成一片，紧密团结，成了牧民的知心人、好朋友。

四

爸爸离开人世已50年，草原人民并没有忘记他，仍在怀念着他。爸爸的一生是革命的一生，为人民服务的一生，光明磊落的一生，他的英名和业绩永远载入鄂温克族自治旗的史册。今天，我们姐妹兄弟正在踏着爸爸的足迹，继承爸爸的遗志，为祖国的繁荣，为建设祖国、民族复兴努力工作着。我们一定要像爸爸那样，先天下之忧而忧，后天下之乐而乐，永远做党和人民的老黄牛，我们要把有限的生命贡献给建设中国特色社会主义伟大事业。爸爸永远是我们学习的楷模。爸爸的精神，永远激励我们奋勇前进。

参考文献

[1] 鄂温克族自治旗文史编纂委员会：《鄂温克族自治旗志》，内蒙古文化出版社，2005年版，第867页。

[2] 鄂温克族自治旗文史编纂委员会：《鄂温克族自治旗人物志》，内蒙古文化出版社，2008年版，第59、第60页。

[3] 额腾格：《额腾格文选》，内蒙古文化出版社，2011年版，第331—353页。

[4] 齐全：《鄂温克族百年实录》下集，中国文史出版社，2008年版，第1095—1101页。

永恒的追忆——乌尼满都

纳 莉

乌尼满都

我父亲在这个世界上只生活了44年。在他离去之后，有许多老战友、老部下、老同事以口述或撰文的形式来缅怀他。我把这些资料以及父亲和我们共同生活的15年中的点滴记忆整理出

来，以表述我们对父亲的无尽哀思。通过这些口述及文章使我们更加懂得了父亲。虽然他的生命是短暂的，但他活出了作为，活出了尊严，活出了自己的人生价值。

我的父亲自1952年4月任原索伦旗（鄂温克族自治旗前身）人武部部长以来，一直在鄂温克旗工作，其间也兼任过副旗长，并在1959年12月29日由中共内蒙古党委第267次常委会任命为鄂温克族自治旗旗长，在1960年12月22日召开的旗第二届人大第一次会议上当选为旗长。

父亲在鄂温克旗工作的15年中，忠诚于党的事业，坚持执行党的民族政策，始终把自治旗内各民族的团结视为工作的重点。首先，他没有忘记自己是党组织培养多年的鄂温克族干部，因此他对于关系到本民族发展的事情都满怀热情地去努力践行。在原索伦旗1954年2月召开的首届人民代表大会当选为索伦旗副旗长以后，父亲经常利用到呼和浩特出差之际，以鄂温克族的礼节拜会、看望在自治区工作的本民族同胞，如自治区人大常委会原副主任沙驼叔叔、自治区人大原副秘书长满都呼伯伯、自治区委组织部政法处原干事（后任额尔古纳左旗政协主席）涂荣叔叔等，与他们一起共商振兴鄂温克民族和筹建民族自治的大事。据满都呼伯伯的回忆文章记载，在1957年春节前后，由满都呼伯伯、沙驼叔叔在内蒙古统战部组织召开了由自治区工作的鄂温克族干部参加的座谈会，主要议题是鄂温克民族自治。父亲有幸参加了这个座谈会并且满腔热情地提出了要与鄂伦春族、达斡尔族一样平等地建立自治旗，把自治旗工作搞好的建议。父亲回到旗里之后就把要准备成立鄂温克族自治旗的消息传递给人们，并就原索伦旗里酝酿成立自治旗的具体事项，包括旗址是选在孟根楚鲁还是选在南屯的事项及时与自治区的同胞们联系、沟通、交换意见。此次座谈会后，根据讨论的结果，满都呼伯伯整理了一个要求成立鄂温克族自治旗的综合报告，标题为《鄂温克民族干部对本民族一些问题的意见》，经过沙驼叔叔的修改、补充之后，把这份报告作为鄂温克人申请建立自治政权的正式文件报送了全国人大、国家民委、中央统战部、内蒙古党委、内蒙古统战部；抄送给了呼盟盟委、呼盟统战部、呼盟民委。不久，关于建立鄂温克

赛马

族自治旗一事得到了上级有关部门的正式批准，旗址设在巴彦托海。

鄂温克族自治政权的建立首先要归功于中国共产党的民族政策的伟大，也是内蒙古自治区解决民族问题的发展成果。其次更是鄂温克族同胞及本民族的干部们，尤其是工作在自治区的领导干部们齐心协力，有理、有节地积极努力做工作的结果。要知道，当时的鄂温克族人口分布状况是小聚居、大分散，1958 年统计结果显示，即使在原索伦旗内的鄂温克族人口也仅有 2558 人。此外，结合当时内蒙古的政治环境与复杂的民族关系可以说建立一个县级的民族自治政权是一件多么不易的事啊！然而，我们的前辈们做到了，并且成功了！鄂温克族自治政权的建立为鄂温克民族的繁荣发展打下了牢固的基础。老前辈们在解决鄂温克民族问题上立下的汗马功劳后辈们是铭记在心的。

挤牛奶

父亲带着全旗各族人民的厚望与重托走上一旗之长的领导岗位后，更是把贯彻执行党的民族政策、宣传党的《民族区域自治法》放在首位。无论是在旗机关还是在基层都抓住机会结合本地区的工作需要向干部群众耐心细致地宣传当地干部和外来干部、当地人和外来人之间相互关心、相互帮助的重要性，特别强调搞好各民族的团结。这体现在工作中，不仅注意培养、使用本民族的干部，同时也注意培养、使用其他民族的干部。经他一手培养起来的各族干部先后走上了旗级领导岗位，成为建设美丽鄂温克草原的中坚力量。父亲在兼任武装部长期间，先后向地方输送了 20 多名复转军人，其中大部分人发展为基层苏木嘎查的第一批领导者。通过这种方式为当地干部和外地干部之间增加了相互交流与沟通的渠道，起到了相互促进、取长补短的激励作用，从而提高了自治旗整体干部的素质和能力。在他以身作则的倡导和协调下，各民族干部和牧民群众之间团结互助、情同手足的事情在草原上层出不穷。包括大灾之年，鄂温克族聚集的辉河苏木无代价地让出自己最好的牧场使锡尼河苏木布里亚特同胞的牲畜安全过冬。布里亚特人为了表达谢意，锡尼河三个苏木派出牧民代表，把象征着兄弟民族友好感情的 6 头优良种牛赠送给了辉河苏木，当晚两个族群的牧民们载歌载舞进行了联谊活动。那个时期融洽和睦的民族关系为自治旗各项事业的发展打下了坚实的基础。

父亲在领导岗位上恪尽职守，始终如一地坚持从自治旗的实际出发来指导工作。在国民经济困难时期，在深入基层调研的基础上，他实事求是地提出了缩短基本建设规模，加强畜牧业和群众急需商品的轻工业，同时提出首先把流通领域搞活的策略，从而使全旗的经济工作在困难时期走上了持续发展的轨道。从1960年始，以胡汉林为领导的开荒队先后在巴彦托海、锡尼河公社大面积开荒种地，开荒面积达8万公顷，而实际播种2.5万公顷，这不仅使这片草原严重沙化同时也直接损害和侵犯了牧民的利益，加大了农牧矛盾。当时的旗委和政府从保护草原和牧民利益的角度出发，实事求是地向上级机关汇报情况，及时为上级领导解决此类问题提供了一手资料。1963年根据上级指示，果断封闭了面积为24 408公顷的耕地，使耕地面积缩小到17 740公顷，从而化解了农牧矛盾，也保护了鄂温克草原。父亲作为县级领导者，在大势面前能够毫无私心杂念、责无旁贷地直谏事实，应该说是体现了一种责任、魄力和全局意识。

父亲的工作方法不拘一格，常有一些新的举措。如他在配备苏木一级干部时，针对一些薄弱的苏木采取了派旗委常委兼职公社党委书记的方法，这样不仅使党委在选拔使用公社干部时心中有数而且把领导工作也直接抓到了苏木嘎查。另外，针对一些苏木嘎查的牧民生产劳动时的涣散、懒散现象，父亲指挥各苏木的武装部长采用半军事化的方式管理他们，动员民兵搞“劳武结合”，既促进了生产又改掉了部分牧民长期养成的陋习。父亲在任职期内，坚持集体领导，经常性地召开旗长办公会议，所有的大事都要在办公会议上议定。他还有一最突出的工作特点，凡是在会上决定了的事项都要求属下雷厉风行地坚决照办，在机关工作上，既注意发挥各科局负责人的工作积极性又不失时机地进行检查与督导。父亲的这种工作作风令至今健在的老同志们记忆犹新，并称道：那时在乌旗长手下干活儿真来劲！

鄂温克旗街景

父亲在领导岗位上率先垂范，无私奉献，始终诠释着领导干部全心全意为人民服务的宗旨。其实父亲当时除了工作压力以外家庭负担也是很重的。我母亲由于患有心脏病经常卧床不起，孩子们也少不更事，然而父亲并未因此而耽误工作，反而不顾节假日，依旧下乡、调研，在我们的记忆中一走就是个把月。爸爸下乡时都是自带行李、骑着马，按照当时对领导干部的要求认真地执行“三同”。就这样，他走遍了全旗各个敖特尔、畜群点，对于全旗的牧业生产情况了如指掌，对于防火期打隔离带、烧荒，每年的接羔数量，草场的长势情况，冬储草、饲料的准备等一切生产问题都心中有数。正是因为这样，他才能够及时解决牧民群众生产生活中遇到的各种问题。有一次要在辉腾河开辟新的牧场，父亲和旗畜牧科的同志们一路骑马到山里踩点，十几天在草原深处风餐露宿，遭受蚊虫叮咬。那时要求领导干部下乡不能住在富裕牧户人家，都要住在贫苦牧民家，因此，本性善良宽厚的父亲每每遇到人家缺吃少粮时，看到贫苦人家的孩子无钱上学时都慷慨解囊，弄得他回家后没法和我母亲交账；当看到辉苏木牧民实施定居时没钱盖房子，他就四处筹措资金帮助解决。一位健在的老前辈经常回忆起父亲生前的“新闻”，说他下乡时在苏木看到一户牧民在采买生活用品时很是惊讶，因为当时正是接羔保育的忙时，他就问牧民，这个时候你们怎么下来了？家里留谁了？牧民回答说：“孩子病了，正愁没人给看牛羊时乌旗长来了，现在他在点儿上放牛羊呢！”父亲爱护草原的一草一木，乃至他每到一个牧户点都告诫牧民千万不要把牲畜放到有林木的地方去，甚至进入辉腾河牧场的牲畜牧道他都要细心过问，防止破坏林带等。正是因为父亲对鄂温克草原的发展倾注了满腔的心血，为草原牧民的幸福付出了一生的挚爱，从而获得了许许多多干部和牧民的真心拥戴。乃至他含冤离去后的今天，草原上的老牧民、老干部们仍会伸出大拇指称他为“我们的好旗长”“我们的贴心人”。

父亲一生襟怀坦白、与人为善。他担任领导工作的时期，也正是极“左”路线盛行的阶段。然而父亲却出于公心，以海纳百川的胸襟大胆地信任和使用了那些被错划为右派的同志和被下放的知识分子，以及旗直机关内一些犯错误的干部，其中包括毕力格图、宝音乌力吉、苏荣扎布、龙格尔、胡群夫妇、敖庆元等人，告诫他们放下包袱、轻装上阵，为自治旗的发展发挥一技之长。他每到乡下，都主动找当地的知名人士征求意见。由于父亲尽其所能地团结一切可以团结的力量，调动一切可以调动的积极性，因此，在他主持政府工作期间，自治旗的各项事业发展迅速。其中，1966 年全旗牲畜头（只）由 1958 年的 140 202 万头（只）发展到 374 000 万头（只），年均增长率为 20.2%。这在当时也是全自治区牲畜头数发展最快的先进旗。

父亲作为一旗之长十分清楚一个民族的进步与否首先取决于这个民族的文化教育水准。因此，他把很大的精力用在抓文化教育上。包括：有目的地向大专院校报送一批少数民族学生，使其继续深造；在他繁忙的工作中亲自为自治旗第一完全小学（蒙古语授课）选择校址，并把它建成鄂温克旗有史以来的第一座红砖瓦结构的校舍；在呼伦贝尔市的牧业四旗中第一个投资建起自治旗的第一所红砖瓦结构的中学；等等。有数据表明：1958 年至 1965 年间，在自治旗财政收入总计不到 1300 万元（包括上级各种补贴额）的条件下，同期投入到教育文化卫生等方面的支出就有 320.5 万元之多，占同期收入额的四分之一。正是由于当时旗委和旗政府的高度重视，全旗教育事业得到了空前的发展，自治

第二、第三届人民委员会旗长乌尼满都做自治旗人民委员会报告

干部植树

旗适龄儿童入学率居全自治区之首。

父亲作为固守边疆的人武部部长，对于部里的工作，不仅在政治上注意军地干部之间的团结合作而且在军事训练上也是严格要求从不放松。1965 年 4 月在呼伦贝尔军分区组织的全盟民兵比武大会上，父亲亲自带领 35 名民兵参加了对抗射击、跳跃障碍、乘马射击、乘马斩劈、战马卧倒等项目的比赛，以精湛的技艺和精彩的表演荣获了全盟民兵比武第一名的荣誉。

父亲在鄂温克旗的工作得到了党组织和草原人民的认可和拥戴。他被选举为内蒙古自治区第六届人大代表，并在 1964 年与原副旗长高西布一起作为鄂温克族的代表非常荣幸地参加了国庆 15 周年的系列庆祝活动，受到了毛泽东、刘少奇、周恩来等党和国家领导人的接见，在天安门观礼台与党和国家领导人一起观看了声势浩大的国庆游行，在人民大会堂与党和国家领导人一起观看了大型舞蹈史诗——《东方红》的演出等。这就是他一生的殊荣。

交牛奶

父亲离开我们已经 49 年了，阴阳相隔的 49 年里饱含着我们对父亲的思念。我们的父亲就是一位由普普通通的农家子弟走上领导岗位的普通人，他一生勤勤恳恳、任劳任怨，他忠诚于党的事业，他一心扑在人民的事业上，他为鄂温克族自治旗的发展做出了自己的贡献。父亲永远活在我们的心中，父亲永远活在全旗各族人民的心中。

参考资料

［1］中国国情丛书编辑部：《中国国情丛书·百县市经济社会调查·鄂温克卷》，中国大百科全书出版社，1993年版。

［2］鄂温克族自治旗文史编纂委员会：《鄂温克族自治旗志》，内蒙古文化出版社，2005年版。

［3］鄂温克族自治旗文史编纂委员会：《鄂温克族自治旗人物志》，内蒙古文化出版社，2007年版。

［4］齐全：《鄂温克族自治旗百年实录》，中国文史出版社，2008年版。

祭敖包

第三章

往事漫忆

内蒙古自治区鄂温克族研究会

内蒙古自治区鄂温克族研究会

一、研究会组织机构

20世纪80年代初，在鄂温克族老前辈满都呼、宾巴、乌云达赉、哈赫尔、武永智等人的倡议，沙驼、吴守贵等前辈们的支持下，1984年5月10日，由满都呼、武永智、哈赫尔、宾巴向内蒙古自治区党委宣传部提出申请，经内蒙古自治区社会科学联合会转报内蒙古自治区党委宣传部。同年7月3日获得批准，成立内蒙古自治区鄂温克族研究会。这在鄂温克民族发展史上揭开了新的一页，也标志着鄂温克族有史以来第一次有了自己的研究本民族历史和文化的群众性学术团体，成为若干行政区域内鄂温克族同胞之间相互交往、进行学术交流的平台，从此，内蒙古自治区鄂温克族研究会担负起研究鄂温克民族历史和文化遗产光荣而艰巨的任务。

1984年12月，内蒙古自治区鄂温克族研究会在呼和浩特市正式成立。是在内蒙古自治区民政厅登记注册的合法社会团体，隶属于内蒙古自治区社会科学联合会，是研究鄂温克民族历史和文化的群众性学术团体，是从哲学社会科学角度，以鄂温克民族的历史、语言、人物、社会、经济、文化、教育、宗教等诸多学科为重点进行综合性研究，从此，她承担了研究鄂温克民族历史、文化以及未来发展的光荣任务。

1989年，内蒙古自治区鄂温克族研究会从呼和浩特市迁会址到鄂温克族自治旗，挂靠鄂温克族自治旗人民政府。鄂温克族自治旗机构编制委员会为办公室核定3个事业编制，正式成立了内蒙古自治区鄂温克族研究会办公室，正科级参照公务员管理单位。由旗财政局全额拨款，配备3名专职工作人员（后增加了1个编制，有4名工作人员）。到2016年内蒙古自治区鄂温克族研究会经过了六届会员代表大会，选举产生了六届理事会成员。办公室有驻会秘书长，办公室正、副主任，干事共5名。办公室属综合性办公室，是内蒙古自治区鄂温克族研究会的办事机构，负责研究会各项工作的实施和日常工作。同时，进行学术研究、出版书刊、协调与各旗市（区）鄂温克族研究会和鄂温克族自治旗党政机关的沟通与联系，起到了桥梁与纽带作用。

内蒙古自治区鄂温克族研究会办公室工作人员既是内蒙古自治区鄂温克族研究会的成员，也是鄂温克族自治旗的正式职工，他们在完成研究会工作任务的同时，还要参加自治旗举办的各项活动。办公室成立以来，办公设施有了改善，设有档案资料室、编辑部、财务室、综合办公室等，办公室工作人员积极与内蒙古自治区社会科学界联合会、内蒙古自治区技术监督局、内蒙古自治区民政厅、内蒙古自治区新闻出版广电局及时沟通、联系，按时进行组织代码年检、社团年检和刊物年检。

鄂温克族研究会成立32年来，在内蒙古自治区社科联的指导下，在鄂温克族自治旗党委、政府的支持下，遵循“百花齐放、百家争鸣”的双百方针，在第一至第六届理事会成员的积极努力和广大会员的大力支持下，开展了学术研究以及与国内外鄂温克同胞交往等社会活动，各项工作取得了一定的成就，使鄂温克族研究会不仅在组织上发展壮大，在学术研究方面也取得了显著成果，增强了与区内外以及俄罗斯鄂温克族同胞之间的团结与友谊。

二、历届会员代表大会

第一届。1984 年 12 月 29 日—31 日，在呼和浩特市内蒙古自治区人大常委会礼堂举行了内蒙古自治区鄂温克族研究会第一届会员代表大会，来自内蒙古呼和浩特市，呼伦贝尔盟海拉尔市、鄂温克族自治旗、莫力达瓦达斡尔族自治旗、鄂伦春自治旗、阿荣旗、扎兰屯市、陈巴尔虎旗、额尔古纳左旗等旗市的机关、学校、企事业单位的鄂温克族代表及有关人员，共 90 多人参加了成立大会暨会员代表大会。会议由满都呼同志主持、沙驼同志致开幕词，他在讲话中讲了成立鄂温克族研究会的必要性和本次代表大会的任务。内蒙古自治区党政领导布赫、巴图巴根、郝秀山、奇俊山、布特格奇、陈炳宇、乌力更等同志到会祝贺，内蒙古自治区党委副书记、人大常委会主任巴图巴根做了重要讲话，他强调了鄂温克民族成立研究会的重要性，指明了研究会的方向和任务。

会议经过酝酿讨论，通过了《内蒙古自治区鄂温克族研究会章程》，选举产生了理事 43 名，常务理事 18 名；选举沙驼同志为会长，满都呼、吴守贵、贺兴格、乌热尔图、乌云达赉、叶喜扎木苏为副会长，宾巴为秘书长，萨音莫日根、武永智、乌日根布、杜·道尔基为副秘书长。

12 月 31 日下午进行闭幕式，由吴守贵副会长致闭幕词，他对三天的会议做了全面总结，并对研究会成立后的工作提出了建议和要求。晚上举行了晚宴，答谢为鄂温克族研究会的成立给予支持和帮助的自治区党政领导和相关部门的负责人。

会后与会人员来到首都北京，在国家民委的支持下参观游览了故宫、中南海、颐和园、十三陵、八达岭等名胜古迹，为内蒙古自治区鄂温克族研究会的成立画下了圆满的句号。

第二届。1989 年 11 月 22 日—24 日，在呼伦贝尔盟莫力达瓦达斡尔族自治旗尼尔基镇召开第二届会员代表大会，来自全区各地的会员代表共 83 人参加了会议。会议由满都呼同志主持、沙驼同志致开幕词，莫旗旗委书记额尔德木图同志亲临大会祝贺并致辞，黑龙江省鄂温克族研究会致贺词。副会长宾巴代表第一届理事会做理事会工作报告，总结了第一届理事会五年来的工作，并

提出了下一届理事会工作的建议和要求。会员代表们通过讨论、审议，一致通过了工作报告。副会长武波远同志就《内蒙古自治区鄂温克族研究会章程》修改草案做了说明，经过与会人员讨论、审议，一致通过。副会长哈赫尔就换届选举有关事项做了说明。

会议根据主席团提名，对第二届理事会候选人名单，经过充分酝酿之后进行投票，选举产生了理事会理事61名，并一致推举沙驼、卓利格图同志为名誉会长。

其间召开了第二届第一次理事会议，选举产生常务理事21名；选举吴守贵同志为会长，满都呼、涂景福、贺兴格、贺喜格扎布、乌热尔图、武波远、宾巴等同志为副会长，武波远同志兼任秘书长，杜国良、颜连柱、图布新达赉、涂·晨亮、杜玉林等同志为副秘书长。

闭幕式上，新当选的会长吴守贵同志做了重要讲话，他感谢各位代表的信任，推选他为会长，他将不辜负大家的期望，和广大会员一起团结合作，共同把鄂温克族研究会工作做好，并对今后的工作提出要求。

第三届。1993年11月4日—6日，在鄂温克族自治旗巴彦托海镇举行第三届会员代表大会，来自全区各地的会员代表110人出席了大会。会议由会长吴守贵同志致开幕词，他强调了本次大会的任务，并总结了上一届理事会的工作成绩和经验，指出了鄂温克族研究会今后的工作任务。中共呼伦贝尔盟党委副书记额尔德木图同志亲临大会并讲话，黑龙江省鄂温克族研究会会长杜柳山同志、中共鄂温克族自治旗旗委副书记杜古同志致辞。

会上副会长乌热尔图同志做了第二届理事会工作报告；武波远同志做了修改章程的报告；哈赫尔同志做了选举办法的说明；杜·道尔基同志做了确立鄂温克族节日——“瑟宾节”和“吉祥物——驯鹿”的说明。

鄂温克服饰

根据大会主席团提出的第三届理事会候选人名单，在充分协商、酝酿的基础上进行了投票选举，产生第三届理事会理事76人，其间召开第三届会员代表大会第一次理事会，选举产生常务理事29名。大会选举吴守贵同志为研究会会长，乌热尔图、贺喜格扎布、萨希荣、杜·道尔基、杜国良、杜古同志为副会长，杜国良同志兼任秘书长，图布新达来、杜玉林、涂晨亮、安娜同志为副秘书长，安娜同志兼任办公室主任，林娜、都古尔巴图同志为副主任。

大会推举沙驼、卓利格图、满都呼、涂敏、萨音巴雅尔、涂景福同志为名誉会长，推举贺兴格、武波远、宾巴、哈赫尔、乌云达赉、哈斯毕力格同志为顾问。

闭幕式上，通过第二届理事会工作报告的决议；通过了每年的 6 月 18 日（公历）为鄂温克民族节日——“瑟宾节”的决议，通过了“驯鹿”（奥茸）为鄂温克族吉祥物的决议，并原则上通过了修改章程的决议。副会长贺喜格扎布致闭幕词，他说这一届理事会更加知识化、年轻化了，号召大家要发扬本民族的优良传统，增强民族的自信心，弘扬民族文化，为鄂温克民族的繁荣昌盛而努力。

鄂温克服饰

第四届。2000 年 11 月 8 日—10 日，在鄂温克族自治旗巴彦托海镇举行第四届会员代表大会，来自全区的代表和来宾 190 余人出席会议。会议由副会长乌热尔图同志主持，会长吴守贵同志致开幕词。他指出了这次大会的主要任务，总结了第三届理事会的工作以及研究会今后的工作任务。他还追溯了研究会成立 16 年来，在鄂温克族学术研究方面取得的成绩，并向大会提出由于他本人年事已高，不再继续担任会长的请求，希望大家选举年富力强、有一定学识的人为第四届理事会会长的建议。

会上中共鄂温克族自治旗党委副书记任福生同志、黑龙江省鄂温克族研究会会长杜柳山同志分别致辞。副会长杜国良同志做理事会工作报告；杜·道尔基同志做修改章程的报告。

大会在充分酝酿的基础上，选出了第四届理事会理事 129 名，常务理事 39 名；推举沙驼、卓力格图、吴守贵、涂敏、巴雅尔图、萨音巴雅尔、涂景福同志为名誉会长，乌云达赉、哈赫尔、朝克、萨希荣同志为顾问，选举乌热尔图同志为会长，叶喜扎木苏、贺喜格扎布、杜古、杜国良、杜·道尔基、敖强、达喜扎布、宝迪扎布、萨金寿同志为副会长，杜国良同志兼任秘书长，涂玉亭、图布新达来、安娜、林娜同志为副秘书长，安娜同志为办公室主任，都古尔巴图为副主任。会议还表彰了先进研究会和 18 位优秀学会工作者。

闭幕式上，新当选的会长乌热尔图同志讲话，他表示新的理事会将继承发扬鄂温克民族优良传统，提高民族素质，团结广大会员，推动鄂温克民族研究事业。内蒙古自治区军区副司令员巴雅尔图同志也做了热情洋溢的讲话。副会长叶喜扎木苏同志致闭幕词，他总结了3天来的大会工作情况，号召与会人员及鄂温克族同胞们为鄂温克民族的繁荣与发展做出自己应有的贡献。

第五届。2006年6月16日在鄂温克族自治旗政府二楼会议室召开第五届会员代表大会，来自全区的代表及来宾共200余人出席了大会。

开幕式由副会长贺喜格扎布主持，鄂温克族自治旗旗长、研究会副会长达喜扎布致开幕词。他指出了这次会议的主要任务是听取第四届理事会工作报告和今后的工作任务，修改章程，通过《鄂温克语注音方案》，改选新一届理事会。

开幕式上，中共鄂温克族自治旗旗委书记姚庆同志讲话，黑龙江省鄂温克族研究会副会长那云平同志致辞。

名誉会长沙驼、吴守贵同志也发表了热情洋溢的讲话，对研究会在上一届的工作和活动予以充分的肯定，并对今后的工作提出了建议和意见。

会议听取了会长乌热尔图同志做的第四届理事会工作报告。经过代表们的审议，同意并通过工作报告；通过了修改章程报告；通过《鄂温克语注音符号》的方案。

本次大会在各旗市研究会协商推荐、会长联席会议讨论、代表大会酝酿的基础上，选举出了第五届理事会理事163名；推举巴雅尔图、沙驼、卓利格图、吴守贵、杜·道尔基、涂敏、萨音巴雅尔等同志为名誉会长；常务理事由会长、副会长、秘书长、旗市研究会会长组成；选举乌热尔图同志为会长，叶喜扎木苏、贺喜格扎布、杜国良、杜刚、杜古、敖强、哈森其其格、达喜扎布、敖景福、萨金寿、那晓光、安娜、古新军、额·孟和同志为副会长，安娜同志兼任秘书长，那斯图、都古尔巴图同志为副秘书长，那斯图同志为办公室主任，都古尔巴图同志为副主任。

闭幕式上，新当选的会长乌热尔图同志讲话，并做了大会总结。他表示：新一届理事会将继续发扬成绩，在鄂温克民族研究事业中，加强基础性文化学术研究，要继承、保护和抢救鄂温克民族的无

鄂温克服饰

鄂温克服饰

形文化遗产，使我们祖先创造的古老而灿烂的文化遗产绽放出应有的光辉。

2007 年 11 月，会长联席会议研究决定，增补柳华同志为副秘书长、办公室副主任。

2010 年 12 月 8 日，本会召开的会长会议上，决定由杜希礼同志担任秘书长，安娜同志为驻会副会长。

第六届。2013 年 11 月 20 日，第六届会员代表大会，在鄂温克族自治旗鄂温克宾馆五楼会议厅隆重召开，来自全区代表和来宾共 170（其中会员代表 156 名）人出席了大会。

开幕式由副会长达喜扎布同志主持，鄂温克族自治旗旗长、研究会副会长色音图致开幕词。他指出了这次会议的主要任务是听取第四届理事会工作报告和今后的工作任务，修改章程，改选新一届理事会。

开幕式上，黑龙江省鄂温克族研究会会长涂亚君同致辞。

名誉会长吴守贵同志就鄂温克民族的人口发展问题及退休干部职工继续发挥余热，关心和支持本民族的研究事业等问题，发表了热情洋溢的讲话。

名誉会长、内蒙古军区原副司令员巴雅尔图同志发来贺信，热烈祝贺内蒙古自治区鄂温克族研究会第六届会员代表大会胜利召开！充分肯定鄂温克族研究会第五届会员代表大会以来所取得的丰硕成绩！

会议听取了会长乌热尔图同志做的第四届理事会工作报告。经过代表们的审议，同意并通过工作报告；通过了修改章程报告。

大会在旗市（区）研究会推荐、会长联席会议讨论、代表大会酝酿的基础上，选举出第六届理事会理事 195 人，常务理事 79 人；推选沙陀、巴雅尔图、涂敏、吴守贵、杜·道尔基、叶喜扎木苏、贺喜格扎布、萨金寿、杜国良同志为名誉会长；选举乌热尔图为第六届理事会会长，哈森其其格、达喜扎布、色音图、杜古、敖强、敖金福、孟和托雅、那晓光、涂宏文、敏杰、旭日、安娜、杜恩军、吴俊山、赵国辉、古新军、斯仁巴图同志为第六届理事会副会长，杜希礼同志为秘书长，柳华为副秘书长。大会还通过了杜希礼为办公室主任、柳华和卡娜为副主任的决定。

闭幕式上，新任会长乌热尔图同志代表第六届理事会致闭幕词。他认为，大会安排的议程十分紧凑，会议进行得顺利而高效，他代表研究会常务理事会，向为本次大会筹备工作付出辛勤劳动的工作人员，向给予研究会一贯支持的鄂温克族自治旗党委、政府，向在座的每一位鄂温克族同胞表示衷心的感谢！要求新一届理事会同心协力，振奋精神，共同面对新任务、新课题与新挑战。对历届为研究会发展做出突出贡献的老一辈领导表示敬意，对为鄂温克族研究事业辛勤工作的学者、同胞、同志们表示感谢，同时希望大家团结一心，充分发扬鄂温克民族优秀的优良传统，在继承、发展和传播鄂温克民族优秀文化这一事业上，更多地奉献自己的力量。要认真地学习和领会十八届三中全会的精神，顺应深化改革的新形势，积极主动地争取地方党委和人民政府的支持，把我们鄂温克族研究会的工作做得更好！

《内蒙古自治区鄂温克族研究会章程》规定，会员代表大会每五年举行一次会议。到2016年已召开六届会员代表大会，通过换届选举，调整领导班子，以领导性、学者性、服务性人员组成理事会成员。

三、加强研究会的自身建设

为了规范研究会组织，充分发挥其作用，在鄂温克族研究会成立时，制定了《内蒙古自治区鄂温克族研究会章程》。后来经过四次修改和补充，尤其在2000年第四届会员代表大会上修改通过的《内蒙古自治区鄂温克族研究会章程》，是根据国务院颁布的《社会团体管理条例》和民政部制定的《社会团体章程示范文本》进行修改和制定的。因此，该章程更加规范。它不仅明确了研究会的宗旨和任务，还规定了会长、秘书长的职责，会员的权利和义务，以及各种会议制度，规范和明确了研究会的工作范围。同时，根据实际需要在第五、第六届会员代表大会上，对章程的部分内容进行了修正。

制作民族服饰

根据《内蒙古自治区鄂温克族研究会章程》的规定，从20世纪80年代末起，莫力达瓦达斡尔族自治旗、鄂温克族自治旗、陈巴尔虎旗、阿荣旗、扎兰屯市、根河市、海拉尔区、鄂伦春自治旗、呼和浩特市相继成立了鄂温克族研究会。以上9个旗市（区）鄂温克族研究会均以团体会员名义加入了内蒙古自治区鄂温克族研究会，从而发展壮大了会员队伍。据不完全统计，会员人数已发展到1200余人。在国家整顿和清理群众性社团组织时，鄂温克族研究会积极申报内蒙古自治区民政厅审查合格，注册登记，定期参加年检。1994年3月，召开了呼伦贝尔盟各旗市鄂温克族研究会会长、秘书长会议，讨论通过了《内蒙古自治区鄂温克族研究会会员管理实施办法》，理顺了本会与各旗市鄂温克族研究会之间的关系。各旗市（区）研究会作为独立法人，在当地旗市民政部门登记注册。

鄂温克服饰

32年来，鄂温克族研究会遵照章程规定，按时召开会员代表大会及换届选举工作，充实领导班子成员，使研究会工作更加扎实、稳步发展，积极培养选用年轻会员和学者，确保后继有人。从第一届到第六届会员代表大会，由自治区内各方面人士组成了理事会、常务理事会、会长、秘书长，推举了名誉会长和顾问。研究会成立以来，鄂温克族研究会一直认真执行理事会、常务理事会、会长联席会议制度，召开理事会12次、常务理事会21次、会长秘书长会议47次。通过召开会议沟通会员及同胞之间的情谊，总结、交流工作经验，从而促进了研究会工作的深入发展。

32年来，内蒙古自治区鄂温克族研究会在开展各项活动中，之所以有朝气、有活力，关键在于有了专职办公室。鄂温克族研究会是群众组织，从会长到会员都分散在各条战线，如何开展好研究会的工作是一个很大的问题。1988年，为了更好地开展鄂温克民族研究工作，内蒙古自治区鄂温克族研究会从呼和浩特市迁会址到鄂温克族自治旗，由热心于学术研究事业的宾巴、哈赫尔、敖玉珍三位老同志，搭建起了办公室的架子，开始了搜集整理鄂温克民族历史文化遗产工作，编辑出版了《鄂温克族研究文集》第一集、第二集（上、下集）。1992年，副会长宾巴，常务理事哈赫尔、敖玉珍同志因工作实绩突出，荣获“全国老有所为创新集体奖”。与此同时，鄂温克旗委、旗人民政府给予解决了专职人员的编制、办公经费等，从而改善了办公条件。目前，研究会办公室有电脑7台，汽车1辆。办公室工作人员按时上下班，认真处理本会的日常工作，他们草拟工作计划、收集研究论文，审稿、编辑、校对、出版发行各类研究书籍和刊物，承办会议及服务性工作，同时还要协调与各旗市（区）研究会和当地党政机关的关系，实地调查采访，掌握和反映研究动态，交流信息，保证研究会工作的正常运转。研究会办公室各项管理制度齐全，建立健全财会制度，设立了档案资料室和编辑部等。自1999年起，将研究会成立以来的文书档案分门别类整理归卷，截至2013年，整理成册的文书档案370卷，会计档案377卷，声像档案2010张、25盘，图书资料5000册，经档案部门验收合格，已晋升为内蒙古自治区二级档案管理单位。2003年，被自治区档案局评为先进档案管理单位。

鄂温克族研究会在1995年3月召开的内蒙古社科联第二届第二次全委（扩大）会议和1997年10月召开的第三次代表大会以及2000年、2002年、2007年的几年中，先后5次被评为全区先进学会。会长吴守贵和秘书长杜国良，副秘书长兼办公室主任安娜，办公室副主任柳华分别被评为“全区优秀学会工作者”荣誉称号。

鄂温克族研究会办公室经过多年的努力，成绩突出，2013年，领导班子被评为“2012年度好班子”。曾任办公室主任的那斯图、副主任柳华同志被评为“优秀政协委员”“优秀提案者”。办公室主任杜希礼同志，2010—2012年间连续三年被评为“全旗优秀领导干部”，并荣立“三等功”。副主任柳华同志，2004—2007年间连续四年被评为“全旗优秀干部”，并晋升一级工资；2008年被评为“自治旗成立40周年劳动模范”；2011年、2013年被评为年度“优秀干部”；2013年被评为“全旗对外宣传思想文化先进个人”；2014年被评为“全市三八红旗手”。办公室科员呼布琴同志，2013年被评为“全旗群团工作先进个人”；2014年11月，在2013年度考核工作中被评为“优秀”。2015年3月，内蒙古自治区鄂温克族研究会办公室获得由旗委宣传部颁发的2014年度“宣传鄂温克旗突出贡献奖”，办公室副主任卡娜获得由旗委宣传部颁发的2014年度“全旗宣传思想文化工作先进个人”。2014年11月，在内蒙古自治区鄂温克族研究会成立30周年纪念大会上，办公室荣获“先进集体”荣誉称号，安娜、柳华荣获“贡献奖”荣誉称号。2015 年 4 月，由内蒙古自治区鄂温克族研究会及鄂温克旗鄂温克族研究会联合开展的“鄂温克族瑟宾节”非物质文化遗产项目，顺利通过呼伦贝尔市级非物质文化遗产项目组审核，成功进入呼伦贝尔市第三批非物质文化遗产名录，名誉会长吴守贵，副会长哈森其其格、安娜，副秘书长柳华，理事恩和其其格成为“鄂温克族瑟宾节”市级非物质文化遗产项目代表性传承人。“瑟宾节”入选自治区级非物质文化遗产项目名录。

四、开展学术研究活动

鄂温克族研究会是以鄂温克族为研究对象的综合性群众团体，历届理事会以学术研究为重点，组织会员挖掘、搜集和整理鄂温克族史料工作，特别是注意吸收有写作能力的有识之士，参与学术研究活动。据不完全统计，30 多年来，共发表和收录论文 728 篇。论文大部分是由鄂温克族同胞及会员撰写的，其中也有兄弟民族学者的论文，这些论文对于研究鄂温克族的历史和文化有一定的学术研究价值，为鄂温克民族聚居区各项事业的发展给予了智力支持。

在 1987—1991 年间，宾巴同志主编了两辑《鄂温克研究文集》。1993 年，乌热尔图同志主编了《鄂温克风情》一书。这一时期，出版发行《鄂温克族研究会会刊》共 7 期，发表论文 123 篇，共计 29 万字。1995 年，经内蒙古新闻出版局批准注册，内蒙古自治区鄂温克族研究会创办了学术理论刊物《鄂温克研究》，到 2016 年已出版 32 期，发表发表论文 477 篇，共计 249 万字。另外，还出版《鄂温克研究》刊物蒙古文版 3 期，发表论文 41 篇，共计 11 万字。《鄂温克研究》刊物的创办发行，引起了社会各界的关注，得到了专家、学者的高度评价。

1997 年，由吴守贵会长主编的《鄂温克族人物志》出版发行，该书收录各个历史时期有影响、有贡献的人物 270 人，是第一部展示鄂温克族人物的专著。

从 1996 年起，内蒙古自治区鄂温克族研究会与黑龙江省鄂温克族研究会，共同编纂《鄂温克村屯地名考》一书。为了保证稿件的质量，两省区鄂温克族研究会在海拉尔、莫旗、鄂温克旗、齐齐哈尔市、讷河市等地举行8次编审会。该书于2007年由民族出版社出版发行，收录鄂温克地名2000余条，记载了内蒙古自治区、黑龙江省、新疆塔城等地的鄂温克地名、村屯，包括从前居住过，现在已不复存在的或由其他民族居住的村屯。所录地名使用鄂温克语表述，用罗马字母注音。

2002年，由白杉同志翻译、乌热尔图同志主编的《图说萨满教世界》出版发行。这是一部学术价值较高的书籍，作者是匈牙利的米哈依·霍帕尔博士。

2002年，研究会顾问哈赫尔，常务理事敖玉珍、安娜同志完成了云南社会科学院宗教所编纂的《中国原始宗教百科全书》（鄂温克部分）的撰稿任务，该书于2003年由四川辞书出版社出版发行。2003年，编辑出版了《海兰察》（清代鄂温克族名将），收入论文20篇。

2008年，出版了《鄂温克族礼宾服图谱》。该图谱所描绘的服饰是由鄂温克族画家武军根据专家学者的意见，在保持传统服饰文化的基础上，设计出的富有民族特色的礼宾服。2008年8月，由乌热尔图会长拍摄整理的“俄罗斯鄂温克民族风情摄影展”在鄂温克博物馆展出。此次共展出摄影作品156幅，表现了西伯利亚地区鄂温克人的生活场景。2008—2010年，出版了常务理事敖嫩同志搜集整理的《鄂温克族民间故事集》上、下册。这是用鄂温克语表述，拉丁拼音注音与汉译文一体的书籍，有很高的学术价值。2012年，乌热尔图会长主编的《中俄鄂温克族经济文化学术研讨会论文译文集》出版发行，论文集发表论文30篇。2012—2015年，编辑出版了《鄂温克研究资料集》（每集600页）第1—3集，240万字，该书收集了研究会多年积累的成果，内容丰富，包括之前已经脱销的《鄂温克族研究文集》和《鄂温克研究》及有关书刊的内容。

鄂温克服饰

30多年来，研究会会员们著书立说成就显著。乌热尔图主编《述说鄂温克》一书，荣获1997年度内蒙古社科联社科系列三等奖。由他主编的翻译作品《西伯利亚埃文基人》《图说萨满教世界》相继出版发行。他还选编了《鄂温克族历史词语》《鄂温克史稿》《俄罗斯鄂温克图片资料集》等专著，另外，由他主编制作了题为《鄂

温克源流》的专题片在呼伦贝尔电视台播出。原会长吴守贵离休后，辛勤耕耘，在他负责主编的《鄂温克族人物志》出版之后，又相继出版个人回忆录《森林之子》和专著《鄂温克人》，2012 年出版发行了《鄂温克族社会历史》一书。1998 年 8 月，鄂温克族著名学者乌云达赉（已故）先生出版了学术论文集《鄂温克族的起源》。这是一部对鄂温克民族影响深远的历史研究专著。他的论文《鄂温克族的起源》，荣获 1997 年内蒙古社科院优秀奖；论文《鄂温克史论十题》，荣获 2000 年第六届社科联荣誉奖。杜国良同志撰写的《民族乡社会经济发展的主要问题与对策》，荣获 1996 年国家民委民族政策优秀成果奖，他还出版发行了《莫日根趣闻轶事》《猎人之子》两部反应鄂温克族猎人生活的专著。杜·道尔基同志在多年搜集资料的基础上，于1998年7月出版发行了《鄂汉词典》，收录词条 17509 条，词语 15226 条，约 100 万字，这是一部很有价值的工具书，该成果荣获 2000 年社科联荣誉奖。2015 年 6 月 30 日，出版发行了《鄂蒙词典》，该词典的出版发行，对于社会各界了解和认知鄂温克，保护和传承鄂温克族语言文化，推动鄂温克族研究事业创新发展必将产生积极的推动作用。敖玉珍同志不辞辛苦，编写出版巴彦鄂温克民族乡的《巴彦街村志》和《萨玛街村志》。2009 年，何秀芝同志与女儿杜梅合作出版了《我的先人是萨满》一书，该书以自述形式，记述了鄂温克族的家族萨满，对于研究北方民族宗教形态有很高的学术价值。2003 年，黎明同志主编的《鄂温克民歌 100 首》出版发行，该歌集的出版对充实鄂温克族文化艺术宝库起到了抛砖引玉的作用。2009 年，丽娜同志主编的《鄂温克族歌曲精选》出版发行。该歌集从不同侧面展现了鄂温克族三个部落以及俄罗斯鄂温克族民间音乐的特色，充实了鄂温克民族文化艺术宝库。2010 年 6 月，在中共内蒙古党委统战部工作的林娜为了挖掘整理本民族文化遗产，她邀请鄂温克旗鄂温克族研究会理事萨仁格日勒、乌娜录音鄂温克民间歌曲并制作《鄂温克民歌》CD 光盘，于 6 月 17 日“瑟宾节”活动之前，鄂温克族研究会协助她在鄂温克旗举行了《鄂温克民歌》CD 光盘首发发行仪式活动。庆胜同志发表了百万字的文学作品，并于 2013 年承担了制作系列纪录片《鄂温克人》第一集《遗落在亚欧大陆的神器》的拍摄工作。

祭祀敖包

乌云其其格同志出版发行了蒙古文版《我所知道的萨满》和《思念故乡》。卫东同志2008—2014年先后出版蒙古文版《青年与追求》、《鄂温克之歌》、《常胜将军海兰察》（上下册）、《鄂温克族文化历史》等书籍。

1994年5月，鄂温克族画家、本会理事武军以鄂温克族吉祥物“奥茸”角为主线，以象征吉祥的彩虹、传统的“斜人柱”以及篝火、大地和狩猎文化为主题设计制作了内蒙古自治区鄂温克族研究会会徽。2008年，本会理事、鄂温克电台专题部主任布仁同志（已故）与研究会办公室副主任柳华一同前往新疆，以“新疆戍边鄂温克人后裔”为题材，拍摄了专题片《不熄的火焰》和《遥远的家》（上下集）。同年7月，理事杜和平荣获“鄂温克旗工艺师”荣誉称号，他研制的鄂温克奥茸琴和诺仁卡琴，经中国少数民族音乐家学会专家认定，其音色独特。以上所取得的成果，是部分会员从不同侧面对研究鄂温克族的历史及文化做出了重要的贡献。

为了动员和鼓励更多的人参与学术研究活动，研究会于1989年、1991年和1994—2000年间，先后表彰奖励了先进学会、优秀会员。2003年，在庆祝鄂温克族自治旗成立45周年之际，对从事鄂温克族学术研究的人员进行了表彰。获奖的人员共计47名，包括两个先进单位。2014年在内蒙古自治区鄂温克族研究会成立30周年（1984—2014）座谈会上表彰奖励了30年来为鄂温克族研究事业做出贡献的人员，分别是终身奖3名、贡献奖13名，6个旗市鄂温克族研究会荣获集体奖。

鄂温克族研究会为纪念1732年索伦部驻防呼伦贝尔，1987年在大雁索伦湾山修建了索伦驻防呼伦贝尔纪念碑。1987年、1992年、1997年、先后分别在大雁、巴彦托海镇，举行了索伦部驻防呼伦贝尔255周年、260周年、265周年纪念座谈会。2002年，召开了由鄂温克族、鄂伦春族、达斡尔族、巴尔虎蒙古族的代表及有关专家、学者参加的“索伦部驻防呼伦贝尔270周年学术研讨会”。1992年，在扎兰屯市举办了以鄂温克族经济、产业结构调整为中心议题的学术研讨会。1993年，在鄂温克族自治旗举办了“海兰察学术研讨会”。1994年在阿荣旗查巴奇鄂温克民族乡举行了语言方面的学术研讨会。2000年9月和2004年8月间，参与协办了“首

祭祀敖包

届国际通古斯语言文化学术研讨会”“首届国际满—通古斯语言文化学术研讨会暨第二届国际通古斯学术研讨会”。在海兰察逝世210周年之际，出版发行了《海兰察》专集。2005年，与中国少数民族音乐学会北方草原音乐文化研究会、呼伦贝尔经济文化研究所共同举办了“全国首届鄂温克族、鄂伦春族、达斡尔族民族民间文化艺术研讨会”。2007年，在鄂温克族自治旗举行了“鄂温克族服装研讨会”。2009年，与鄂温克旗政协、呼伦贝尔学院、中共呼伦贝尔党校共同举办了“鄂温克族经济文化学术研讨会”。

2010年，与鄂温克族自治旗人民政府共同举办了首届“中俄鄂温克族经济文化学术研讨会”。2014年7月4日，召开了“内蒙古自治区鄂温克族研究会与法国人类学家专题交流座谈会”，会议就俄罗斯鄂温克人生产生活现状、传统民族文化保留等内容与法国人类学家杰拉沃利尔·亚力山大女士等一行3人进行专题座谈交流。7月5日，会长乌热尔图陪同亚力山大女士一行前往根河市敖鲁古雅鄂温克民族乡进行考察调研。

2014年11月，内蒙古自治区鄂温克族研究会与内蒙古民族团结进步协会联合举办纪念《民族区域自治法》颁布30周年暨中央民族工作会议精神学习研讨会。传达中央民族工作会议精神，并围绕《民族区域自治法》颁布实施30年，自治旗在经济社会各领域取得的显著成就、存在的问题进行了交流发言，同时就今后更好地贯彻落实《民族区域自治法》提出了意见建议。

2015年4月28日，在黑龙江省哈尔滨民族博物馆（哈尔滨文庙）举行了由黑龙江省民族博物馆、讷河市人民政府、黑龙江省鄂温克族研究会、内蒙古自治区鄂温克族研究会和鄂温克族自治旗人民政府联合举办的“鄂温克族历史文化展览”，内蒙古自治区鄂温克族研究会副会长、鄂温克族自治旗人大常委会主任涂宏文，内蒙古自治区鄂温克族研究会副会长、鄂温克族自治旗人民政府副旗长敏杰，鄂温克族自治旗政协副主席卓日格苏荣，内蒙古自治区鄂温克族研究会副会长安娜以及研究会秘书长杜希礼、副秘书长柳华、办公室副主任卡娜等应邀出席并参加此次活动。展览从溯古望今、传统经济、精神文化和俄罗斯的鄂温克族等四个方面以实物、图片相结合的形式展示了鄂温克族古老而传统的历史

与文化。

2015年8月10日—11日，由中国社会科学院民族文学研究所主办、内蒙古呼伦贝尔学院与呼伦贝尔历史文化研究院协办的第三届通古斯语言文化国际学术研讨会暨通古斯“一带一路”国际研讨会在海拉尔区召开。我会副会长安娜，秘书长、办公室主任杜希礼，副秘书长、办公室副主任柳华作为参会代表应邀参加会议，并在会议期间就鄂温克族社会经济、历史文化等方面内容与其他地区专家学者及参会代表展开深入学术研讨。

2016年8月18日，内蒙古自治区鄂温克族研究会为旅日学者思沁夫先生举行了“思沁夫先生回顾研究鄂温克民族20周年报告会”，并为报告会编辑出版了一期《鄂温克研究》专辑，该专辑收录了思沁夫先生20年来研究中国及俄罗斯鄂温克人的部分研究论文。

五、开展各种社会活动

由于鄂温克族人口较少，形成了大分散、小聚居的分布格局，散居在若干个行政区域内。内蒙古自治区鄂温克族研究会成立后，通过开展各种社会活动，各地区鄂温克族同胞及会员们相聚一起，沟通思想感情，增进相互间的团结和友谊，增强凝聚力，活跃了鄂温克族人民的政治和文化生活。

1993年，按照鄂温克族同胞盼望拥有自己的节日的意愿，内蒙古自治区鄂温克族研究会经过研究讨论，将其纳入议事日程，就鄂温克民族节日名称向各旗市（区）以及黑龙江省鄂温克族研究会发出征求意见函，后经第二届常务理事会讨论研究后，提交至第三届会员代表大会，将6月18日设立为中国鄂温克民族的节日时间，节日名称沿用古老的名称“瑟宾节”，并经鄂温克族自治旗第八届人大常委会第五次会议审议，根据《民族区域自治法》第51条之规定，确定每年6月18日为鄂温克族传统节日“瑟宾节”。自此，鄂温克族恢复了自己古老而传统的节日。1994年6月18日，鄂温克族聚居的旗市（区）和各地鄂温克族民族乡，成功地举办了第一个节日“瑟宾节”，为今后的民族节庆活动揭开了序幕。1995年10月23日，中央电视台“民族之林”栏目以“草原上的鄂温克人”为题，播放了鄂温克族自治旗南辉苏木牧民群众欢庆“瑟宾节”盛况，通过电视屏幕向全国电视观众展现了鄂温克人的风采。从2001年开始“瑟宾节”由以往鄂温克族研究会组织举办改为由鄂温克族自治旗人民政府举办，使“瑟宾节”庆祝活动更加多样化和丰富多彩，失传多年的“瑟宾节”得以重新确立。这是鄂温克族的历史和现实结合的产物，继承和发扬了鄂温克族的历史和传统文化，是内蒙古自治区鄂温克族研究会挖掘历史文化遗产的一大成果。

六、与兄弟民族学会的联系

1995年，内蒙古自治区鄂温克族研究会应邀参加了鄂温克族自治旗达斡尔协会召开的纪念抗日战争胜利50周年座谈会。1995年至2000年间，本会应邀参加了黑龙江省鄂温克族研究会在五大连池市、哈尔滨市举行的第三届、第四届会员代表大会，会长吴守贵亲临哈尔滨会议现场，并做了重要讲话。1998年至2004年，先后与参加鄂温克旗成立40周年庆典和鄂温克族“瑟宾节”的俄罗斯鄂温克人，举行“中俄鄂温克族文化交流”座谈会，相互介绍两国鄂温克人的生产生活情况，并对双方感兴趣的问题进行了学术交流，增进了两国鄂温克同胞间的友情。2007年，接待了黑龙江省大兴安岭地区鄂伦春族代表团，团长魏春华一行，就鄂温克族、鄂伦春族文化历史及生产生活进行了座谈。2007年10月，我们与俄罗斯鄂温克语言专家布拉托娃·娜佳·依娃女士，进行了中俄民族文化方面的座谈，并陪同她考察了敖鲁古雅乡。2008年7月，接待了参加鄂温克族自治旗成立40周年庆典的新疆塔城市鄂温克族代表团一行。2013年6月，鄂温克族研究会组团赴新疆塔城市，应邀参加了由新疆塔城市达斡尔协会举办的“鄂温克、达斡尔戍边新疆250周年”纪念活动。32年来，鄂温克族研究会先后接待了中国社会科学院、吉林、黑龙江、辽宁、云南、中央民族大学、内蒙古社科院、内蒙古大学、内蒙古农业大学以及日本、韩国、德国、芬兰、加拿大、挪威、法国、俄罗斯、蒙古等国内外的专家学者，同他们进行了学术交流。

七、与俄罗斯鄂温克人的文化交流

鄂温克族是跨中国和俄罗斯的跨国界民族，多年来两地鄂温克族同胞一直保持友好往来。1989 年 10 月 18 日，苏联布里亚特共和国乌兰乌德市歌剧院人民演员拉德那耶夫 · 沙杨，乌兰乌德市师范大学副教授、副博士拉德那耶娃 · 留保夫 · 尼格来耶维娜夫妇和其子拉德那耶夫 · 沙杨诺维奇一行 3 人，于 10 月 18 日来鄂温克族自治旗与内蒙古自治区鄂温克族研究会进行学术交流。座谈会上他们转达了苏联布里亚特共和国综合研究院鄂温克族研究会负责人别里果夫 · 瓦西里的关于开展苏中两国研究通古斯学科方面加强合作的意向，并达成共识。本会副会长贺兴格、宾巴，呼盟政协副主任涂景福，鄂温克旗人大常委会副主任哈森其其格同志等出席了座谈会。

1990 年 9 月 30 日—10 月 20 日，应苏联布里亚特共和国综合研究院鄂温克族研究系负责人别力果夫 · 瓦西里、政府主管鄂温克族工作的朴德日（鄂温克族）以及乌兰乌德市邮电局长安德列（鄂温克族）的邀请，内蒙古自治区鄂温克族研究会副会长涂景福、贺兴格一行 2 人，首次赴苏联布里亚特共和国乌兰乌德市和鄂温克族聚居的阿尔拉苏木（相当于区）等地访问考察。在考察期间，受到该共和国科学体育委员会主席、外贸部部长以及当地鄂温克族同胞和布里亚特各界人士的热情欢迎和接待。

2002 年 11 月 5 日，俄罗斯布里亚特共和国一行 24 人来鄂温克旗进行文化交流，该地区鄂温克研究中心负责人玛丽 · 巴达玛 · 依娃女士与鄂温克族研究会负责人以及部分会员，就鄂温克族历史、文化、风俗、生产生活以及姓氏等诸多问题进行了交流座谈。

2004 年 3 月 22 日，内蒙古自治区鄂温克族研究会会长乌热尔图在鄂温克族自治旗政府一楼会议室召集研究会负责人以及部分理事、会员，向鄂温克旗党政机关有关人员介绍了赴俄罗斯鄂温克地区考察见闻，通过播放录像，使与会人员进一步了解了生活在俄罗斯鄂温克族同胞的文化、生活，尤其是学术研究方面的情况。

2004 年 6 月 19 日，内蒙古自治区鄂温克族研究会与赴鄂温克族自治旗参加鄂温克族传统节日“瑟宾节”庆祝活动的俄罗斯鄂温克族一行14人，在鄂温克族自治旗政府一楼会议室举行了“中俄鄂温克族文化交流座谈会”，会长乌热尔图、鄂温克旗委副书记那晓光以及旗人大、人民政府、政协四大班子领导和鄂温克旗鄂温克族研究会负责人及鄂温克族干部群众共40余人参加了座谈。座谈会由乌热尔图主持，俄罗斯鄂温克族负责人首先致感谢词。双方用各自不同语言座谈，由翻译转达，有时也用鄂温克语交流。俄罗斯鄂温克人对中国鄂温克人能够保持自己的民族特色，尤其在传统节日“瑟宾节”大会上展现民族风情感到由衷的高兴，表示今后希望在文化方面多进行交流、沟通，以便增进相互之间的了解。

2007年10月，本会会长乌热尔图邀请了俄罗斯鄂温克族民俗和语言专家布拉托娃·娜佳·依娃女士，并召开了“中俄文化交流座谈会”，陪同她一同考察敖鲁古雅等鄂温克族聚居区。

2008年7月31日，本会与来参加鄂温克旗成立50周年庆祝活动的俄罗斯鄂温克民族代表团一行20人，举行了“中俄文化交流座谈会”，座谈会上乌热尔图先生代表中方详细介绍了中国鄂温克民族历史、文化等情况，同时互相赠送了礼品，加强了国际文化交流，增进了与俄罗斯鄂温克人之间的了解和友谊。

8月14日，在鄂温克博物馆多功能厅举行了由本会会长乌热尔图摄影整理的“俄罗斯鄂温克民族风情摄影展”。此次摄影展共有156幅摄影作品展出，主要反映了西伯利亚部分地区鄂温克人的民族风情及生活场景，使参展的人员全面了解了俄罗斯鄂温克族创造的在极端酷寒条件下生存的特有的生活方式及民族文化，该生活方式和民族文化影响了整个寒带、寒温带地区。因此，可以说跨国界的“通古斯学”研究经久不衰，影响深远。

2010年6月15日—16日，内蒙古自治区鄂温克族研究会、鄂温克族自治旗人民政府在鄂温克族自治旗人民政府二楼会议室联合举办了首届“中俄鄂温克族经济文化学术研讨会”，来自俄罗斯联邦的专家学者、国内各地区的鄂温克族专家学者、鄂温克族自治旗旗直各单位的领导以及鄂温克族干部职工约200人参加了开幕式。本次研讨会的主题是：交流鄂温克族经济文化研究的新成果，加深不同地区之间鄂温克族的友好情谊。此次研讨会共收到论文

42篇，其中俄罗斯鄂温克人撰写的论文9篇。

2013年6月17日，由鄂温克族自治旗外事办主办，内蒙古自治区鄂温克族研究会、鄂温克族自治旗鄂温克族研究会协办，在鄂温克旗政府一楼会议室与来自俄罗斯萨哈雅库特共和国鄂温克夏令营代表团一行举行了两国鄂温克族服饰、鄂温克民族语言、教育等方面的文化交流座谈会。

2013年12月13日，由鄂温克旗外事办主办、内蒙古自治区鄂温克族研究会、鄂温克族自治旗鄂温克族研究会协办，在鄂温克宾馆四楼会议室与来自俄罗斯布里亚特共和国鄂温克文化中心的鄂温克族代表团一行7人进行座谈，双方就两国鄂温克民族文化、音乐舞蹈等方面进行了交流。

内蒙古自治区鄂温克族研究会成立32年来，在内蒙古自治区社科联的领导，呼伦贝尔市各级领导、鄂温克族自治旗党委、旗人民政府的指导，旗直机关和广大鄂温克族同胞，热爱鄂温克民族研究事业的专家、学者以及兄弟民族的关心支持下，鄂温克族研究会开展了诸多有益的丰富多彩的活动，取得了很大的成就。特别是鄂温克族研究会迁会址到鄂温克族自治旗以来，在鄂温克族自治旗党委、旗人民政府的大力支持和帮助下，建立健全了研究会的办事机构，使其成为各旗市（区）鄂温克族研究会的活动中心，这也是鄂温克族研究会能够健康发展的有力保证。今后，内蒙古自治区鄂温克族研究会将一如既往地做好民族研究工作，明确研究方向和研究理念，深入持久地搜集、整理鄂温克民族优秀的历史文化遗产，鼓励和组织广大会员深入基层调查研究，撰写有价值的研究论文，研究会办公室继续办好《鄂温克研究》学术刊物，为弘扬鄂温克民族文化和振兴民族经济，促进鄂温克民族各项事业，为鄂温克族自治旗魅力发展和建设繁荣昌盛的祖国贡献力量。

（柳华提供稿件）

参考文献

［1］《鄂温克族研究会会刊》，历届代表大会工作报告。

［2］齐全：《鄂温克族百年实录》下册，中国文史出版社，2008年版，第721页。

鄂温克族自治旗鄂温克族研究会

哈森其其格

一、组织机构

鄂温克族自治旗鄂温克族研究会于1988年11月18日在鄂温克旗正式成立，是研究鄂温克族历史、语言、民俗、文化教育、文学艺术、经济体育等方面的群众性学术团体，28年来，本会在组织及思想建设、民族研究等方面做了很多工作，经过第一、第二、第三届理事会的努力，壮大了会员队伍。据不完全统计，现在有会员280人，分布在全旗各个行业中。2004年5月15日，在旗党政领导的大力支持和关怀下，本会举行了挂匾仪式，有了自己的办公室和工作人员，建立和健全了规章制度，配备了财会人员，自此，鄂温克旗鄂温克族研究会的会员们有了自己的活动地点，这更加推进了鄂温克族研究事业的发展。2004年7月，本会在旗民政局正式登记注册，取得社团法人证书，有了合法地位，为进一步开展鄂温克民族研究工作提供了便利条件。

二、代表大会

鄂温克旗鄂温克族研究会是内蒙古自治区鄂温克族研究会的

团体会员，根据内蒙古自治区鄂温克族研究会章程之规定，每5年举行一次会员代表大会，至2016年底，鄂温克族自治旗鄂温克族研究会共举行了四届会员代表大会。

第一届会员代表大会于1988年11月18日—19日在鄂温克族自治旗举行，选举产生顾问5名、理事38名、会长1名、副会长5名、秘书长1名。

第二届会员代表大会于1994年4月16日在鄂温克族自治旗举行，会议选举产生了名誉会长3名，顾问8名，会长1名，副会长7名，正、副秘书长6名，理事43名，常务理事22名。

第三届会员代表大会于2006年6月15日在鄂温克族自治旗政府二楼会议室举行，会议选举产生了名誉会长3名，会长1名，副会长9名，正、副秘书长6名，理事87名，常务理事43名。

2012年1月4日研究会召开了第三届会员代表大会第二次常务理事会暨迎新春座谈会，会上宣布了关于人事任免的决定，由于调往外地，免去了一位名誉会长，两位副会长；增补了一位名誉会长、三位副会长、并提任一名办公室主任。会议总结了2011年的工作和2012年的工作安排。

第四届会员代表大会于2016年11月25日在鄂温克宾馆五楼会议室举行，会议选举产生了荣誉会长1名、名誉会长4名，顾问3名，会长1名，副会长6名，正、副秘书长6名，理事69名，常务理事48名。

通过换届选举，调整和充实了理事会，加强了理事会的领导核心力量，为今后开展鄂温克研究工作注入了新的活力。

三、学术活动

本会积极组织会员搜集整理鄂温克族资料，深入实地调查，撰写论文，在《鄂温克族研究文集》《鄂温克研究》《鄂温克族百年实录》等刊物上发表论文124篇，出版刊物3期，共计18万字。为了激发鄂温克族干部职工和群众及其他兄弟民族学习使用鄂温克族语言的积极性，本会配合旗民委，在鄂温克族聚居的苏木，即在辉苏木、伊敏苏木、孟根楚鲁苏木、锡尼河东苏木、巴彦嵯岗苏木以及巴彦托海镇，共分了6个演讲区，举行了鄂温克族语

言演讲活动。参加演讲活动的有苏木干部、学校教员和部分牧民群众，在辉苏木、伊敏苏木、巴彦托海镇的演讲会上还有蒙古族、达斡尔族、回族、汉族等兄弟民族人员自愿参加并用鄂温克语演讲。全旗参加演讲的人数有200多人。本会还在鄂温克旗举办了鄂温克族集体舞和国际音标学习班。本旗旗直机关鄂温克族干部和呼盟有关旗市鄂温克民族乡群众及其他兄弟民族踊跃参加，人数有80余人。国际音标学习班，主要是指导学员在编写《鄂温克语词汇》时，学会从国际音标中选出符合鄂温克语言音符作为记音符号。这是根据内蒙古自治区召开的全区古籍整理工作会议制定“区内没有文字的少数民族，在搜集整理本民族民间歌曲、民间故事或古籍时，以国际音标记音来整理”的精神，而举办的学习班。曾出版的《中国少数民族歌曲》集成卷，其中的鄂温克族歌曲部分就是用国际音标标注的。

1995年6月，本会在广泛搜集和整理鄂温克族民间歌曲的基础上，出版了《鄂温克瑟宾舞曲》磁带（2盘）和《鄂温克族歌曲》磁带（3盘），其中所录歌曲由鄂温克族著名歌手演唱。该磁带出版后，受到各界人士的好评。1997年，本会在挖掘、搜集鄂温克族非物质文化遗产过程中，经多方面、多层次的调查研究，由哈森其其格（耐登·吉日格拉）、恩和其其格牵头，将失传多年的传统体育竞技项目“枢体能（抢枢）”成功挖掘出来，在原有游戏的基础上重新设计了比赛场地及比赛规则，并设计制作了比赛服装，经过反复修改和演练，于1997年6月18日成功举办了首届“彩虹杯抢枢比赛”，共有鄂温克旗鄂温克族聚居的5个苏木的40个运动员参赛。后来又举办了呼伦贝尔市内8个鄂温克民族乡的“抢枢”比赛。经过进一步改进后拍摄了电视专题片《走进枢体能》，片长15分钟，在优美动听的民族音乐旋律中讲述着“抢枢”的古老传说，解说运动规则、场地要求及比赛规则等，该片荣获了呼伦贝尔电视艺术协会1997年好新闻专题一等奖、内蒙古电视台群体节目二等奖、中国教育电视台中小学教科文部入选奖。1998年经内蒙古民委、体委批准，“抢枢”被列为全区民族体育表演项目。1999年，“抢枢”表演队代表鄂温克族参加了全国第六届少数民族传统体育运动会并荣获表演二等奖。经有关部门的不懈努力，

2016年“抢枢”已被列入内蒙古自治区民运会正式比赛项目，将在2017年的内蒙古少数民族运动会上进行比赛。2000年，又挖掘整理了马上竞技项目“抢银碗”。

1998年，本会结合自治旗成立40周年的庆典活动，与旗民族宗教局积极配合，由蒙古族画家图木热达赉设计绘制了鄂温克族历史人物风景水彩画，题名为《鄂温克吉祥图》。在鄂温克族自治旗成立40周年筹备活动中，本会协同旗“大庆办”同各旗市鄂温克族研究会联系，从1996年11月份开始到莫旗、阿荣旗、扎兰屯、根河市等旗市搜集鄂温克民族文物、实物等展品，为鄂温克博物馆早日建成做出了贡献。

2000年2月，由本会策划制作的《鄂温克风情》MTV问世，并举行了首发式，标志着鄂温克族研究事业又一新的成果。

在鄂温克族自治旗成立40周年之际，本会设计制作了鄂温克民族服饰，举办了民族服饰展示会。2000年7月，在昆明举办的首届中国少数民族服装服饰博览会上，鄂温克族服饰与我区同去参展的蒙古、达斡尔、鄂伦春民族服饰一道，荣获大会颁发的组织奖、陈列奖、展品奖、设计奖、表演奖等七项大奖。2003年，应俄罗斯乌兰乌德市鄂温克文化中心的邀请，在俄罗斯展出了中国鄂温克传统民族服装服饰；还设计制作了鄂温克民族服装服饰挂历；建旗45周年之际专门制作了鄂温克传统民族服装服饰，并首次展示了鄂温克族三个部分的传统服装服饰；为了更好地宣传鄂温克民族服装服饰，2004年鄂温克服饰表演队在内蒙古春节联欢晚会上进行了服装服饰表演，向全国人民展示了鄂温克民族的服饰文化。

从1994年确定鄂温克民族节日“瑟宾节”以来，本会每年都组织鄂温克旗境内的鄂温克族同胞，并邀请其他兄弟民族共同举行庆祝活动。关于1995年的鄂温克族“瑟宾节”，本会把重点放在基层，与牧民共同欢度节日，活动方式多样化，可以由乡镇苏木组织搞活动，也可以由家庭和亲属共同组织搞庆祝。1996年，本会为使节日活动更加丰富多彩，组织了大型文艺晚会，有少儿表演、广场篝火舞表演等。此次活动影响较大，并在中央电视台“与你同行”栏目中播出多次。1997年8月28日，本会在大雁举行了

交流

纪念“索伦部驻防呼伦贝尔265周年”活动，回顾了265年来鄂温克、达斡尔、鄂伦春、蒙古等兄弟民族的奋斗历程，研讨了这几个兄弟民族的历史功绩和爱国主义精神。纪念活动期间，祭祀了索伦部驻防呼伦贝尔纪念碑。2001年，本会向旗党政领导提议，“瑟宾节”不仅仅是鄂温克民族的节日，而且也应该是全旗各族人民的节日，应该让更多的人参加共同欢庆“瑟宾节”。旗党政领导采纳了这个建议。6月18日，举行了由全旗各族人民参加的“2001鄂温克族瑟宾节暨赛牛大会”，还邀请了呼伦贝尔市各鄂温克民族乡、旗市鄂温克族研究会，俄罗斯联邦乌兰乌德市、布里亚特共和国代表团，加拿大专家，呼伦贝尔市党政领导以及区内外有关城市的贵宾近300人参加。这次庆祝活动有鄂温克、达斡尔、布里亚特蒙古族方队，时装表演队，少年博克队，抢枢等队进行了表演。除传统的节日活动和比赛项目外，还进行了赛牛比赛。规模空前浩大，在节日期间举行了项目推介会，还和乌兰乌德市举行了友好旗市签约。2002—2005年的6月18日都举行了全旗性的节日庆祝活动。

2000年9月、2004年8月、2015年8月本会有关人员应邀参加了“国际通古斯学术研讨会”，并宣读了论文。

鄂温克族服饰长期以来是鄂温克研究会工作中的一个重要组成部分。2006年内蒙古鄂温克族研究会以旗研究会研究制作的鄂温克服装服饰为重点，召开服装服饰研讨会。在此基础上从服装服饰的文化内涵、种类、设计制作、民族独特性等方面进行研讨，为服装服饰的发展提供了宝贵的意见，并规定鄂温克使鹿服装为鄂温克民族官方礼宾服。2007年7月在文联举办的北方少数民族服装服饰检查验收中，鄂温克服装服饰作为重点接受检查验收，获得较高评价。为此，鄂温克族自治旗被中国文联中国民间文艺家协会命名为“中国鄂温克文化之乡”“中国北方少数民族传统服饰文化研究基地”。

鄂温克族研究会在开展挖掘历史文化的同时，注重研发制作一些手工艺品。自2006年下半年以来，多方争取项目资金4万元，购买手工艺品制作的工具，制作出部分鄂温克族手工艺品，在2007年内蒙古自治区春节晚会亮相，受到观众好评，并为自治

旗旅游局提供了部分旅游纪念品。

2006年研究会换届之后，注重研究人员的培养，扩大鄂温克族研究队伍，举办了培训班，邀请内蒙古鄂温克族研究会原会长吴守贵来我旗讲课。他就历史研究中的一些名词、术语、社会发展、历史年代等方面进行详细讲解；此次培训将对研究鄂温克族的历史、文化遗产等方面提供了便利。

2006年第三届会员代表大会已通过的“彩虹巾”作为鄂温克族吉祥礼物后，2007年6月17日召开彩虹巾启用仪式，从此鄂温克族有了本民族的吉祥礼物。

2008年，鄂温克族研究会与“吉祥三宝”合作制作出版了CD、DVD光盘《历史的声音》。制作出版了猎人乐团的《梦中天堂》CD光盘。出版了《我知道的鄂温克族萨满》一书，此书真实记录了鄂温克族萨满的由来及发展经过等，为研究、保护将要濒临消亡的萨满文化提供十分宝贵的历史资料，具有很高的学术价值。鄂温克族研究会还积极参与《鄂温克族百年实录》编撰工作，有多位会员提供稿件，参与编辑、校对，为该书的出版发行做出突出贡献。2008年，研究会组织人员积极开展社会调查，重点对2000—2007年鄂温克族大中专毕业生就业情况进行了摸底调查，根据调研撰写调查报告《大中专毕业生就业问题》，并上报旗委、旗政府。经过调查了解我旗鄂温克族领导干部减少等实际情况。鄂温克族研究会向组织部门提出建议，得到组织部门的重视。10月份，研究会组团赴新疆对塔城地区鄂温克族生产生活情况进行考察调研，并对索伦营进驻新疆戍边245年鄂温克族人口锐减情况，居住在新疆的达斡尔族中有鄂温克族姓氏问题，居住新疆的少数民族都享受哪些优惠政策等进行了全面考察。与当地鄂温克族、锡伯族、达斡尔族历史研究学会的同志进行座谈，并完成了调研报告，把报告中揭示的问题向有关部门提出了要求，对新疆地区的鄂温克族发展给予了高度的重视和支持。

编织毛绳

2009年，研究会常务理事杜和平在中国传媒大学做报告，详细介绍了鄂温克乐器，通过此活动宣传了鄂温克族乐器。3月12日，接待中国传媒大学师生，内蒙古鄂温克族研究会顾问吴守贵为师生们讲述鄂温克族社会历史。12月，艺术团服饰队应邀参加“第二届中国北方少数民族服装服饰比赛”。

2010 年 6 月，由我研究会人员萨仁格日勒、乌娜用鄂温克语演唱的《鄂温克民歌》CD 光盘录制发行。

7 月，本会参加呼伦贝尔市民委组织的第二届鄂温克语演讲、歌曲比赛分别获得一、二、三等奖。

2011 年，鄂温克族研究会与辉苏木老年体协、辉苏木党委、政府共同举办了第一届辉苏木老年那达慕暨辉苏木牧民那达幕大会，举办了 50 周岁以上男女参加的国际象棋、摔跤、射箭、5000 米颠马比赛，“阿罕拜”舞蹈比赛等。

配合内蒙古自治区卫生厅研发处，开展了鄂温克族医药调查工作，通过座谈会，实地走访陈巴尔虎旗鄂温克苏木，为内蒙古卫生厅研发医药起到了积极推动作用，现在此项目已被国家正式列入民族医药科研项目。

2012 年 3 月份，研究会积极配合旗文化馆，进行非物质文化遗产的申报工作，申报的项目有鄂温克民族服装服饰、鄂温克民间舞蹈《阿罕拜》、《乌日切希》、鄂温克手工艺品、鄂温克民歌，还有补报了传统体育项目的“抢枢”。

12 月 6 日为响应旗委、旗政府“在全旗范围内广泛使用鄂温克语”的号召，研究会、旗教育局、旗民族宗教事务局在第一实验小学举办了鄂温克语演讲比赛，共 15 名选手分别获得一、二、三等奖和优秀奖，旗教育局、旗民委、内蒙古鄂温克研究会办公室相关领导参加，并为选手和指导老师颁奖。

2013 年，接待俄罗斯鄂温克大学生，进行座谈交流，并一同进行联欢，增进了两国鄂温克青年之间的友谊。为庆祝旗庆 55 周年，艺术团精心编排了一场大型非物质文化遗产晚会《永恒的鄂温克》。晚会于 8 月 5 日上演，并到基层为牧民演出。

2014 年 5 月研究会积极申报非物质文化遗产项目传承人，先后申报鄂温克索伦服饰、鄂温克民歌、鄂温克民间舞蹈、鄂温克民间故事、鄂温克族“瑟宾节”等项目的传承人。对挖掘和传承鄂温克民族非物质文化遗产发挥了应有的作用。

12 月 30 日，研究会与呼伦贝尔学院联合举办了“鄂温克语言文化研讨会”，对鄂温克语言的传承和发展进行了广泛的讨论。

2015年6月18日，在旗委、旗政府的大力支持下，以鄂温克族研究会的名义举办了2015年瑟宾节活动。

6月29日，举行《鄂蒙词典》首发式，向专心研究鄂温克族语言的学者杜·道尔基给予了奖励，对《鄂蒙词典》发行的重大意义进行了研讨，有30多人参加。

7月10日，为了更好地传承和申报鄂温克族非物质文化遗产，召集十余名60岁以上的老人，探讨鄂温克族语言和古老的民族服装服饰，作为抢救性挖掘，成为珍贵的历史资料保存下来。

7月15日“鄂温克语指导老师培训班”开班，聘请鄂温克族语言学家杜·道尔基传授鄂温克语的记录方式等有关知识，学员来自鄂温克旗第一实验小学教师、鄂温克中学教师、电视台播音员、文联及研究会的人员。

8月10日，本会会长和部分会员应邀参加中国社会科学院民族文学研究所主办的第三届通古斯语言文化国际学术研讨会暨通古斯“一带一路”国际研讨会议，与各地专家学者进行了相关的文化交流；在会议期间有几位会员就萨满文化、服装服饰、民间舞蹈和清代伊犁索伦营等方面进行了发言，得到大家的认可。

在全旗党建工作会议上，旗委、政府肯定了研究会的宣传作用，被旗委宣传部授予“宣传鄂温克旗突出贡献奖”。

7月，本会会长和部分会员参加文联举办的“纪念索伦部驻防呼伦贝尔283周年暨鄂温克族自治旗成立57周年”的研讨会，就索伦部驻防历史、经过、其间涌现的优秀将领及其现实意义等展开深入探讨。

2015年，制作完成了鄂温克人物专题片《森林之子——吴守贵》和《鄂温克族语言学家——杜·道尔基》，还有2013年完成的《草原之子——卓利格图》《鄂温克族将军——涂敏》共四部鄂温克族人物专题片，这四部专题片翔实记录了四位老人从不同的角度热爱自己的民族，并为本民族所做出的贡献。

2016年1月，我研究会常务理事乌日娜制作的《鄂温克服饰画册》正式出版，并举行了发行仪式。

6月17日，全区抢枢邀请赛在呼伦贝尔市体育场开幕，研究会会长、国家级传承人哈森其其格参加开幕式。

鄂温克彩虹巾

7月31日，召开“鄂温克萨满文化研讨会”挖掘、研究、讨论鄂温克萨满文化的仪式及其表演过程，并于8月24人在鄂温克旗文化产业创业园进行了萨满仪式表演。

8月4日，接待上海理工大学学生，介绍了鄂温克族非物质文化遗产项目及鄂温克族民俗等相关知识。

8月7日，召集接受教育基金会资助和奖励的大学生、研究生召开座谈会，学生们讲述了他们的生活学习情况，感谢社会和教育基金会对他们的关心和支持，并有一位当年接受过奖励现已走上工作岗位的同学向教育基金会捐款2000元，用感恩的心传递爱心和正能量，希望帮助更多的贫困学子。

9月28日，艺术团到莫旗杜拉尔乡参加60周年乡庆活动。

11月4日，在伊敏苏木中心校举办了鄂温克语演讲比赛。至此，分别在第一实验小学、鄂温克中学、辉苏木中心校、伊敏苏木中心校四个学校进行了鄂温克语演讲比赛，这是研究会本着从娃娃抓起，响应旗委、旗政府“在全旗范围内广泛使用鄂温克语”的号召，并把这一号召落到实处的具体体现。

11月12日，在青少年校外活动中心举办了“国家级非物质文化遗产项目——鄂温克民歌汇报演出”。

11月25日，召开了鄂温克族自治旗鄂温克族研究会第四届会员代表大会，会议选举产生了新的一届领导班子，增加了理事和常务理事，为研究会继续发展注入了新的活力。

12月，教育基金会资助鄂温克族小鹿艺术团参加2017年内蒙古自治区春节联欢晚会的拍摄。

四、鄂温克民族教育基金

2001年11月8日，本会成立了鄂温克民族教育基金会。该基金会资金主要用于鄂温克民族教育事业和奖励优秀大学生、资助进入大专院校的鄂温克族贫困生。成立大会上，呼伦贝尔市内各鄂温克民族乡、旗市鄂温克族研究会和全旗各直属机关和企事业单位以及个人纷纷捐款，曾经在鄂温克旗下乡的知识青年宿梓舒，捐款45万元，俄罗斯鄂温克人安德烈捐款2万美元、5万人民币。

当时共收到捐款107万余元。2003年教育基金会正式启动，截至2016年，共资助和奖励贫困及优秀大学生1585人次，累计资助金额163.3万元。

五、鄂温克族民间艺术团

2005年5月18日，由本会倡导，召开了由内蒙古自治区鄂温克族研究会、文体广电局、旗团委、旗妇联等有关单位人员参加的关于筹建鄂温克族民间艺术团的讨论会，与会人员认为，此建议对保护和传承鄂温克族原生态文化，促进文化大旗的发展，具有一定的意义。一致赞同成立鄂温克族民间艺术团，由此，艺术团的筹备工作正式开始。艺术团由合唱队、舞蹈队、服饰表演队组成。艺术团成员全部来自鄂温克旗境内的鄂温克族，有退居二线的领导、在职的干部职工、牧民60余人。在筹备过程中，我们做了大量的工作，从服装的选料、设计、裁剪到缝制，全部由本会承担，为艺术团的成立奠定了物质基础；在排练阶段，邀请了呼伦贝尔歌舞团和旗文化馆的老师及退休干部进行艺术指导。艺术团先后在“愉景湾杯”敖包相会国际情歌节、全国“三少民族”学术研讨会、全国卫生工作会议、全区司法会议和第四届“伊敏河之夏”文艺演出活动中进行了表演，深得国内外各界人士的好评，并有部分节目被评为优秀节目；舞蹈队在建党84周年民族民间广场舞大赛中获奖；民族服饰表演队多次去往外省市进行服饰表演，向外界展示鄂温克族的服饰文化，提高了鄂温克的知名度；10月份，由本会选送的两名鄂温克族民歌手到北京参加中国音乐学院举办的民歌演唱会，为鄂温克族在民歌演唱方面争得了一席之地。

2006年6月15日，鄂温克族研究会民间艺术团经过一年多的努力筹备正式成立，艺术团成员由鄂温克族退休干部和职工组成，并成功地举办了庆典艺术团成立的首场演出，赢得广大鄂温克族同胞的赞扬。随后积极参加旗内各项活动，7月初参加了巴彦塔拉达斡尔民族乡举办的第三届“木库莲”艺术节；参加了呼伦贝尔市民委主办、鄂温克旗民委承办的首届鄂温克语演讲、歌曲比赛活动，艺术团副团长萨仁格日勒获得成人组一等奖；2007年内蒙古自治区成立六十周年，鄂温克族民间艺术团有三个节目在内蒙

鄂温克彩虹巾

古电视台拍摄的《多彩鄂温克》大型晚会中参加表演，受到了好评。

2008 年艺术团在旗庆期间参加“伊敏河之夏”专场演出，鄂温克服装服饰队与猎人乐团参与《中华情》表演；组织 60 人的鄂温克服饰队参加旗庆开幕式表演，展现了索伦、通古斯、使鹿三部分鄂温克民族多彩的服饰文化。鄂温克民族服饰表演队已成为鄂温克旗的品牌，多次参与旗里接待国内外来宾的表演节目，充分展示了鄂温克民族的服饰文化。

鄂温克手工艺

2009 年 6 月 25 日，鄂温克服饰队应邀到扎兰屯萨马街进行表演。7 月份，作为表演项目参加“中国内蒙古服装服饰艺术节暨蒙古族服装服饰大赛”的演出，获得了表演奖。在此后的 2010—2016 年每年都代表鄂温克族参加这一服饰大赛的表演，均获得表演奖（因我们的服饰只能参与表演不能参与比赛）。

12 月 9 日，到黑龙江漠河参加第二届中国北方少数民族服装服饰比赛，获得服装展示类一等奖。

2010 年 2 月，由鄂温克民间艺术团表演的鄂温克传统舞蹈《阿罕拜》参加由国家文化部、民族事务委员会、内蒙古自治区人民政府主办的全国少数民族非物质文化遗产项目调演。这标志着鄂温克族又一项非物质文化遗产项目展现于世人面前，对保护和传承鄂温克族非物质文化遗产具有积极的推动作用。

12 月 17 日服饰队参加“2010 年内蒙古冰雪旅游节暨第十一届呼伦贝尔鄂温克冬季那达慕”的民族服饰表演。

2011 年，以充分挖掘民族文化遗产为主，展现民族文化精神，鄂温克民间艺术团在积极编排鄂温克族传统民间舞蹈的同时，积极创新，结合生产、生活展现民族文化精神，使鄂温克民族文化精髓得到进一步升华。他们组织编排的表现鄂温克族三个部分的服饰舞蹈《鄂温克人》，参加 2011 年内蒙古春节文艺晚会演出。此节目荣获呼伦贝尔市“骏马奖”。

7 月份再次参加全区草原文化节的表演，并表演和展示了新编排的萨满舞、乌日切希舞蹈、鄂温克服饰。

2012 年 12 月，舞蹈《鄂温克人》在北京举办的“盛世欢歌第二届中老年文艺会演”上荣获银星奖。

2013 年 6 月 6 日，我艺术团两个节目群舞《阿罕拜》和《鄂

温克民族服装服饰》参加呼伦贝尔“蒙古之源·根与脉”非物质文化遗产专场演出。已获得国家级非物质文化遗产项目“抢枢”的代表性传承人——研究会会长哈森其其格在演出会场接受了呼伦贝尔市唯一国家级非物质文化遗产项目代表性传承人奖项；8月5日—6日两天，由我们艺术团组织、精心编拍的大型非物质文化遗产专场晚会《永恒的鄂温克》在旗影剧院上演（30多名演职人员中大多是五六十岁已经退休的干部群众，为了弘扬鄂温克民族的非物质文化遗产文化，不辞辛劳，排练了一个多月才完成的），此节目是鄂温克族研究会为旗庆55周年的献礼项目，旗内四大班子领导和巴彦托海镇的干部群众一同观看了演出，并对晚会给予很高的评价。为了让更多的牧民了解和欣赏鄂温克族的非物质文化遗产，《永恒的鄂温克》全体演职人员分别到辉苏木、伊敏苏木、巴彦嵯岗苏木为牧民演出，受到牧民群众的热烈欢迎。

12月16日，副会长娜仁其其格带领鄂温克服饰队20人参加“第十二届内蒙古·呼伦贝尔冰雪旅游节暨鄂温克冬季那达慕”鄂温克国际冰雪汽车争霸赛的服饰表演，向国内外参赛选手和观众展示了鄂温克族冬季的服饰文化。

12月18日服饰队一行22人还参加了在金帐汗旅游景区举办的呼伦贝尔冬季那达幕的服装服饰表演。

2014年7—8月，艺术团参加为期一个月的呼伦贝尔市《蒙古之源·根与脉》大型非物质文化遗产晚会的演出，展示了鄂温克民族非物质文化遗产的魅力。10月，鄂温克民间艺术团代表鄂温克民族参加“全国第四届老年艺术节暨服饰大赛”，荣获金奖。有效地展示了鄂温克民族的服装服饰，宣传了鄂温克民族的服饰文化，为提高鄂温克的知名度发挥了一定的作用。为此，艺术团被鄂温克旗旗委宣传部授予优秀团体奖，以表彰在鄂温克族自治旗文学艺术事业中做出的突出贡献。

2015年5月24日，参加“北方部落”首届文化旅游节的服饰表演和民间舞演出，研究会制作了精美的鄂温克族美食参加此次活动的展示，供到会的各地人们品尝，宣传鄂温克族的饮食和服饰文化；7月份，在呼伦贝尔市“马背银行杯”首届鄂温克族民间舞蹈大赛中，群舞《阿罕拜》荣获一等奖，群舞《鄂温克人》获优秀奖；12 月，参加“内蒙古映山红三少民间艺术团”成立大会并参加演出获得好评；参加“中俄蒙国际冰雪节暨选美大赛”的服装服饰表演；在“鄂温克族民歌大赛”的颁奖晚会上进行服饰表演和舞蹈演出。

2016 年 9 月 28 日，艺术团前往莫力达瓦达斡尔族自治旗杜拉尔乡，参加 60 周年乡庆，带去了三个节目为乡庆助演。

2016 年 11 月 24 日，研究会艺术团举办了“庆祝鄂温克族研究会第四届会员代表大会胜利召开”文艺晚会，晚会的亮点是今年新编排的“鄂温克萨满舞”表演，旨在传承和宣传鄂温克传统的萨满文化，晚会上，达斡尔族和蒙古族表演队到会助演。

鄂温克儿童服饰

六、鄂温克旗太阳姑娘文化发展有限公司

2010 年 6 月 17 日，研究会与鄂温克族歌唱家乌日娜夫妇合作成立了鄂温克民族文化中心，文化中心专门制作鄂温克族手工艺品，培养青少年了解保护和传承鄂温克族历史文化的意识，注重研发传统手工艺品，并制作销售，共解决 5 个人就业问题，也收到了很好经济效益。2015 年，文化中心在民政部门注册，更名为鄂温克旗太阳姑娘文化发展有限公司，有了独立的法人。2015 年，太阳姑娘系列手工艺品先后 30 多次参加国家、自治区的民间手工艺品展览，有力地宣传了鄂温克民族及其手工艺品。

5 月 9 日，首届八省区“天骄杯”民族手工艺品大赛，太阳花系列获优秀奖。

9 月 6 日—12 日，第十个草原文化遗产日上，鄂温克“抢枢”、索伦服装服饰和鄂温克族太阳花系列，到会展览得到好评。

9 月 18 日—22 日，在第二届内蒙古自治区文化与旅游融合发展系列主题活动中参加展览，太阳姑娘系列手工艺品获得一等奖。

10 月 21 日，在义乌国际博览中心举行、由全国妇联主办的“中国妇女手工制品博览会”上，鄂温克族太阳花系列荣获“妇女儿童喜爱产品奖”。

2015 年 8 月 25 日，筹备了一年多的鄂温克族小鹿艺术团正式宣告成立，并进行了首场汇报演出，对小演员和指导老师颁发了聘书，“鄂温克族小鹿艺术团”是挂靠于鄂温克族研究会的又一个业余艺术团体。

七、与各地鄂温克族研究会、外省市及兄弟协会的交流

1996 年，本会接待了来鄂温克旗实地考察的中央民族大学的部分实习生，通过召开座谈会，邀请鄂温克族专家讲课，到草原深入生活等形式，使他们了解到了祖国北部边疆鄂温克人的生产生活等情况。

2004 年 7 月，上海社会科学院宗教所上海研究中心文化发展重点学科王宏刚教授一行 4 人，来我旗研究萨满教文化，本会积极配合，为他们的工作提供方便，并得到他们的好评。

2004 年 8 月，应本会副会长兼秘书长图布新达来的邀请，北京武警总医院五官科主任教授单希征一行来我旗巴彦嵯岗苏木免费为 13 位牧民做了鼻息肉切除手术，并以个人名义捐助一名鄂温克族孤儿、一名残疾家庭子女入学，一直到大学毕业，首次捐助资金 800 元已到位。

2004 年 11 月 29 日，由新疆维吾尔自治区国家一级编导敖尼亚创编的鄂温克舞蹈《抢枢情》在旗乌兰牧骑排练厅试演。本会副会长哈森其其格及部分理事前去观看并一同进行交流、座谈，本节目将作为鄂温克旗的品牌节目在冰雪节亮相。

本会会长达喜扎布、副会长哈森其其格多次接受各家媒体的专访，通过采访宣传了鄂温克悠久的历史和灿烂的文化，让国内外人士了解鄂温克，提高了鄂温克的知名度。

2006 年，接待了黑龙江省大兴安岭地区鄂伦春族考察团，研究会向考察团介绍了鄂温克族研究会工作开展情况，相互交流了工作经验，畅谈了民族之间的友情；同年还接待了莫旗鄂温克族研究会的领导、黑龙江省鄂温克族研究会领导等。

鄂温克妇女服饰

2007 年 9 月组织会长、秘书长参加黑龙江省兴旺鄂温克民族乡建乡 20 周年活动，对莫旗两个鄂温克民族乡进行考察学习。

2008 年，在建旗 50 周年大庆期间，与陈旗鄂温克族研究会协调，抽调通古斯鄂温克族 20 人参加旗庆方队，在陈旗鄂温克族研究会换届时派出人员参加换届活动，应邀参加了陈旗鄂温克苏木成立55周年庆典活动。在莫旗巴彦鄂温克民族乡成立20周年庆典活动中，我研究会的鄂温克民间艺术团为巴彦鄂温克民族乡的父老乡亲演出精彩节目，服装服饰队的表演给庆典活动增添了色彩；之后又到杜拉尔鄂温克民族乡进行慰问演出，获得好评。

2009年3月26日，接待中国传媒大学的师生一行12人，并协调组织，由内蒙古鄂温克族研究会顾问吴守贵为师生们讲授鄂温克族的文化、历史。

2010年6月，接待清朝在新疆地区戍边、具有鄂温克姓氏的达斡尔族同胞13人。研究会还经常与内蒙古鄂温克族研究会和兄弟旗市鄂温克族研究会联系，并于2010年7月派专人参加莫旗鄂温克族研究会的换届会议。6月，参加内蒙古鄂温克族研究会与鄂温克旗人民政府共同举办的“中俄鄂温克族经济文化学术研讨会”。

2011年8月份，鄂研会与伊敏苏木吉登嘎查牧民萨仁其其格一家配合，成功举办了一场具有鄂温克民族特色的婚礼，婚礼上充分展现了抢银碗等传统婚俗，为保留和传承鄂温克民族传统习俗起到了非常重要的作用。

2012年8月份配合旗委宣传部，接受央视四套的采访；8月，配合内蒙古卫生厅的工作，前往陈旗鄂温克苏木调研通古斯鄂温克人的民间医药。

研究会为阿荣旗查巴奇鄂温克民族乡制作鄂温克民族服装28套，价值3万元。5月份艺术团派人到阿荣旗查巴奇鄂温克民族乡民族小学指导鄂温克族服饰队员走台训练。9月，培训莫旗鄂温克研究会的舞蹈教师民间舞蹈动作，由此促进了我们与兄弟旗县研究会的交流与合作。

鄂温克妇女服饰

6月份，为拍摄专题片，带领电视台记者跟随鄂温克将军涂敏前往阿里河、根河、敖鲁古雅、漠河、巴彦嵯岗等地。回来后召开了“欢迎鄂温克将军涂敏座谈会”，最后前往涂敏将军的家里——南京，了解他的生活情况和他的同事和部下对他的评价。一路上，我们拍摄了涂敏将军的所见、所闻、所感、所述。为将军的人物专题片积累素材。

2013年11月20日，由会长哈森其其格带领84名会员参加内蒙古鄂温克族研究会的第六届会员代表大会。

2014年11月份，由会长哈森其其格带领50余名理事参加内蒙古自治区鄂温克族研究会成立30周年座谈会。会上哈森其其格同志回顾和总结了旗研究会自成立以来的发展历程。她本人获得内蒙古自治区鄂温克族研究会成立30周年“贡献奖”，鄂温克旗鄂温克族研究会被评为“先进集体”。

2015年本会先后参加了莫旗鄂温克族研究会换届会议、海拉尔区鄂温克族研究会的组建会议、呼和浩特鄂温克族研究会成立大会以及鄂温克旗达斡尔协会的换届会议、布里亚特协会成立大会。通过相互间的交流和沟通，增进了本民族之间及与兄弟民族之间的感情。

八、与国际友人的交往

多年来，本会与俄罗斯鄂温克人多次进行了接触，打开了相互交往的渠道。1992年10月，本会邀请了俄罗斯鄂温克人，以安德烈为首的代表团一行10人来到我旗，与旗副科级以上干部进行了座谈，相互介绍了经济、文化、教育等方面的情况，还举行了联欢会，两国鄂温克族共同跳起了鄂温克集体舞。1998年8月、2004年6月，本会与应邀参加鄂温克旗40周年庆典和赴鄂温克旗参加“瑟宾节”庆祝活动的俄罗斯鄂温克人举行了“中俄鄂温克文化交流座谈会”，相互介绍了两国鄂温克人的生产、生活情况，并进行了学术交流，进一步增进了跨界鄂温克民族间的了解和友好往来。

2000年7月，本会副会长哈森其其格一行3人，赴俄罗斯阿津斯克州鄂温克人聚居的胡日莫哈地区进行友好访问，参加了“巴力珠力”（瑟宾节）活动。

2002年8月28日—9月18日，本会组织的考察团一行14人，到俄罗斯巴文特、乌兰乌德——布里亚特共和国首府等鄂温克人聚居区考察。通过十几天的考察，对俄罗斯鄂温克人的生产生活、经济文化有了进一步的了解，为今后的文化等方面的交流奠定了基础。

鄂温克儿童服饰

2002年11月，俄罗斯布里亚特共和国一行24人，来到鄂温

鄂温克民俗

克旗进行文化艺术交流，该地区鄂温克研究中心负责人玛丽·巴达玛·依娃与本会有关人员，就鄂温克族历史、文化、风俗以及姓氏等多方面进行了座谈、交流。

2004年3月22日，本会领导听取了内蒙古鄂温克族研究会会长乌热尔图赴俄罗斯鄂温克地区的考察见闻，了解了俄罗斯鄂温克同胞的文化生活及学术研究方面的情况。

2004年6月19日，本会部分副会长及办公室人员参加了内蒙古鄂温克族研究会举办的“中俄鄂温克族文化交流座谈会”。座谈会气氛十分热烈。双方就鄂温克族的文化、艺术等方面进行了深入的交流。俄方客人对中国鄂温克族能够保持自己的民族特色，尤其是在“瑟宾节”大会上展现的民族风情感到由衷的高兴。座谈会期间双方互赠了礼品，本会赠送了《鄂温克风情》MTV光盘。

2004年8月，接待了俄罗斯鄂温克语言学家娜加•布拉托娃，还专程陪同到陈旗鄂温克苏木进行采访。此后又多次接待她，为她在鄂温克旗进行民族研究提供了很大的方便。

2005年6月，应俄罗斯萨哈共和国鄂温克民族协会的邀请，本会常务副会长随鄂温克名人考察团赴俄罗斯远东地区的萨哈（雅库特）共和国雅库斯克市进行友好访问，与那里的鄂温克同胞进行了交流，充分了解了俄罗斯鄂温克人的生产生活方式及风俗习惯，加深了两国鄂温克人的感情，增进了友谊。

2009年3月22日，接待来自俄罗斯的鄂温克人，与他们共同联欢，共叙友谊，并向他们学习鄂温克族民间舞蹈。

2010年研究会与俄罗斯鄂温克同胞进行友好往来，先后接待了乌兰乌德国力大学教授立子、鄂温克文化中心领导玛丽巴德乌拉、圣彼得堡鄂温克语言学家娜佳等。

2013年6月16日，接待以萨沙为团长的俄罗斯萨哈共和国鄂温克语言交流代表团一行16人来我旗进行鄂温克语言、文化交流研讨，他们还远道带来了自己的服装服饰和一套独具民族特色的歌舞节目，最后与我们一同召开了联欢晚会。

11月，接待以娜佳为团长的鄂温克文化中心代表团一行7人，并陪同参观了博物馆、鄂温克族文化中心，召开了研讨会，进行了文化交流。

鄂温克冬季女装

2015 年 5 月，本会会长前往俄罗斯，与鄂温克文化中心的专家学者就鄂温克族文化艺术等方面进行了探讨，并参加了文化中心前主任玛力布都勒瓦的 70 岁生日庆典，加深了两国鄂温克同胞的感情。

7 月，为了学习俄罗斯鄂温克民族的音乐和舞蹈，筹建中的鄂温克族小鹿艺术团聘请了两位俄罗斯鄂温克族演员前来传授指导，帮助小演员们了解乐器和舞蹈的要领。

28 年来，本会多次接待了中国社会科学院专家，吉林、上海等省市区的学者，以及来自日本、韩国、俄罗斯、挪威等国的外宾，并与其进行广泛的学术交流，为弘扬、传承、保护、宣传鄂温克民族文化做出了贡献。

（敖铁林 提供稿件）

西屯往事

孟和那苏　苏　勇

嘉庆八年（1803）莫尔登氏阿尔格昌艾里人明庆嘎奉命来到呼伦贝尔地区出任公职，三年任期届满后，明庆嘎未获准返乡。于是明庆嘎只得回老家（嫩江东二克浅）将父（朱善）母、兄长（依礼善）等家人接到海拉尔定居，而明庆嘎本人则继续留在呼伦贝尔地区担任公职。据史料记载，这一家人的到来为红花尔艾里的形成播下了第一颗种子。由于他们把家址点就是后来的西屯屯址选在了海拉尔城西南的沙丘边缘，故而使得由此发展起来的村落得名红花尔艾里（达斡尔语意为沙丘之村）。红花尔艾里坐落在海拉尔城西南约 2.5 千米处的沙丘南面，因而又名西屯。

西屯北倚的这片沙丘沙质轻柔细腻，在夏日的阳光照耀下折射出夺目的光辉。这里，虽为沙区却并不荒凉。沙丘之上植被茂密，树影婆娑。挺拔遒劲的樟子松郁郁葱葱与其他树种高低相间，错落有致，将整个沙丘装点得幽深神秘，人在其中宛如坠入仙境一般。西屯东侧是日夜流淌绵绵不尽的伊敏河水，屯西则是绵亘起伏一望无垠的大草原。在这片辽阔富饶的草原上生长着牲畜喜爱、营养丰富的饲草。离西屯不远处依稀点缀着大小不等的湖泊，

它们是安本诺尔、敖林布拉格、楠井布拉格等。由西屯向南眺望可以看见本地区最早也是最大的村落——南屯。这两座遥首相望的达斡尔族村落形同姐妹，曾经相互搀扶、相互鼓励、相互支持共同走过了一段艰辛、难忘的历史征程，西屯的地理环境和位置基本上可以概括为：南边有人家，北面靠仙境，西面是牧场，东边有河流，还有几处湖泊散落其间的水草丰美、环境幽静、视野辽阔的天然牧场。

200多年中，西屯经历了清朝时期、民国时期、直到中华人民共和国建立。可谓历经沧桑，饱受磨难。

一、清朝时期

这一时期，这里的行政区划设置是索伦左右翼各4个旗，新巴尔虎左右翼各4个旗，额鲁特1个旗，共17个旗。我们家族隶属索伦右翼正黄旗第一佐管辖。

在此期间，呼伦贝尔地区发生的事情主要有以下几件：(1)重修城北卡伦。雍正年间，卡伦与卡伦之间的距离在50—100千米。重修后缩短为15—20千米。(2)驻守驿站。1857年寿明老人是某个驿站的站长。与此同时，敖拉·昌兴巡视边寨并创作了脍炙人口的长诗。(3)戍边。当时吉拉林有金矿，在无人驻守时常有俄罗斯人潜入淘金，为杜绝此情况的发生，清政府不得不派人驻守边卡来捍卫主权和领土安全。光绪二十六年（1900），八国联军侵略我国，攻占北京城，光绪皇帝落荒而逃。沙俄借此机会，进犯我边境多处。我方边卡守兵寡不敌众自顾逃命。沙俄侵略军如入无人之境并一度占领我边境地区达8年之久。在此期间，他们大肆淘金、打草和放牧，极尽掠夺之能事，充分暴露了侵略者极端贪婪的本性。

清朝时期，历任呼伦贝尔副都统的共有24位，这些人中大多数为满族。清末有过一位叫孙小濂的汉族副都统，还有一位叫那德水德的安本，可能是蒙古人。总管以下多数为本地人。

城边

根据1732年官府依据不同职位赏赐给来此戍边者的牲畜头数，我们可以大致推算出前辈们的牲畜和财产。当时，清政府划定的标准是：总管10匹马，10头牛，80只羊；副总管8匹马，8头牛，

60只羊；佐领7匹马，7头牛，50只羊；骁骑校和笔帖式6匹马，6头牛，40只羊；士兵5匹马，3头牛，30只羊。

按照这一标准，牲畜被分发到各家各户后，其总数大致可作如下推算：两位总管、8位副总管、50位佐领等，基本上可以分得1.5万匹马、9000头牛、19万只羊。这个数字就是我们这个家族的家底，同时也是呼伦贝尔畜牧业的基础和开端。当然，此后这一数字有了较大和较快的发展。

码砖的人

另据史料记载，1732年到呼伦贝尔的达斡尔人10年后又返回了老家，只留下公务在身的敖氏、郭氏各一位老人。这说明当时的达斡尔人对于弃农从牧的生活一时还难以适应。

清朝在康雍乾盛世后，逐渐滑向衰落，政治上越发腐败和黑暗，从19世纪初，国内先后发生了“白莲教”“太平天国”“义和团”等大规模的农民起义。与此同时，自1840年以后，各国列强频繁制造事端，致使清政府在割地和赔款之间疲于奔命。内忧外患使曾经强大的清王朝焦头烂额，国力孱弱。这种颓势有力地助长了革命形式的形成和发展，于是酝酿已久的辛亥革命蓄势待发，摇摇欲坠的清王朝走向了历史的终点。

二、中华民国时期

从中国历史教科书上，我们可以得知两千多年的封建社会都采用君主专制的社会制度。建立中华民国的意义在于推翻了封建专制的统治，建立民主共和国。1921年，中国共产党成立后，开创了新民主主义革命的道路。1931年，九一八事变后，中国又进入了长达14年的抗日战争时期。总之，这一时期从全国的形势和状态来看，可谓是多事之秋。

这一时期，西屯的经济发展已初具规模。据当时的一首鄂温克民歌传唱，“我太爷拥有马群700匹”。另据传说，民国末期，安本家共有400头牛，1800匹马，近1万只羊。陈巴尔虎旗的吉格迪家拥有1万匹马。除此而外，我这里有一份1925年呼伦贝尔牧区牲畜头数的资料。其中记载，各畜存栏为：骆驼7000头，马17万匹，牛14万头，羊1500万只。当时牧区人口数约为3.3万人。

清政府被推翻后，以王公贵族为主体的旧势力派，试图恢复清朝的统治。在这股势力的推动下，巴布扎布等人组建了宗社党。他曾派遣使者与呼伦贝尔副都统联系有关复辟清朝统治的事宜，但未获得响应。后来，在与东北军的军事冲突中，巴布扎布及其所部受到重创，兵员损耗殆尽。其残部200余人由色布精格带领，于1917年春，流窜至海拉尔一带，烧杀抢掠，无恶不作。这次匪患的发生使西屯蒙受巨大的财产损失，很多牲畜被掠抢或在慌乱中丢失。南屯和海拉尔的老百姓不得不东躲西藏以保全生命，西屯则在这次大劫难中被迫举屯远迁至齐齐哈尔。

这一年的秋天，副都统召集本地牧民代表在满洲里召开会议，组织呼伦贝尔各翼武装。在俄罗斯人的帮助和策应下驱逐了喀尔泌强盗，恢复了往日的生活。

在民国初年短暂的十几年间，接连发生了几次大的社会动荡，百姓生活陷入极度恐慌和困难之中。其中，尤以1917年的那场匪患为甚。在那场慌乱的大逃亡中，先辈们唯一赖以生存的牲畜遗失殆尽。战乱过后，当他们返回故土时，看到的是残垣断壁、满目疮痍。正所谓“倾巢之下，安有完卵”，社会的急剧动荡给百姓生活造成了极大的困难。

三、伪满洲国时期

伪满前后历时14年。伪满洲国成立后，这里成了伪兴安北省

老海拉尔民居

的地界。1932年6月，取消索伦八旗，建起了索伦左、右旗，额鲁特旗和布里亚特旗。两年后，又将以上四旗合并为索伦旗。红花尔屯隶属索伦旗西努特格第一索木管辖。

日本人侵占后，在洪合尔屯附近圈占了大片牧场作为军事用地。军事禁区用铁丝网围起来。在禁区内，日本帝国主义建起了军营和军用机场。日本人为了戒备和防范，将百姓人畜拒之于铁丝网之外。飞机场周围是片肥沃牧场，游荡在周围的牲畜往往经受不住诱惑，它们只识草香，不惧枪炮，偶尔也会钻进围栏内，每当这类事情发生，时有牲畜惨遭枪杀。不仅如此，日本军人对周边百姓充满敌意，他们招募了不少特务潜伏于群众之中窥探老百姓的日常行动，搞得附近牧民惶惶不可终日。人们不知道谁是暗藏在自己身边的特务，相互猜疑，唯恐一句不慎的言语，给自己和家人带来灾祸。这种状况搞得人们心神疲惫，长期处于焦虑和紧张状态中。交通管制，是日伪军警对当地百姓实行控制的又一项重要手段和措施，百姓的生活和行动受到了严密的监控。

伪满洲国统治时期的14年，是红花尔屯历史上最黑暗、最悲惨的一段时期。正是在这一时期，日本帝国主义逼迫西屯迁离原址，使这个在历史上曾经存在了近一个半世纪的屯落就此消失。

四、新中国时期的基本情况

新中国成立以后，曾经压在人民头上的"三座大山"被推翻了。老百姓终于可以扬眉吐气，伸展筋骨，痛痛快快地设计和建设自己的新生活了。在政治生活方面，人们开始接触一些新鲜事物。

小土包上的神庙

在经济生活方面，社会大环境日趋稳定，使得社会经济得到了休养生息。在党的"三不两利"政策的引导下，艾里乡亲的生产生活逐渐好转起来。经过社会主义改造和社会主义建设等时期，人民生活逐渐得到恢复和提高。仅以巴彦托海索木的牲畜头数来说，1949年时仅有2723头（只），1957年时已发展到了12091头（只）。增长了好几倍。

党的十一届三中全会拨开了笼罩在神州大地上的重重迷雾。随着党的工作逐渐进入正轨，广大干部和群众满腔热忱地积极投身到社会主义建设当中。

（桑达嘎根据录音翻译 布林记录）

参考资料

［1］海拉尔莫日登哈拉阿拉格昌艾里家谱编委会：《朱善家谱》，内蒙古文化出版社，2009 年版。

牵骆驼的牧民

南屯往事

苏玉明

一

南屯

巴彦托海镇是鄂温克族自治旗旗政府所在地的名称，远了说也有百年历史。这个名称很有文化底蕴，当时起这个地名的时候，肯定是下了一番苦心，祈愿生活在这里的人们富裕安康，牛羊满圈。然而，这样一个寓意丰富的名称，却没有“南屯”叫得响。

“南屯”，很俗气的名称，当地的百姓却叫得格外亲切，就像呼唤自己的孩子一样充满感情，如同父母称呼孩子的小名，亲情上贴近了许多。很多在远方就业或游荡的人们，尤其是族人互相问候请安时询问是哪里人时，来自于这方土地的人会很骄傲地回答“南屯的”，很少有人提及“巴彦托海”这一名称。

“南屯”这一名称在当地已经脱离了民族语言含义，纯粹成了一种地域称呼，不管是达斡尔族还是包括汉族的其他民族都接受这一称呼。这个屯落之名应当在呼伦贝尔草原有了海拉尔这座小城以后，内地商埠商人在此地落户，舌头打转不出“额莫勒艾勒”这个称呼，而音译成“南屯”，意思就是“海拉尔之南的屯落”。按时间推算此叫法应有百余年，久而久之在汉语通用的国度里，各族人都称之为“南屯”。所有的“巴彦托海苏木”“巴彦托海公社”“巴彦托海镇”只在官方语言中运用最多。

20世纪70年代以前，南屯可真是一个大屯，而现在要说是“屯”就未免太小了一些，已经超出屯的范围，是“镇”的概念了，这样“巴彦托海”又进入众人的眼界。自1980年以后，南屯理所当然就成了“巴彦托海镇”。屯永远是屯，不应该叫南屯镇。

眼前的草原

那个时候草原就在眼前，出屯行出两三百米，就能触摸到草地的青翠，闻得到草原的清香。远处牛群悠闲地吃着青草，甩着尾巴驱赶着蚊蝇，并不时地晃动着巨大的头颅。有的已吃得满胃，正在静卧慢慢地进行倒嚼。

那个时候如果要到别人家，几乎都能直行，拐弯很少，无甚街道，无规则形成居住的群落。屯民大部分为达斡尔族人，每家每户院落布局基本相似，只不过按面积的大小来区分。居中为主房面朝南，主房西南约10米左右为仓房，房后以柳条编制的篱笆墙隔开，都有庞大的菜园，夏季可以看到各种蔬菜瓜果，几乎每个人家都有一口井在院落中。房东和房西都建有饲养牲畜的棚舍及储备饲草的院套，那个时候各家的距离都很远，院落南面基本都有一片草地，用于放养牛犊及小鸡。每家都有晒畜粪场地，初夏将牛粪晒干后堆积到贮藏室里，顶部堆积成塔形，以防雨水渗漏，以备冬季做饭取暖使用。那个时候用煤来做燃料的寥寥无几。

南屯这个地方从来就是牧区，生产方式主要以畜牧业为主。与其他游牧民族不同的达斡尔人，除了饲养牲畜以外，还经营农副产品，以贴家用，自给自足，形成了较为合理的生产生存方式。闲余的劳动力还可以到大户人家帮工，有资本的还到海拉尔经商，或在当地开一些小商铺。60多年前，海拉尔较为繁华的三角地有多家达斡尔人经营的店铺。

南屯街景

田园般的生活

那个时候的生活接近于田园方式：清晨袅袅炊烟升起，家家都在熬奶茶。在朝阳的映辉下，女主人正在挤牛奶，男人清理牛圈。各家各户的牛群懒洋洋地走出主人家，慢悠悠地走向草地，奶牛不时发出别离牛犊的哞叫声。驱赶牛群的人群互相发出第一声问候，有的还吼出几声歌吟，甩打着鞭儿，意犹未尽。走进屋里的第一件事，就是马上端上一碗奶茶喝完，然后才准备早餐。

达斡尔人家，男女主人都为家里奔波，女主人主内，家里的重体力活全由男人承担起来。

女孩子是家里的公主，除她们自觉地帮助母亲外，其他活儿是不用干的，没有人说她们，没人动她们一根手指头，所以她们是很娇气的，只是帮助母亲做一些家务活儿，是父母的掌上明珠。

男孩子则不同，他们还要帮助大人做一些力所能及的劳动。早早地学会骑马，协助父亲放牧，饲养牲畜，勤备草料，清理牛舍及马圈。再大一些随着骑术的提高，还要训生个子马，到那个时候男孩子就有一定的资本，互相吹嘘，比哪个的骑术更好。这些好像是天经地义的，没有谁会提出不同的看法。

在受教育的时候，男女孩都一样去上学，不厚薄彼此。

当时的节假日，最为明显的是春节，一年之中颇受重视的节日。孩提时总盼望着过春节，自小就被灌输春节以后就长大了一岁之说，认为没有春节就永远长不大似的，现在回想起来有些幼稚或可笑。但春节的意义还是犹记在心，自小就确定下来了。最吸引人的是春节期间的活动，家里的各位都在忙于节日的各项准备，就我们几个小的在玩，一切无拘无束，只要不影响大人们劳作，就没人过来约束你。其实当时，我们心中急切地盼望早些开饭，传来的饭香味实在是太诱人了。

除夕吃过晚饭后不久，全家老少，都在忙于更换新服装，老一辈的就留在家中守夜，其他家庭成员还要去亲戚家，给老人与长辈拜年，我们几个儿女一辈的紧随父母身后，走了几，家队伍就渐渐庞大起来。我家在这里属于大家族，需要去拜年的人多，因此就形成了三四十号人的大队伍，异常热闹。除夕夜无月亮，但在自制冰灯笼与手电筒的照射下，与雪地反射交映，脚下一片光明。

男孩还热衷于放鞭炮，互相比谁的鞭炮品种多、数量多。这些就看各自家庭生活条件，好的多买，次的相对少些。

改变的生活

20世纪60年代后，年节的概念没了，每年与家人擦肩而过，亲属之间也不互相拜年，更不用说其他人了，全无年节的气氛，还说这是“破四旧，立四新”。

20世纪70年代末的春节，节日气氛有了新的变化，没有了各种禁锢、限制，人们的心情有了大的放松释放。在年三十除夕之夜、大年初一，亲朋好友好像有心灵感应一般，不约而同地纷纷走出家门相互拜年、敬酒，互致祝福成了主题，久违的新春快乐大大拉近了人们的距离。大街小胡同能看到一群群忙着拜年的百姓，影剧院门口也有等候观看电影的人群，歌舞升平的欢乐景象又重返草原小镇。

而今，春节又有了瞩目的变化，新春佳节似乎在人们的心目中淡化许多，这种变化主要在于经济方面，收入的增加，居住条件的改善，物质的丰富，不用着力地去准备年节那些精品食物，很随意地选择酒店去享受团圆餐，省却劳作，尽量地感受春节的那么一种氛围。精神生活更加多彩，新春晚会，上至国家，下至地方，再到族人范围，都有特定的表演形式，能享受到各种文化大餐。如有闲情逸致还可以亲朋好友之间同乐，把酒言欢，火树银花不夜天……

步入2000年以后的南屯庞大许多，街道纵横，高楼数量还在增加，已没有那种田园的风光，失去了些许淳朴的民风，告别了纯自然着力刻画的美。人口的增加、涌入，失却了许多绿色。

年少时骑自行车出屯几千米，盛夏七月初能采集野生韭菜花，初秋雨后能够捡到草原白蘑，随时品尝山丁稠李子等野果。但是，这一切已成为过去，只能在记忆中去探寻。虽然这只是局部的镜头，但毕竟是在南屯周围发生的变迁，令人感怀不已，有时不禁潸然泪下。

但愿人们心目中的南屯，多多地恢复绿色，找回失去的田园

南屯老电影院

南屯新影剧院

风光，伊敏河畔绿树成荫，索伦桥下清波潺流，真正成为一座草原绿色魅力小城。

二

清雍正十年（1732），清朝廷从布特哈地区遴选3000名兵丁组成索伦部驻往呼伦贝尔。设副都统衙门，境内的索伦左右翼八旗和额鲁特镶黄旗，属呼伦贝尔副都统管辖。副都统衙门设在扎格丹（现在的海拉尔区）。清廷准许索伦兵丁“可携带家属迁往”，其中特别提出：“达呼尔向来习于住房耕地生活，迁居之地仅限壮丁前往，待盖房耕地立业后，将彼等妻子家属移往。”

达斡尔族习惯于定居，进驻呼伦贝尔以后，村屯主要以达斡尔人为多（1864年《黑龙江通省舆图总册》）。

为此，携带家属的兵丁前后在扎格丹，扎格丹以南（西南、东南）及以东，建立起村屯，这样呼伦贝尔的村屯格局初步形成。

西屯，始建于1732年至1742年之间，初只有8户人家，屯的周围均为天然牧场。有范恰布、奎苏二人首建住房，后逐步形成村落。地址在呼伦贝尔副都统衙门以西1.5千米，依傍图库连诺尔（又叫南津布拉日），今海拉尔军用机场以内。日本侵华时期建机场，此屯被强制搬迁。

南屯，于清嘉庆七年（1802）之前已有住户，索伦左翼旗达斡尔兵丁在胡吉日托海（今“南屯”，巴彦托海镇）建起了广惠寺（库和苏莫），之后范恰布与奎苏后人先后前往庙西庙东居住，还有其他达斡尔人搬迁过来，从而逐步形成村落。在海拉尔经商的商贾人员，用汉语称之为“南屯”，达斡尔人称之为“额木勒艾里”，从外地来的人群称之为“苏莫艾里”。南屯四周均为天然牧场，距离呼伦贝尔副都统衙门以南8千米。

莫和尔图屯，距呼伦贝尔副都统衙门东南方向60千米，今巴彦嵯岗苏木所在地。

扎拉木台屯（今扎罗木得）距呼伦贝尔副都统衙门以东45千米，修建滨洲铁路时搬迁到现今鄂温克旗金星队之地。

穆兰默日德恩屯（现西苏木所在地）距呼伦贝尔副都统衙门

市场开业

重建广惠寺

以南35千米。

区划沿袭情况，清雍正十二年（1734）以后南屯属索伦部防区，近代隶属于索伦旗并为该旗所在地，1958年鄂温克族自治旗成立以后仍为旗所在地。其名称从“胡吉日托海”，新中国成立后更名为“巴彦托海”，后又称为“巴彦托海人民公社”，1980年撤销巴彦托海人民公社，改称为“巴彦托海镇”。俗名“南屯”在世俗当中却一直沿用下来，这也许是运用普通话的缘故吧。

南屯在呼伦贝尔草原上，尤其在牧业四旗里，是始建的屯落中建造时间较为早一些的屯子。有了扎格丹（现海拉尔）就有了胡吉日托海，也就有了南屯。达斡尔人是南屯的最早开发者，如今更有各地的族人慕名而来，在这里长住下来。巴彦托海——南屯成为这些族人的又一条根，为其提供休养生息的来源。

屈指算来，南屯也有了200多年的历史，这也许在关内算不了什么。按现在人口分布情况及社会的发展，南屯还得存在下去。呼伦贝尔不能没有她，她是这个整体的组成部分，不仅要立足于扩容，还要着眼于长远。在斗转星移的历史长河中，“南屯”在地图上的坐标不会只是一个小点，她将有可能成为重镇，我们期待她的未来。

三

库和苏木的今昔

清乾隆三十八年（1773），以达斡尔为主体的索伦左翼旗，在呼吉日托海（今巴彦托海，南屯）建成了库和苏木、库和庙；清嘉庆六年（1801），嘉庆皇帝为库和苏木赐名，称之为“广慧寺”，但“库和苏木”这一名称一直在老百姓中间沿用。

“库和”实际按达斡尔说法表示颜色，库和即为青色；“苏木”在北方少数民族语言当中即为“庙”的意思，在蒙古语中苏木也可被用作行政称呼，即乡一级行政单位。所以“库和苏木”即为庙，青色的庙，就是用青砖盖成的庙。

门球赛

按时间推算，库和苏木有近230年的历史，应是一个古迹，但在地方志的有关记载中，其他晚于库和苏木的庙宇有记载，却没有库和苏木广慧寺的记录，不能不说是一个遗憾。

库和苏木挺立了近170年，自鄂温克旗成立以后，约在1959年，当时的领导人拆毁库和苏木，在它的原址建起了办公室，即后来被老百姓称为“乌兰格热”的红房子。那个时候，库和苏木四周都为草地，空落得很，盖办公室的地段可有选择的余地，当时领导人不知是心血来潮或出于何种目的，非拆库和苏木不可。笔者在20世纪80年代初期，参加地方志的撰稿，在旗档案馆查阅有关资料时，发现一张历史档案，纸张已发黄，前一页是由钢板刻写油印的，后一页是打印的，这是当时的旗委与人委共同向上级国务院上报拆毁库和苏木的请示，记得国务院不允许拆毁库和苏木，并予以批示好好加以管理。可是在具体的运作中，上报请示的同时，已着手拆毁库和苏木，国务院不予拆毁库和苏木的批文下达到当地时，库和苏木已成废墟。当时看到此文件后我大为惊讶，当时的领导们太有胆量了，竟没有等批复文到达，便下了手。拆了就拆了，也无人追究责任。

时间越过40多年以后，人民群众与开明人士多次在不同的场合，提出关于恢复库和苏木的意见、建议、议案、提案。前几年有了具体的行动，由巴彦托海镇牵头，采取民间筹集善款的方式，很多当地的人们还有外地的都前来捐款，几经周折，终于在2010年8月6日重新建成并举行典礼。巴彦托海还组织了建镇30周年、南屯始建208年庆典活动。

为重建库和苏木，人们捐过款。库和苏木见证过历史，是历史的古迹，它不是毁于战火或者是动荡的年代，而是毁在几十年前的当代，如今又是当代人重新把它建起来，这就有了让人思索的内涵与联想。但是，内里的原因我是不想过于追溯的，究竟出于何种目的，就让他人去评断吧。

私塾学堂

追溯南屯的民间教育不得不提起私塾。最早的私塾，是由著名的达斡尔族骁骑校文人敖拉·昌兴在1832—1851年被推选为嘎辛达期间，在自己的大院房舍拿出一间，在春夏秋时节开办的学习识字班。最初由其兄弟任教，很随意地集中本屯的十余名儿童，

南屯现有的幼儿园、中小学校

南屯老街道

巴彦托海镇新街景

学习文化知识。到光绪三年（1877）在南屯创办了第一所春夏秋季节性的私塾，从黑龙江齐齐哈尔聘请教师，主要教授满文，并兼教汉文。

学 校

民国初期，索伦旗及南屯的知名人士，相继毕业于旗外的学校，回到家乡在旗内各民族开明人士的资助之下兴办学校。宣统二年（1910）在巴彦嵯岗莫和尔图屯创办了新式小学校，校舍用石块砌成，这就是传说的石屋学校。

到1923年，郭道甫、福明太等出资在原址上新建了校舍。开设课程有俄语、数学、蒙古语、汉语、音乐等。1918年，由索伦左翼镶黄、正白二旗副总管兼副都统右厅帮办荣禄牵头，在海拉尔出资创办了呼伦贝尔蒙旗中小学。南屯与洪喀尔屯（西屯）的适龄儿童，由于地理便利，都入该校学习。

1929年郭道甫在沈阳创办东北蒙旗师范学校，在呼伦贝尔蒙旗中小学就读的28名索伦旗学生赴沈阳入该校学习。

1932年南屯有了初级学校和初高级小学校。

日军入侵后，强制在洪喀尔屯（西屯）修建军用机场，洪喀尔屯小学随屯迁到南屯，合并于南屯国民优级学校。

新中国成立后的教育

新中国成立后，南屯地区在原有的学校基础上，建立了“巴彦托海学校”（完全学校），采取蒙古语、汉语授课。1964年蒙古语授课班分出，建立了巴彦托海第一小学，汉语授课的为巴彦托海第二小学。

1960年巴彦托海完小附设蒙古语授课初中班，1963年组建第一所初级中学——“巴彦托海中学”，“文革”期间改名为“反修中学”，1970年定为四年制完全中学，1973年改名为“南屯第一中学”，1975年南屯一中的蒙古语授课班分出，建立旗第二中学。

打机井

参考文献

鄂温克族自治旗文史编纂委员会：《鄂温克族自治旗旗志》，内蒙古文化出版社，1997年版，第751、第753、第759页。

芦苇塘记忆

苏玉明

辉河湿地是呼伦贝尔草原上最大的苇塘，对其商业性开发应该追溯到20世纪50年代中期，来自外地的加工企业，在海拉尔东与乌固诺尔车站站台设立芦苇收购业务。后盟旗两级相应地成立了芦苇经销企业，按计划对外销售芦苇。在那段时间芦苇收割生产成了当地很重要的经济来源，尤其是人民公社时期，更是冬季生产的主业之一。企业与政府形成相互依附依存的关系，区内外人员也由当地政府介绍，到这里参加芦苇生产，方圆近200万亩的辉河流域到冬季车流人往，一派生产繁忙景象。

一个普通小伙子达纳参加过芦苇生产，从他的切身经历，也能够感受到那段岁月的无奈、艰苦和广大青年的奋斗风采。

岁月留下的痕迹

达纳已是半大小伙子了，年方16岁。因“文革”的影响，中小学校停课。学校一度成为那个时代具有新生事物意义的“五七干校”，成为成人学习班用地。后因与苏联关系紧张，乌苏里江畔常有枪炮声。

达纳悠闲得很，整天无所事事，与周围邻居家的那些伙伴们，还有他们同学，游荡街头，精力旺盛，那个时期的各项游戏，基本上都玩耍殆尽。夏季泡在河边戏水、钓鱼，过河套采稠李子、山丁子、灯笼果。还为家里采过柳蒿芽、韭菜花、野芹菜和洪格日（野葱）等。到了冬季大部分时间只有在雪地里玩爬犁、踢球，玩用马粪蛋当作球的“波依阔”。再则到生产队将套车的马，赶往河边冰洞里饮水。能骑上一段时间的马，那也是特别高兴的事情。

他的老爸经常对老伴儿说起孩子的事情，大大小小五个孩子，达纳是老三，上面有两个姐姐，还有弟弟妹妹，学校老不开学已有几年，孩子都在渐渐长大，怎么办才好啊。达纳的父亲是一位下放到生产队的干部，到生产队已有七八年了。那时为了壮大人民公社，抽调人员下放到生产队，从事生产队的管理和技术工作。家里孩子的事常让他挠头。

1970年的初冬，达纳的父亲征求他的意见，让他参加生产队劳动，去挣工分。达纳也想换个生活方式，更何况他在学校的成绩相当不错，每次期中期末考试，基本都名列前茅。当时，学校也不上课，很想回到教室，可无法办到。达纳同意了父亲的安排，新环境挺让人向往，他的同学已有好几个找工作了，有些是临时工，也有在生产队干活儿的。

集体劳动

那个时候，生产队冬季劳动收入，主要以打芦苇为主，也就是从事芦苇收割生产，再由盟芦苇公司收购，销往区外的辽宁丹东造纸厂，本地区只有少量加工。

由于处在计划经济时期，收购芦苇的资金还是能按时到位的。一般生产队完成收割芦苇任务，完成生产、运输、检斤、归堆等各项环节后，都能一次性得到生产报酬收入。所以，对于冬季芦苇生产当地相当重视，在旗里临时成立本地区“芦苇生产指挥部”组织全旗性的收割芦苇生产。

生产队的苇点在著名的辉河流域，西博山西侧，距离南屯约有75千米，水面和苇田面积有近10万亩。辉河流域实际是一片沼泽地，按现在说法为湿地，有200多万亩，生长着茂密的芦苇，储藏量按当时测算有20万吨以上。生产队的营地在湿地北岸高岗之上，是用草皮垒墙的土房。

达纳还未成人，体力有限，被安排做辅助工。芦苇生产以马拉割苇机为主要的生产工具，所谓的割苇机只是把原来的打草机改装了一下，有两匹马作为动力，一位壮劳力当驾驭者和收割者。安排两名小工，把在收割机割后倒下的芦苇挪到旁边，以利于马拉收割机转圈运作。

生产队派出两台马拉收割机，共有4名跟随的小工，其余为40多名捆芦苇的劳动者，组成人员有社员、下乡与返乡知青，男女老少都有。与达纳一起干活的是一个同龄的男孩，另一台是两位下乡的女知青，比他俩大了几岁。达纳等小工的劳动工具是一把搂苇子的耙子，一对铁筋足有50厘米长，把有180厘米左右长，用来扒开刚割下的芦苇，并开出下一次收割转圈的道路。

收割芦苇生产开始了，达纳拿出家里带出来的装备，武装起自己来，他在棉衣上下穿上用小帆布做成的工作服，也就是上半身穿上“坎塔米”，下半身套上“燧比”（一种套裤筒），脚上穿上乌拉靴“阿日思瓦勒提乌拉”。看见有的年岁大的人，拿出“乌拉草”（一种苔草）蓬蓬松松裹上脚，穿上乌拉靴，裹起裤脚塞进靴筒内绑扎起来，达纳看得羡慕不已。他穿的也是乌拉靴，但里面穿的是线袜套毛毡袜，真想换一换再试一试，感受一番。头

打芦苇

上戴着毛茸茸的貂壳子皮帽，手上裹着“坎奇特”（一种马蹄袖），这可谓是装备齐全了。

可以这么说，达纳首次在苇荡里劳动就这么开始了。他对如何劳作还不知道，内心忐忑不安。还好，到了劳动场地后，生产队负责人就来到现场，告诉这些新手们如何运作。达纳的活儿实际上很简单就是把打下的苇堆挪出来，开出道路，方便下一圈割苇顺利进行，要求苇堆还不能乱了。刚开始很轻松，后来场地的扩大，一圈劳作下来需要一个多小时，虽然轮回运作，劳动强度还是很大的，半天下来已经感到疲惫不堪，4个干此活儿的感受差不多，男孩子要比女青年好一些。就这样，真正劳作的日子从此开始了。几天下来，年少的韧性逐步显现出来，就不感觉到太累，食量明显增加，跑上一个多小时也能坚持到最后。

达纳跟的割苇机驾驭者名叫温嘎，年纪在二十五六岁，有一张白净英俊的脸庞，身材修长，劲力十足。可他对达纳的态度不是那么好，达纳老有一种被调理的感觉。他故意把苇堆放得小而密，增加了达纳的劳动强度。温嘎还不怀好意地笑一笑，说道：“你不是挺能跑的？”但他的做法马上遭到捆苇子人的反对，温嘎放的苇堆子不规则，同样也加大了捆芦苇劳动者的劳动强度，因而他也招来呵斥，看来调理一人也把其他干活儿的人得罪了。一个多月下来达纳身体强壮了，也高了一些，40多分钟近一个小时跑下来，基本不感觉到累了，还能接应那两位大姐，更对温嘎的调理不屑一顾。最大的变化是饭量大增，二两多的豌豆包能吃五六个。另一台割苇机驾驭者为霍斯尔，年龄比温嘎小，是返乡知青，很有气质，人忠厚，乐于助人，对达纳还好，跟他的小工都是女的。达纳在工余时间还向捆包的长辈们学习讨教生产技术，帮助把苇捆归堆，每三五百捆一堆，摆摞齐整。

自当年11月中旬来到苇场，到第二年1月末，收割芦苇基本完成。眼瞅快到春节，重要的生产工序已接近尾声，大家在做回家的准备。

回到南屯第一件大事就是等待分红，生产队采取计件工分制，他们4个小工是固定工分。达纳的出勤率位居4人之首，年前开支收入180多元，对他来说这是一笔大的收入，是他劳动所得。他的父亲也没有向他问起如何支配这笔钱，捂在怀里几天后，他自己留下 10 元钱，其余的全部交给母亲。母亲颤巍巍地说了一句，达纳长大了，知道了一分耕耘一分收获的道理。达纳留下 10 元钱已经心满意足了。春节期间达纳走访了同学与朋友，讲述劳动的前后趣闻轶事，显得自己比他们多了一些生活经历，也比他们成熟许多，劳动改造了他。

苇塘趣闻轶事

参加冬季芦苇生产的 40 多人中，社员占了大部分。下乡知青也有不少，有天津的，有海拉尔的，也有达纳那样的学生。

生产队的苇塘营地，虽然是土房但比较温暖，朝南开门，门进去直接是厨房，东西南北角四个大灶，三个用来做饭炖菜，一个用做烧水，全部连接到火炕。东面有两个小屋用作女宿舍和年纪大的老社员宿舍，厨房西部大屋大约有 120 平方米，南北均为大炕，主要供年轻人居住。达纳住在大屋南炕西部靠近西山墙，右边是天津知青邢豪均，左边是达纳的劳动搭档斯仁，炕梢温度正好，不冷不热。北炕西部被几位天津知青占据，东部都是一帮小青年的，只是稍微比达纳大一些。南炕东部有几位年岁较大的，其中有一位“右派”分子，自 60 年代初下放一直在生产队干活，没有工资，与社员一样挣工分养家糊口，还有一个被称为“小学究”的同级同学。

早晨起床的时间以天明算起，做饭的大师傅公鸭嗓子就喊起来：“起床了！”除一部分小青年起不来外其他差不多都能起来。女的和年老的用锅里的热水洗漱，其他人大部分在外边放水后，拿起雪来当作水把双手搓洗干净，然后又捧起雪来搓洗脸部，进屋后用毛巾擦干，一个个满脸红扑扑的。第一次用雪搓洗手、脸颊冻僵，后转为刺热的体会与感觉让达纳至今难忘。

集体生产劳动总是与劳作再加上其中发生的“佐料”才叫人记忆犹新，达纳的一位校友，比他低一个年级，名为满达呼，实际岁数比达纳大上两岁多。进入数九寒天以后在苇塘干活儿的人都有烤火的习惯，把上不了等级的芦苇点燃，周围站了一圈人，边休息边烤火，还海阔天空地“侃大山”。那天满达呼自己拢了一堆火懒洋洋地在火堆边转来转去，烤火背、烤手等。周围干活儿的社员猛然听见一阵惨叫声，不约而同地转向发自声音的地方，只见满达呼身上冒烟，双手拍打臀部随地乱跳不止，大伙儿跑过去才发现满达呼屁股着火了，冒着火苗，一位大个子眼疾手快，把他摁倒在地，招呼旁人，赶快把雪捧来，盖住燃烧部位，火灭后大家才看到满达呼的棉裤里外全烧坏，屁股蛋上黑乎乎的燎起几个大泡。当然了，此后休息了近半个月才好。

每天清晨马倌要比其他打苇子人员起得要早，每日出工之前要把马群喂完草料饮水全部完成。一天中午，马倌对生产队领导巴雅尔说，现在马匹不知怎么不好好饮水。不知什么缘故，马倌从下边农区搬来不久，对这里的水土了解不多，巴雅尔叫上一位岁数大的老爷子，与马倌三人前往马匹饮水的地方，仔细观察，发现那里有片很大的冰面，上面用冰镐凿出溪口，涌出水来。在旁边细闻有一股腥味，只见溪口处密密麻麻涌动着一群小鱼，呵，都从冰口蹿上蹿下，这样的水面马怎能饮水。不小心就把小鱼喝进去，马是素食者，这种水难喝啊。巴雅尔看看马倌说：“这种水马怎能喝啊，赶紧找一处冰封的河面凿出溪口，那水在冰面下面流动，就没有这些小鱼了。”马倌在巴雅尔的带领下，找到了河面。原来整个冰面弯弯曲曲凹下来的地方，就是辉河水道。回

打芦苇

来一说，有些人就坐不住了，当然还有达纳，直接从厨房拿了大笊篱，一群人赶往原来饮马用的溪口，有人直接操作，捞出一笊篱一笊篱的小鱼。品种还不少，尤其以柳根、泥鳅居多。那个时候牧区的人们对小鱼是不感兴趣的，除了拿去做了炸鱼酱以外再没有动过。

呼伦贝尔草原这个地方，地广人稀，冬季候鸟早已南迁，苇塘里只有野雏、沙斑鸡、鸦鹊，因季节变换雪白色的猫头鹰和其他鹰，以及家雀还有一种不知名的身部淡黄色脖颈银白的小鸟——老人称之为苇鸟，以苇穗儿为食。给马喂料的地段与宿舍相距近百米远，当马儿离开后该地就成了沙斑鸡群觅食的天堂，天天光顾。达纳对沙斑鸡群的天天飞来，特觉亲切，很想贴近它们。达纳的伙伴斯仁从小对生活认识深刻，他对沙斑鸡虎视眈眈，早就有猎取之心，心中早有准备。一次下雪天出不了工，斯仁就加工出扣沙斑鸡的罩子，每到午间休息时就用罩子扣沙斑鸡，活捉沙斑鸡，到撤苇点时他已收获颇丰。巴雅尔对斯仁开玩笑说：“斯仁你可真是人小鬼大，现在都这么精明，长大后肯定会过日子，有了老婆你可不要这么能干才好。咋样，我给你介绍一个？”实际上，斯仁真的是“人小鬼大”，他对天津一位女知青常献殷勤，姐姐长姐姐短的，16 岁的人情窦初开了。以后，真印证了巴雅尔的预言，在小伙伴当中斯仁成家最早，40 岁出头就已经儿孙满堂。

冬天的苇塘动物很多，在雪地上经常能看到新踩出的动物脚印，野兔的脚印特别多，四脚落地，特别有规律，印记清楚。苇塘里司空见惯的是黄鼠狼走过的密密麻麻的脚印，印迹多但很少见到它们的身影。有一次芦苇生产中割苇圈越来越小，困住了正在苇子里逗留的两个黄鼠狼，前后左右都是捆苇子的人，另外割苇机发出震耳的声音，割完以后留出来的苇茬十分锋利，黄鼠狼只能慢慢地扭动躯体行走，跑动不了，达纳可没有活捉的胆子，只能在一边观看，斯仁上去一把抓住黄鼠狼脑瓜顶皮，活捉了黄鼠狼，装在工具盒里。达纳借此机会仔细看了看传说中的黄鼠狼是什么模样，金黄色的身躯，白嘴唇，白胡须，脊梁骨有一道白色针毛，四肢爪部位呈白色，体长七八十厘米（包括尾长），双眼黑黑的约有豌豆粒大小，有一股凶光，呲着嘴露出上下四颗尖

细的犬牙，异常锋利。晚饭以后大家要看动物世界，“猫鼠大战”。斯仁把黄鼠狼抓进屋，放到高约 1.3 米的铁桶里，黄鼠狼弹跳惊人，原地跳蹿足有 1 米，跃不出来只能在桶底里打转。有好事者把苇点饲养的三脚猫抱来，前两脚长在一起，但却灵巧异常。三脚猫一进到铁桶里，腰身鬃立，全身毛立起，呜哇乱叫，猫鼠咬在一起，一场大战，谁也制服不了谁，最后冒出一股臭味。屋里年岁大的气坏了，训斥这些半大小子的恶作剧。斯仁与天津知青邢豪均带上皮手套，强行分开黄鼠狼与三脚猫，分开后的黄鼠狼咬了邢豪均的手虎口部位，把皮手套咬了四个洞，四个牙印留在手上。斯仁接过黄鼠狼，与满达呼两个处理了黄鼠狼。事情到这里并没有完，第二天清晨没有一人按时起床吃饭上工，一大屋的人全部头痛头晕、恶心呕吐，症状到中午才有缓解；而斯仁与邢豪均二人尤为严重，第三天才缓过劲来。很多人都认为是猫鼠大战引起的，理由是另外两个小屋的人都平安无事，达纳想着也许真是那样的。

虽然都是在劳动，但强度是较大的，只是年轻人恢复得较快。晚饭后，老老少少都在饮着茶，听着茶余饭后的高谈阔论。有几个像达纳这样半大小子们，找天津知青老大哥讲故事，听其讲述天津的风土人情闲事趣闻；但达纳爱听老大哥讲的福尔摩斯探案的故事，此故事一开始就吸引周围的众人。其他也有听收音机的，除了样板戏就没有其他歌声，有的还是当时受禁歌曲，边远的民族地区所喜欢的不是这些。其中，也有几位集中在一起哼哼歌曲，有的还是当时受禁歌曲，但特别好听，达纳也学会了几首，如《敖包相会》《莫斯科郊外的晚上》等。“老右派”那里讲的达纳似懂非懂，提不起兴趣。以后回想起这些，达纳心中有一股说不出的滋味，有甜、有苦、有乐，也在追寻着心里也说不清楚的梦想，生活本不应该太单调。

岁月流逝，已 40 多载。达纳有几年就到退休年岁，奔波一生，平庸一生，没有跌宕起伏，潮起潮落。对自己没有不满足的，平头百姓都是这样过来的，很多人其中还有儿时的伙伴，已成为过往烟云，比起他们老天对自己关照有加，有什么不平衡，何况如今儿女双全子孙满堂，以享受天伦之乐为主。达纳身体不错，无甚大的毛病，他还要安度晚年，再活上二三十年好像无大的问题。

芦苇垛

第四章

史海钩沉

巴彦汗毒气实验场

赵玉霞

一、巴彦汗毒气实验场考察和研究

在韩晓、金成民编著的《日军七三一部队罪行见证》中有一段关于见证日本人在海拉尔进行野外实验的记述：七三一部队在海拉尔附近进行细菌野外试验，被知情人阿必德所证实。

阿必德，蒙古族，原兴安北省海拉尔人，1920年出生，1940年在海拉尔车站当售票员。现已离休，曾任内蒙古自治区呼伦贝尔盟政协副秘书长。1984年，他接受笔者采访时回忆说：

在海拉尔，知道侵华日军细菌部队的人不多了。海拉尔建市那年（1940），就听说有个代号叫“五四三”的日军部队。当时我在海拉尔车站当售票员，经常接触这支部队的军属人员，他们都穿着文职服装，不是从日本或者从哈尔滨来，就是回到日本或者返回哈尔滨去。按照当时的规定，只有省级、将军以上的官职人员才有资格乘坐一等车厢。这个部队最高是少佐级军官，但他们来来往往不但都乘一等车厢，而且只

拿百分之四十的票价钱，因此我断定他们可不是一般部队的人员。

当时海拉尔区内有日本陆军监狱、伪满警察厅监狱，还有第十军管区军法处的监狱。五四三部队的军医常到那里去，那里的囚车也常开往五四三部队。有时，他们还和从哈尔滨来的人一起坐着大汽车到海拉尔北部和东南的大草原去，几天后才返回，不知他们搞些什么活动。

步平先生在《北方文物》2001 年第 3 期发表的《残暴罪行不容掩盖》中记述了他们考察和发现巴彦汗毒气实验场的经过：

阿必德提供上述证言的时候，针对的是日本的细菌战问题。但是作为中国人，不可能准确了解当时日本军队的极端秘密的事情，所以他只能是根据自己所见到的现象进行一般的描述。从他所描述的情况来看，至少可以归纳出以下几点：(1)实验地点——“巴彦汗”，位于海拉尔区东南约 30 千米；(2)地形基本平坦，有小的丘陵；(3)附近有日本军队的工事；(4)平坦的草原上有许多人工挖就的大坑。

将这些描述的情况同上述日本军人回忆录提供的关于毒气实验的线索结合起来，在那里进行毒气实验的可能性很大，特别是他提到的挖出的许多“大坑”，似乎与进行毒气实验时放置实验对象的各种掩体很相近。如果循着这一线索调查的话，范围似乎又缩小了一些。所以重要的是能够找到巴彦汗这一地点，并且在那一地点找到实验的痕迹，例如那些日本军队的工事“大坑”。

关于实验的具体地点，在日本“光人社”出版的“证言·昭和的战争”丛书中，有一册题目为《啊！海拉尔——第八国境守备队》，书中有一篇由日本人回忆在海拉尔进行毒气实验的文章，从文章的记载来看，至少说明了如下情况：（1）日本军队在呼伦贝尔地区进行了毒气实验，实验了喷嚏性和糜烂性毒气的性能，使用的方式是放射、发射和空中撒播；（2）实验的地点是距离海拉尔区不远的地方，速度为 30 迈的汽车行进 3 小时，考虑到当时的道路条件、气象条件都相当恶劣，而且还要停车休息，所以可以推论实验地点距海拉尔区不会很远，估计在 50 千米以内；（3）文中说在哈拉哈河附近，但是哈拉哈河距离海拉尔区最近距离也在 200 千米以上，所以说哈拉哈河是不确切的，不过可以推论在演习地有

巴彦汗毒气实验场

巴彦汗毒气实验场

小的河流；（4）实验地点位于相对平坦的草原，有一些小的丘陵。

于是，根据上述的分析，把实验地点进一步确定在以海拉尔区为中心，50千米为半径的范围内。结合上述阿必德的回忆，我们决定以海拉尔为中心寻找巴彦汗，特别是那里的日军工事及分布在草原上的“大坑”。

2000年5月，我们来到海拉尔区，在访问当地老人和有关部门知情人的基础上，我们得知确实有叫作“巴彦汗”的地方，并且找到了向导，5月3日前往“巴彦汗”，那里是比较肥沃的草原。有几处被称为“山”的地方，其实不过是高地，坡度比较平缓。我们驱车开上每一个“山头”，以便寻找日军的工事。就在我们的汽车冲上第三座“山头”的一瞬间，一片巨大的钢筋混凝土的建筑物的残骸映入眼帘。混凝土的残骸有的还相当大，有的像是一面倾倒的巨大墙壁，上面还有方形的窗口或者是射击孔。在周围的地面上，还有一些没有烧尽的类似木制框架式的东西。轻轻拨开地面上的土层，一些白色的陶瓷片显露出来，有的上面还有蓝色的纹饰，还有蓝色的五角星，这是日本陆军物品的标志。

在这座小山的周围，还分布着几座小的山头。用望远镜看去，似乎也有类似的情况。驱车上到一个有工事痕迹的山头，果然又是一座工事的残骸，规模似乎更大，里面的积雪还没有融化。

有关资料和回忆录记载，由于当时东北西部与苏联交界地区是辽阔的草原，难以防卫，所以在战争后期，关东军把海拉尔作为抵抗苏联进攻的主要阵地，基本放弃海拉尔以西至满洲里间的草原地区。守卫海拉尔的关东军第八国境守备队在海拉尔区周围的山上修筑了巨大的坚固的工事，拟对苏联军队进行顽强抵抗。至今，这些工事的遗迹还依然存在。但是，在距海拉尔区南数十千米外的巴彦汗修筑这样的工事，从战略上是说不通的，是不是同毒气实验有关？

5月5日，我们继续在巴彦汗地区调查，在汽车驶上一个丘陵时，我们的眼前豁然开朗，在一片辽阔平坦的草原上，真的分布着许多大小不等的坑，数量很多，从远处看特别明显，也特别奇特。因为在其他的草原地带，地面即使有坑洼，也就是偶然的一两处，那是天然的坑洼，不足为奇。但是眼前的情景让人吃惊：大坑是

那么多，简直没有办法统计。初步估计在约 4 平方千米的范围内有 200 余处大坑。

我们驱车前往，从车上跳了下来仔细观察和测量。那些坑的大小并不相同，大的可以开进一辆汽车，而且坑的一侧坡度比较缓慢，估计是为汽车开进去而设计的，也有的坑稍微小一些，最小的能够容一个人蹲下。难道这真的就是进行毒气实验的实验场？这么偶然地碰上，我简直不敢相信。但是考虑到松村高夫先生寻找到并发表的毒气实验的论文，同这一地点是多么相似。我们对这些有特点的大坑从不同的角度拍照、测量。因为数量太多，分布的面积太广，根本不可能短时间全部测量完，只能在两处比较小的范围内测量不同类型的坑的位置，共测量较大型“坑”22 个，较小型“坑”23 个，并对若干有代表性的“坑”进行细致测量。

根据初步的测量，“大坑”的形状可分为 6 类：A. 长方形，长约 6 米，宽 2.5 米，无出入口；B．长方形，长约 8 米，宽 2.5—4 米不等，北侧有出入口；C. 方形，长宽约 4 米，有出入口及通道；D. 长方形，北侧有小出入口，一种长约 13 米、宽约 3 米，另一种长约 5.5 米、宽约 2 米；E. 圆形；F. 马蹄形。

离开这一地域向北再行进 2 千米左右，有两处高地，也可称为丘陵。爬上丘陵，可以清楚地看到那一片分布大坑的地域。结合日本军人的回忆，当年在距离实验地约 2 千米处设有观察所，位于高地上，可以比较清楚地观测实验效果，这一地点恐怕就是当年观察所的所在地吧，因为周围只有这两处高地。爬上另一座丘陵时，看到正在悠然自得地吃草的马群，放牧的牧民骑在马上，我们停车下来，才发现居然飘起了雪花，难怪牧民穿着厚厚的皮衣，戴着皮帽子。我们上前询问，问他是否知道当年的事情，后来得知他只有 50 多岁的时候，才意识到这样的问题有些唐突。果然，他根本不知道有毒气实验的问题，甚至连毒气是怎样的事物也不知道。又问他那些大坑的来历，他也说不知道，但是说他从孩提时代就知道有那些大坑。看来，那些大坑不可能是近年的产物，而在战后初期，呼伦贝尔地区人口稀少，更不可能动员那么大的力量在草原上挖坑。所以从种种迹象看，这些大坑与毒气实验有密切的关系。

巴彦汗毒气实验场

回来后找到日本陆军省在1943年制定的工事建筑标准，可以看出，位于巴彦汗地区的大坑同标准中规定的工事形状制式是一致的。

自2000年以来，哈尔滨社会科学院将此实验场的调查与研究列入重点课题，不断加大调查与研究的力度，多次派金成民等研究人员前来考察。一些国内外专家学者陆续前往巴彦汗毒气实验场考察。日本的战场遗迹学学者辻田文雄、伊藤厚史及中国日本问题著名学者步平先生等都曾在此考察研究。哈尔滨社会科学院特邀研究员、呼伦贝尔市的侵华日军细菌毒气战研究学者徐占江多次前往考察，并取得诸多重要成果。2000年9月至2015年，徐占江率领的由呼伦贝尔军分区、呼伦贝尔经济文化研究中心、内蒙古社会科学院呼伦贝尔分院、呼伦贝尔民族博物馆等单位组成的考察组，考察了巴彦汗毒气实验场30余次。

考察组采用GPS定位，实地测量、踏查、拍照等手段，对巴彦汗毒气实验场进行了全面考察。获取了大量数据，之后又经过微机处理，绘制了《巴彦汗日军毒气实验场位置示意图》《巴彦汗毒气实验场主要地面工事示意图》，编制了《巴彦汗毒气实验场图片集》，编纂了《巴彦汗毒气实验场要览》。

考察巴彦汗毒气实验场

2004 年 8 月中日联合考察团考察巴产汗毒气实验场

经过考察和初步研究后，考察人员对巴彦汗日军毒气实验场有了一个比较清晰的认识。但由于实验场面积过大，逐点测量还需深入工作。

2005 年 6 月 26 日，哈尔滨市社会科学院组织专家考察团在巴彦汗毒气实验场进行了考察，并召开了论证会议。经过论证，专家一致认为：

1. 这是目前发现的第二次世界大战期间世界上最大的毒气实验场。

2. 这是世界上目前保存最为完好的第二次世界大战期间的毒气实验遗迹。

二、巴彦汗毒气实验场自然概貌

巴彦汗地区位于内蒙古自治区呼伦贝尔市鄂温克族自治旗巴彦托海镇行政区域内，处于巴彦汗山（蒙古语意为“富饶的最高山”）西部。实验场得名于巴彦汗山。北与海拉尔区哈克镇相邻，与哈克镇相距 10 千米；东北连巴音嵯岗苏木，东南、南部与锡尼河东苏木接界；西、西北部与巴音塔拉达斡尔民族乡接壤。实验场四角位置地理坐标：西北部北纬 49° 8′ 11″，东经 119° 50′ 44″；东北部北纬 49° 8′ 12″，东经 119° 58′ 9″；西南部北纬 49° 1′ 42″，东经 119° 50′ 44″；东南部北纬 49° 1′ 40″，东经 119° 58′ 3″。实验场中心位于东经 119° 54′ 44″，北纬 49° 04′ 48″，东西宽 8.96 千米，南北长 13.1 千米，面积 110 平方千米（不规则概算面积）。目前此地为巴彦托海镇雅尔赛、团结、巴彦托海、马蹄坑嘎查的打草场。

巴彦汗地区为丘陵地带，地势由东南向西北倾斜，东南为五顶山，也称五峰山，蒙古语称“塔博陶拉盖”。最高峰为巴彦汗，海拔 841 米。五顶山为一群丘陵—低山地貌组合，呈西北东南向分布，系石质低山丘陵地貌小区，海拔 700—860 米，山势较为和缓，坡度一般在 30 度以下。

巴彦汗地区处于高中纬度，属中温带大陆性气候。冬季漫长寒冷，夏季温和短促，降水较集中；春秋两季气候变化剧烈，降水少、多大风；气温年、日较差大，无霜期短，光照充足。

本地区 4—5 月为春季，6—8 月为夏季，9—10 月为秋季，11—3 月为冬季。本地冬季平均气温为-20℃，平均风速 4 米 / 秒，平均降水量为 14 毫米，占年降水量的 6%，平均积雪深 26 厘米，个别年份可达 60—70 厘米。

巴彦汗地区年平均气温在-2.4℃—2.2℃之间，年最低气温为-46.6℃，最高为 37.7℃。年最多降水量为 490 毫米，最少为 210 毫米。全年无霜期平均在 100—120 天。年平均风速在 4 米 / 秒以上，大于 5 级风的日数年均 30 天左右，最多风向为南南东和南南西。

巴彦汗地区西有伊敏河，距实验场 10 千米；南有锡尼河，距实验场 14 千米；东有扎尼河，长 34 千米，距实验场 15 千米。

巴彦汗地区土壤主要为黑钙土，波状起伏的高平原连片分布。植被为草原植物群落、羊草、大针茅为优势群系，分布极广，常见的建群种有羊草、冰草、克氏针茅、百里香、寸草苔、糙隐子草、豆科黄芪、扁蓿豆、麻花头、蓬子茅、狗娃花等。草群密度 70%—80%，高度 50—80 厘米。

三、日军在巴彦汗设置毒气实验场的原因

长期以来，一些中外专家学者对第二次世界大战期间日军的化学战进行了系统研究，他们的研究成果证明：日本侵略军在中

国进行了大量生化武器实验，并在中国战场上进行了化学战。其中日本关东军所属的七三一部队、一〇〇部队及五一六部队曾多次在呼伦贝尔地区进行细菌、毒气实验，并在诺门罕战役中进行了细菌和毒气战。而巴彦汗毒气实验场，就是日本关东军在中国东北地区设置的最大的生化武器实验场。

日本关东军在此设立生化武器实验场，一是因为日军在当时一直把苏联作为进攻对象，而呼伦贝尔地区的气候、地貌等重要自然条件与苏联相似；如果与苏联发生战争，作战的环境肯定多是在寒冷的条件下进行，在此进行实验，除实验效果好外，还可直接投入战争。二是此地是游牧民的游牧场所，地广人稀，宜于保密。

四、巴彦汗毒气实验场遗构与遗物

遗构

巴彦汗毒气实验场的土筑遗构约有千余处，分布在近110平方千米的草原上。由于实验场位于草原深处，无人为损坏及当地植被良好，而没有被风沙埋没，所以时过60余年，实验场千余处土筑遗构仍保存完好。根据生化武器实验的需要，日军在实验场构筑了形制各异的工事。根据考察实测，这些工事主要有堑壕、交通壕、汽车和坦克掩蔽部、各种步兵作战掩体、土筑炮阵地、指挥所、大小牲畜及小动物坑、混凝土碉堡和蓄水池及地下工事等30余种。主实验区设在北纬49°03′48″，东经119°54′44″。比较集中分布的有6处，其中南部多为马蹄形单坑、交通壕及部分堑壕；在北部多为马蹄形工事群内的炮弹坑，能容纳汽车和战车的大坑和马蹄形及其他形制的大坑；在东北部是一片较大连片的堑壕、交通壕、能容纳汽车和战车的大坑、炮阵地、步兵作战掩体等；在西北部多为马蹄形步兵作战掩体，并在工事中间有均匀着弹点的炮弹坑，中部多为步兵作战掩体、炮阵地；在东北部高地和西部高地实验场边缘地带分别筑有混凝土碉堡、蓄水池和地下掩蔽部；在东南高地，则是一个单独的连片实验工事群，有多种形制。

巴彦汗毒气实验场大部分保存完好，但在实验场西北部因为建立人工草场需要，约有1万亩草场的数百处工事被马蹄坑嘎查的牧民用推土机填平，围上了网围栏，其内播种了牧草。

遗 物

据当地老牧民介绍，在日军战败后，在巴彦汗地区曾发现过日军遗留下的木桩、铁器等物品。

近几年，住在实验场附近巴彦托海镇马蹄坑嘎查的牧民曾在此地捡到过爆炸后的炮弹皮，因为钢好，被人们打制刀具用了。牧民多金凤家曾捡到一颗20公斤重的炮弹被当作废铁卖了。牧民金铁柱将捡到的小炮弹壳镶上铁锹把当榔头使用。

五、日军毒气战演习

关于日本关东军在呼伦贝尔地区进行毒气战演习的一些情况，在日本“光人社”出版的“证言·昭和的战争”丛书中的一册《啊！海拉尔——第八国境守备队》中有一篇由日本人写的《满洲雪原上的恐怖的化学战》，专门讲日本关东军在呼伦贝尔草原进行化学实验的内容：

海拉尔的血色黄昏

司令部的房子终于建成了，我们被安排在2楼，那里有观测班、预报班、统计班和通讯班。虽然我们只进行了4个月的速成训练，但是训练很有成效，已经能够发挥作用了。我被分配在预报班。

11月，我和岩田接到命令，要我们到海拉尔参加一个月的毒气演习。

接受命令后，我们就乘上了从哈尔滨到海拉尔的列车。

（乘车过程和到达海拉尔的过程以及关于海拉尔的描述从略。）

晚上，我们住在日本式的旅馆里，舒舒服服地洗了热水澡，一切疲劳都消失了。

第二天早上，有人来给我们每人送来一大包东西，原来是防毒面具，以前听说过但是从来没有见过。看来我们要参加的是毒气演习了，我和岩田互相对了一下眼神，谁也没有说话。

这就是毒气演习

爬到卡车上，视野很开阔。但是天气太冷，汽车开起来又有风，为了防寒不得不把帽耳都放下来，把头包得严严实实，只露出眼睛，其他地方都不能漏缝。

来自西伯利亚的寒流始终徘徊在贝加尔湖附近，所以一直是干冷干冷的晴天。我和岩田把观测器械、通信器械都装到木箱里，用绳子仔细地捆好，堆放在卡车上，然后背对汽车前进的方向，蜷缩在那些箱子之间，以躲避寒冷的风。

汽车的速度是30迈左右，但是机械传动发出的急促的声音给人以车速很快的感觉。海拉尔说是个城市，其实就是牧民们夏天放牧的根据地，没有什么产业。只是由于关东军在这里驻扎和增兵，才使海拉尔有些生气。

汽车很快就开出了市区，眼前出现了白皑皑的雪原。

三辆汽车排成一行纵队前进在丘陵的谷地间，没有正式的道路，反正是怎么走都可以，无所谓道路。最前面车上拉的是当地的驻军，因为向导坐在司机旁边引路，后面的车都跟着他走。远处小山的上空有一片云，阳光从云的缝隙中照射下来，形成一束束奇妙的光线。光线投射在雪地上又反射回来，似乎是从雪地上发出来的光彩，真是从来没有见到过的奇特景象。

突然车停了，命令“下车！”

前面两辆车上的士兵一下车就立即跺脚，看来是冻得不轻。原来停车的目的就是让我们稍微活动一下，避免被冻僵了。但即使是这样不时地停车小休，在车上面待上一个小时都是很困难的。所以我们就同坐在助手席位上的人互相轮换到驾驶室暖和一下。

第二次换到车上面时，汽车从海拉尔出发已经开了3个多小时。可以隐隐约约地看到前方的黑色的小三角形的东西。原来以为是鄂伦春人的部落，但是开到前面才发现是一大群帐篷。原来是为了这次演习专门预备的，有数十顶，俨然是一个大部落。

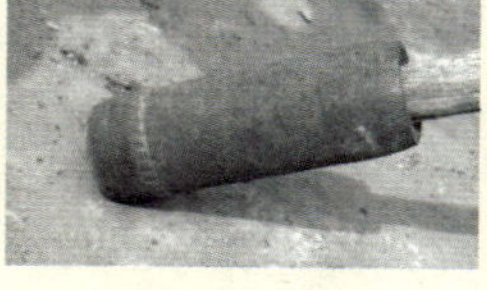

炮弹壳做成的榔头

我们所在的气象队分到了两顶帐篷，帐篷是八角形的，中央有铁皮制的圆形火炉，这是关东军为在极寒地带对苏作战而专门开发的设备。

帐篷的周围用雪围了起来，雪的高度几乎是帐篷的三分之一。只有门的部位有一个缺口。因为天气寒冷，我们不得不戴着手套搬东西，加上厚厚的防寒靴子，动作很不灵活。

进了帐篷后马上生火，燃料是木柴和煤。帐篷的顶上有一个黑黑的洞，烟筒从那里伸出去，烟筒与布帐篷用石棉隔开。每个帐篷都在生火，有的烟筒里冒出的是黑色的烟，有的却是像棉花一样的白烟。看起来真是一个帐篷村庄。

就这样过了一夜，从这以后，几乎一个月的寒地毒气演习，我们都是在这个帐篷里度过的。

这里位于呼伦贝尔高原的东端，哈拉哈河（应为伊敏河——编者）支流就从旁边流过，那也是我们的水源。把从那里砸下来的冰融化后烧水做饭。演习的第一晚，园部中尉在帐篷里对我们说："这次演习是毒气演习，以检验毒气在极寒地带的效果。演习结束后，即使你们回到新京，也绝对不许向别人讲这件事。我们气象队的任务是检验在什么样的气象状态下毒气的效果发挥得最好。因为天气特别冷，一定要注意不要冻伤。"

听说在华北的山西，日本军队已经使用了催泪性的毒气。所以一旦日本同苏联开战，当然要使用毒气。研究在极寒地带使用毒气的方法，恐怕是关东军的重要任务吧。

明天就要进行演习了，我们都很兴奋，难以入睡。山下伍长带领少年兵在练习使用防毒面具，一遍又一遍，已经十分熟练了。外面值班的哨兵在帐篷周围走来走去，踩着积雪发出咔嚓咔嚓的声音。数十根电线杆上的电灯都打开了，似乎像一座不夜城。这么多的哨兵一是为了防间谍，二是为了怕发生火灾。他们每隔两小时换一班， 已经换了几班，我们还是没有睡意。

我们想起在东京的陆军气象部接受教育期间教员所讲的：

"所谓的毒气，分为液体和气体两种。芥子气和路易氏气都属于液体一类，是糜烂性的毒气，对于人或动物的皮肤作用强烈，可以用飞机将其撒播在敌方要塞或阵地的周围，像下雨一样，液体的效力可保持相当长的时间。"

所谓的气体如"光气"等，可以装在炮弹中；用掷弹筒或迫击炮发射到敌方。还有催泪性、窒息性和呕吐性的毒气。

作为这次毒气演习所利用的实验材料，除了人以外，还有通信鸽和军马。演习的第一天，前往距离帐篷村数千米的雪原，进行催泪毒气的实验。

讲义上讲述的发射毒气最有效的气象条件是：

1. 在距地面 5—10 米的高度有气温的逆转层；所谓的逆转层，是说在一般的情况下，气温是随着高度而降低的区间相反，即温度与高度成正比，这一高度区间就是逆转层。演习那一天，气温的逆转层在地面以上 6 米左右。

2. 经常有吹向敌方的风，即风向基本稳定。

3. 风速在 3—5 米左右，过低不能将毒气迅速排放到敌方，过快又会把毒气吹散。演习那天，风向西南，风速 3 米。

我们气象队竖立起 7—8 米高的铁管接起来的柱子，上面有风向计、风速计、温度计等，测量各个高度的温度和风向、风速。证明确实存在逆转层。

气象队的成员在 2000 米的宽度上分成几个地点，用风向计和风速计测量风，把结果用电话及时报告给本部。

催泪毒气罐高约 20 厘米、直径约 10 厘米，由士兵将其与风向呈 90 度角排成一列，长达 1000 米。

排列好了以后，用电线把罐的导火索连接上，各种准备完成后，中队长一声令下，按电键通电后点燃了导火索，一排火花闪烁，发出“嗞嗞”的声音。不一会儿，火花消失了，随即黑烟在 1000 米的沿线升起，毒气罐开始放射毒气。一两秒后，黑烟越来越浓厚，像波涛一样翻滚，黑烟的前端像云层一样有细细的白色的边缘。

因为假想敌在前方、东方，所以风向正好。

毒气发射后，戴了防毒面具的步兵部队开始向放毒的前方运动。两匹马被他们拴在前面的桩子上，还有两三个笼子，里面是通信鸽。

我们在观测完成后，也接到了戴着防毒面具向前方推进的命令，立即进入了毒气放射区。

尽管戴了防毒面具，但是我们的鼻子立刻嗅到了强烈的化学物质的气味，“哎呀！不得了！太呛了！”我们都拼命地向前跑，想冲出毒气区，但是眼泪和鼻涕一起流了出来，在黑黑的浓烟中，几乎什么也看不见了。出发前目测估计了距离，大约冲出毒气罐地带有 50 米，才能看清楚眼前的东西，我也总算松了一口气。擦去眼泪后再回头看，只见黑烟依然

笼罩着山头，隆隆的炮声从东方传来。

慢慢地，黑烟飘过了山头，向远方的雪原扩散了，等确认已经安全后，园部中尉带领我们返回，军马和通信鸽的笼子也带上。

晚上，园部中尉在帐篷里对我们说：“看来在毒气攻击下，人是最弱的。马和鸽子都没有什么问题，这次的实验证明了这一点。”

这一天进行迫击炮的毒气弹演习。天气相当晴朗，视野可达10千米左右，但是很冷。夜间的温度在零下30摄氏度，白天即使在下午也在零下15摄氏度。阳光在白雪的反射下闪闪烁烁，但是照在脸上似乎感觉不到温度。

呼伦贝尔高原比较平坦，夏天是一片草原，冬天是一片雪原，我们就把气象观测站定在这样的丘陵上。

两个迫击炮中队位于观测站西南2000米的地方。

这次的演习目的是检查呕吐性毒气弹，调查毒气弹爆炸后的烟幕的扩散状态。考虑到弹片可能造成的伤害，我们先躲避在炮队的后方。

所谓迫击炮就是同中国军队作战时经常使用的炮，炮弹的尾部有翼，飞行时发出声音，可以观察到它的运动路线，我也是第一次见到。

中队长一声令下，两个中队的10门炮一起开火。声音很大，有些像开汽水瓶的声音。距离迫击炮近的话，可以看到炮弹飞行的弹道曲线轨迹。

炮弹在大约2000米的雪地上爆炸，雪和土被炸飞起来，黑烟升了起来。在10千米以外看，好像是舞台上戴着黑头巾的男人在表演，大概是呕吐性毒气出来了。速度不快的迫击炮弹在天空飞行的时候容易受到气流的影响而偏离轨道，有的炮弹偏到落在气象观测站附近。

“不好！炮弹发射结束后赶紧观测！”园部中尉担心观测站受到破坏而无法进行观测。

炮弹发射了5分钟结束了，黑烟还没有散去时，井上军曹就直起身大喊：“好啦，跟我来！”我们也都起来，爬上卡车，向观测站迅速地冲了过去。

（以下是修复气象观测器械的记载，从略。）

演习后半段的一天，下起了大雪。这时进行了从飞机上撒播毒剂的演习，撒播的是芥子气和路易氏气的液体。

在中苏国境线两侧，日本军队和苏联军队都有大量的要塞和阵地。

在大兴安岭，还有许多使用中国的劳工建设的军事要塞，那些要塞的规模据说可以同法国的马其诺防线相媲美。在战争中如果在那些要塞或阵地的周围用飞机撒播了毒剂，就会起到切断其后路的作用。因为糜烂性毒气的伤害能力持续时间很长，为了不使自己人受到伤害，所以没有使用实物，而使用掺了红颜色的水。用红色的布在地面上铺了长20米、宽50厘米的十字，作为假想的敌人阵地，我们测量从各个高度撒播毒剂时候与风力、风向的关系。

一个月的演习终于结束了，我们把气象器械装到箱子里，准备返回新京过新年。但是，在海拉尔住了一夜后，接到命令，在一面坡还有15天的演习，气象队要参加，从海拉尔直接前往一面坡。

参考文献

[1] 步平：《残暴罪行不容掩盖》，载《北方文物》2001年第3期，第81—83页。

[2]志贺清茂:《啊!海拉尔——第八国境守备队》,日本光人社,1992年版。

辉河地区
“巴彦乌拉”古城与“大浩特罕”古城

石双柱　金　巴　扎·斯仁达西

在内蒙古自治区呼伦贝尔市鄂温克族自治旗辉苏木境内，有一个古城池建筑群落遗址。遗址共有7处，位于辉苏木所在地——浩日嘎基拉西北。在辉河、布哈河、西热勒吉河河道之间的河谷平原和西热勒吉河以西的平原上有6处，辉河东岸有1处。辉河在大浩特罕南向东流去，在不远处折向北，经辉苏木所在地西侧，东流注入伊敏河，伊敏河再汇入海拉尔河，最后汇入黑龙江的上源额尔古纳河。

辉苏木位于鄂温克族自治旗西南部，南与兴安盟科右前旗接壤，西与新巴尔虎左旗为界，东与锡尼河西苏木、伊敏苏木为邻，北部与锡尼河西苏木为邻。古城所在地区，现今属于鄂温克旗与新巴尔虎左旗交界地带。

其中布哈河右岸的被称为“白彦乌拉额尔滕奈浩特”（又名巴彦乌拉古城，亦称白彦乌拉古城）的古城遗址，东距辉河约12千米，西距西热勒吉河约2千米；被称为“额杜格浩特罕”（大浩

特罕）的古城遗址，东距辉河约2.5千米，西距“白彦乌拉额尔滕奈浩特”约8千米；被称为“尼斯昆浩特罕”（小浩特罕）的古城遗址，北距辉河约1千米，西南距“白彦乌拉额尔滕奈浩特”约8.5千米，东南距“额杜格浩特罕”约3千米；被称为“浩勒特好”的古城遗址，北距辉河约1.5千米，西南距“白彦乌拉额尔滕奈浩特”约8千米，东距“尼斯昆浩特罕”约2千米，东南距“额杜格浩特罕”约5千米；被称为“赫热木图”的古城遗址，东南距“白彦乌拉额尔滕奈浩特”遗址约14千米；被称为“白彦诺尔浩特”的古城遗址，东北距“白彦乌拉额尔滕奈浩特”约4千米，距西热勒吉河西岸3千米；被称为“辉道浩特”的古城遗址，西北距“白彦乌拉额尔滕奈浩特”约18千米。辉河流域的这7处城池遗址相互距离较近，文化特点相同，表明建城年代相近，应该是以巴彦乌拉古城为中心的一个整体建筑群落遗址，可以将其看成是一个完整的聚落整体。

一、巴彦乌拉古城

“白彦乌拉额尔滕奈浩特”是蒙古语，“白彦”或“巴彦”是富裕、富饶的意思，“乌拉”即山、山头之意，“额尔滕奈”是早的、早期的、古老的意思，“浩特”即城、城池之意。白彦乌拉额尔滕奈浩特用蒙古语、汉语混合直译为“白彦乌拉古城”，是辉河流域古城群落遗址中最大的城池。古城近方形，由外城和内城两部分组成，内城靠北部有宫殿及与宫殿配套的3座小型建筑遗址，城墙均为土筑，内外城墙四面各有一门。外城墙南北长410米，东西宽440米，周长1700米。方向朝南偏东30°。从城墙残土看，外城四角有角台，残高约2.5米，没有明显马面和瓮城的残土。城墙残高1.5至2米不等，顶宽约4米，宽15米，低矮参差。外城墙外有防水的壕沟。内城墙南北长150米，东西长140米，城墙残高不过0.3米，宽10米。宫殿台基高约3米，南北宽42米，东西长50米。大殿前台阶长10米。台阶前边东西两侧各有一方形土台，残高1米，每边长10米。大殿废墟上，残砖碎瓦比比皆是，柱础坑排列成行，露出的一块玄武岩柱础石，为不规则六棱柱体，粗

古城遗址

糙质朴无纹饰。大殿与南门之间有青砖铺的甬路相通。甬路宽 8 米，长 100 米。外城和内城之间有较大的空隙地带，这些空隙地带也许是为了搭起木房、蒙古包和帐篷而特意设计留下的。

二、大浩特罕古城

古城遗址瓦砾

大浩特罕，西距白彦乌拉古城约 8 千米，东距辉河 2.5 千米。土城呈长方形，南北长约 380 米，东西宽约 400 米，周长 1560 米。城墙为夯筑。城内建筑遗址，出土一块花岗柱础石，略呈鼓形，周围雕有宝相莲瓣纹饰。有青砖、灰布纹瓦、黄釉绿釉琉璃瓦。外城内东南建筑遗址上有方形花岗岩柱础石。地面散布有大量的辽代蓖纹陶片、布纹瓦片、缸片、黑釉瓷片以及烧结的窑渣等。城内也有较大的空隙地带。这个古城遗址，被当地人称为“额杜格浩特罕”，汉译为“大浩特罕”。

外城大部分已被水冲毁，仅东侧和北侧残留一部分墙体，城墙基宽约 20 米，现高约 1 米。在古城内西北、东北、东南各有一建筑废墟，估计西南角也应有一建筑废墟，彼此之间是对称的，好像群星拱月般地守护着内城。废墟之上有砖瓦碎片，其中东南废墟高约 3 米，其上有灰色板瓦和琉璃瓦片。整个外城其他地方比较空旷，可能主要是架设蒙古包的空间。

内城呈长方形，坐北朝南，四边城垣形状完好，城墙南北宽 140 米，东西约 97 米，城墙最高处约 2.5 米，一般高 2 米左右。东墙和南墙有被挖开的断面，夯层厚约 10 厘米。北墙外有一条长约 6 米的深沟，沟北有一堵墙，宽约 2 米、高约 1 米多，西北角已被洪水冲毁。南面设有一门，门宽约 12 米，东西两墙中段各有一不太明显的缺口，宽约 7 米，其破碎的砖瓦比比皆是。这两个缺口可能是内城之侧门，侧门可能原来没有门楼。东墙缺口处，有灰色筒瓦、黄釉琉璃筒瓦、绿釉琉璃板瓦碎片等。黄釉瓦片厚 1.4 厘米，绿釉琉璃板瓦片厚 1.9 厘米。由内城南门往北有一条大街，现依稀可辨，直通城内的一高大建筑（废墟），建筑（废墟）面积南北长 25 米，东西宽 18 米，现高 4 米多。盖山林推测，这个高大的废墟就是斡赤斤的宫殿遗址。废墟上有黄釉和绿釉琉璃瓦片、残砖、灰色筒瓦、灰板瓦片，还有红烧土块、碎兽骨、铜屑和绿釉琉璃建筑饰件等。有一石柱础平置于地，侧面雕刻着莲瓣。在此废墟之顶，有人挖掘一坑，坑边残砖断瓦甚多。内城除上述建筑（废墟）外，地势平坦，偶见略高于地表的土丘，地面蔓草丛生，地表遗物较少，偶见砖瓦和白釉瓷片等。

大浩特罕（额杜格浩特罕）是相对于在巴彦乌拉古城东北约 8.5 千米，东南距大浩特罕约 3 千米，北距辉河约 1 千米的一座城池而称的，当地人称其为“尼斯昆浩特罕”，即小浩特罕。小浩特罕亦为土城夯筑，呈长方形。南北长 150 米，东西宽 110 米，土墙残高 2.5 米。南面有一门，城内中央有一不规则的建筑台基，高 2 米，建筑废墟上有青砖、灰瓦、青蓝色钧瓷片。

“大浩特罕”是混合语，“大”为汉语，语义如字，即大小的“大”，“浩特”为蒙古语，意为城市、城，因此，“大浩特罕”即大城之意。辉河之“辉”也是蒙古语，是“辉腾、奎滕”的简略式，具有冷、凉的意思。因此，辉河即冷水河、凉水河之意。也有人认为“辉”来自于蒙古语的“槐因”，即森林之意。因此，辉河又有“林中之河、有林子的河”的意思，苏木因河得名。

1964 年，中国考古学家盖山林考察过两座古城，后期呼伦贝尔地方文物部的门米文平也考察过，但是始终没有开展正式的发掘工作。因此，对于这些古城的年代归属和建筑时间有一些推测性的说法。

第一种说法是成吉思汗的四弟铁木哥·斡赤斤的宗王城。据历史资料记载（拉施特《史集》），成吉思汗 1206 年建立统一的“大蒙古国”后，按照蒙古族的习俗，把草原分封给自己的兄弟和子孙，其中把今新巴尔虎右旗以西、克鲁伦河中游一带草原分封给了他的同父异母的小弟别勒古台；把今新巴尔虎左旗南部、哈拉哈河上游、乌尔盖河及大兴安岭南侧，分封给了三弟合赤温的儿子阿勒赤台；把海拉尔河、呼伦湖以及东，包括今新巴尔虎左旗北部、海拉尔区、新巴尔虎旗、额尔古纳市、根河市等广大土地分封给了其二弟拙赤哈撒尔；把辉河、伊敏河以南，包括今鄂温克旗、牙克石市南部、扎兰屯市、阿荣旗、莫力达瓦达斡尔族自治旗直至沿嫩江一带，分封给了他的幼弟（四弟）斡赤斤。根据此判断，蒙古汗国时期，

古城遗址磐石

古城遗址瓦砾

呼伦贝尔草原南部曾居住过的宗王，只有成吉思汗的四弟铁木哥·斡赤斤，这些城池因此很可能与他有关。另外，在拉施特所著的《史集》中记载：“在蒙古人中间，斡惕赤那颜（斡赤斤）以好兴建宫院著名，他到处兴建宫殿、城郊宫院和花园。他的地面（封地）和禹儿惕（营帐）位于蒙古斯坦遥远的东北角上，因此在他们的彼方就再也没有蒙古部落了。”据此断定巴彦乌拉古城即为斡赤斤故城。

另据《长春真人西游记》记载，1220年，山东73岁的全真教道长丘处机奉成吉思汗旨西行觐见大汗的时间及路线如下：蒙古太祖十五年（1220）正月，从莱州出发，选本门弟子十八人从行。二月至燕京，五月至德兴（今河北涿鹿），八月至宣德（今河北宣化）。次年二月出塞，从翠屏口北上，度野狐岭（今河北张家口外万全县）、抚州（兴和县）、盖里泊（今伊克勒湖）、鱼儿泺（今内蒙古赤峰市克什克腾旗达里诺尔湖）。四月初至斡辰大王（成吉思汗四弟）帐下，又西北行，经陆局河（今克鲁伦河），翻长松岭（今杭爱山），至窝里朵。根据这些历史记载，一些学者认为辉河地区的古城就是斡赤斤时期的古城，盖山林认为，被现在当地人称为“大浩特罕”的古城，就是长春真人丘处机西行途中经过的“斡辰帐下”大王城。

第二种说法是辽金时代—蒙元时代的古城。有学者根据该城址曾出土过龙纹瓦滴和古文献的记载，推断巴彦乌拉古城为辽、金、成吉思汗时代的边防城遗迹，其建筑年代为939年（辽太宗耶律德光会同二年），蒙古汗国初期。一是从城池轮廓布局、建城方向、地理位置等各个方面考察，具有辽代防守城池的特征。二是古城呈“回”字形，分内外两城等特征与辽代建筑格式相同。例如，辽代上京临潢府（今内蒙古自治区赤峰市巴林左旗林东镇南）由皇城（北）和汉城（南）组成；南京析津府（古称幽州，今北京市）分为宫城和外城；东京辽阳府（今辽宁省辽阳市）也分为宫城和外城；西京大同府（今山西省大同市）和中京大定府（今内蒙古自治区赤峰市宁城县）也都分为内城和外城。这种建筑习惯与契丹国对其他族群的统治制度有关，制度规定了对其他族群“因俗而治”的制度，“以国制治契丹，以汉制待汉人”，体现在城市建筑上就是这种内外城的格局。内城为契丹族群，外城为其他族群，特别是汉族。三是从建城方向看是辽代城池。巴彦乌拉古城建城的方向位于朝南偏东30°，即巴彦乌拉古城南门不是朝向正南，而是朝东南方向，向着太阳升起的方向，这反映了契丹族崇尚太阳的习俗。《辽史》中记载："辽俗东向而尚左，御帐东向。"他们建筑的城池或房间的门不是朝正南方向开，而是一般都朝东南方向开。巴彦乌拉古城的城门朝东南正是这种习俗的反映，与辽代契丹人风俗相吻合。所以，学者推断巴彦乌拉古城是契丹人所建的辽代城池。并进一步推断，契丹辽时期为了防御呼伦贝尔地区的和征服黑车子室韦、乌古、敌烈等部族，1068年在呼伦贝尔草原设置了"乌古敌烈部都统军司"。从辉河流域古城群落遗址布局和地理位置看，辉河流域古城群落遗址应当是乌古敌烈部都统军司所在地。

但是，大浩特罕古城的建筑风格还有蒙元特征，即城内较大的旷地，应该是用于容纳蒙古包的空间。因此，说这是斡赤斤大王城，也不为过。或许是铁木哥·斡赤斤在辽代古城基础上继续使用并建筑的王宫所在城池。双城式建设布局，在蒙元时代比较普通，比如四子王旗的砂井总管府故城就分两城：大约一为政治中心，为总管官所居；一为军事中心，主要为守御部队所住。因此，如果这双城是斡赤斤时代的遗址，那么巴彦乌拉古城应该是他最初的宫殿所在，而大浩特罕、小浩特罕诸城则是军队、役夫和工匠等人群的聚落。从巴彦乌拉城出土有沟纹砖的情况看，因为沟纹砖的历史比较早（考古界所称的沟纹砖，是辽金时代典型的砖），或许这些城池是在前代古城基础上兴建的，大浩特罕建筑的年代应略晚于巴彦乌拉古城，大浩特罕建成后斡赤斤是否将王宫挪到了这里也是未可知的事情。

遗址上的瓦砾

辉河细石器遗址寻踪

吴文杰

你能想象出这样的场景：10000 年前，鄂温克草原，辉河西岸和呼和诺尔之间的狭长地带上，一群“衣皮被旃裘”的古人，盘坐在一起，叮叮当当地敲打着石头，一枚枚精致锋利的石器被打造出来，之后用比发丝还细的皮绳把它们绑在树枝上，就可以下河捕鱼，

考察细石器遗址

上山猎兽了。除了石箭镞，这里还生产石钻头、石叶、石刮削器、石切割器等。

这不是想象或者神话，这是真实的历史，这是大约7000年前的细石器加工厂，它背靠着辉河，紧邻着呼和诺尔湖，是鄂温克草原辉河两岸多处被发现的细石器文化遗址之一。如今你走进这个遗址，被风吹出裸露在地表的石器、陶片比比皆是，如此之多，令人瞠目。

2007年5月2日，我有幸陪同黑龙江省考古专家辛健先生前往辉河流域探访考察细石器遗址。这位专家主要研究昂昂溪文化以及北方民族迁徙历史，对北方细石器文化研究几十年，为了研究细石器文化课题研究，他多次到辉河流域考察。

我们首先到达辉苏木，跨过辉河老木桥后，沿着辉河向上游进发。每每遇到牧民，他都要下车询问辉河两岸沙化严重的区域。他认为人类聚居生活的地方，土壤遭到破坏，特别是草原土壤层很薄、很脆弱，频繁的活动会促使草原沙化；细石器文化遗址主要分布在沙丘地带，文化遗物散布在固定沙丘的表面或里面，上面常覆盖流动沙丘，当流动沙丘被风力移开以后，便很容易采集到丰富的文化遗物。也有许多遗址位于河旁的台地上，地下保存着文化层，但一般的灰层较薄。这里是辉河主河道与呼和诺尔湖的中间地带，一望无际的草原上，常常能看到斑斑驳驳的沙地、沙丘。在牧民的指点下，我们来到距离辉河主河道不远的一处沙丘旁。这里的地势略高于周围，土层被风侵蚀极其严重，有的突兀像城堡，有的凹陷如地宫，更多是沙丘起伏，绵延伸展。考古专家一下子兴奋起来，下车奔向土丘，俯身寻找，大声惊呼：“快来看，满地是细石器！”我们赶过去，被眼前的景象惊呆了，地标铺着一层各式各样的细石器。考古专家兴奋地说：“这里可是呼伦贝尔草原上的细石器加工厂，而且是中心工厂，这里的细石器大部分还是未完成的半成品，我们发现了古人生产细石器的作坊，而且规模不小啊，可以想象，当时草原上的细石器，都是在这里打磨制作，之后流通到草原的千家万户，了不得，了不得，我们有大的发现！”拾起一枚枚精致的细石器，你要为古人的智慧惊叹，要打造出如此纤小精致且锋利的石镞，需要怎样的技艺？

细石器

就是在科技十分发达的今天，做出锋利的石镞，也是相当费力的。考古专家的兴奋感染了我们，面对地表这一层细石器，像一个职业记者开始对考古专家提出关于细石器的各种疑问。考古专家也现场辅导，给我们上了关于细石器的历史课。

刮削器

细石器文化繁盛于旧石器时代晚期到中石器时代。距今约10000至7000年。细石器文化传统可能与当时人类以狩猎为主的生活方式有关。细石器是作为狩猎采集和畜牧生产工具来使用的。石器原料主要为石髓、玛瑙、燧石等。形状多样，大小不一，已出现复合工具，如以小长石片嵌在骨刀上使用，并已广泛使用弓箭。

细石器文化的共同特点是：每个遗址中都包括有细小的石器。根据原始人当时的生产水平，细石器工艺分为三种：直接打制、间接打制和压制法。不过细石器只是这种文化中的一项重要因素，另外还有大量的大型打制石器和一部分磨制石器。细石器的种类很多，常见的有石核、细长石片（石叶）、小石片、刮削器、圆刮器、尖状器、石钻、石镞。其中石核并不是石器，只是打片过程中所剩下的圆柱形、圆锥形或扁锥形的石料，不过有时也利用它改制石钻或石核刮削器；至于小石片常常是嵌在骨刀梗上使用，一般都有使用痕迹，很少经过第二步加工。此外，细石器还有大型的石器。打制石器中有尖状器、刮削器、敲砸器、斧形器、石犁。

辛健考察细石器遗址

磨制石器一般较少，有斧、锛、磨盘、磨棒、孔石砸等。

陶器的数量很少，一般都是碎片，极少有能够复原的。陶质较粗，多含有羼和料，手制。器形比较简单，只有碗、罐一类器物，尤以大口深腹的平底罐较为常见。陶器表面除素面以外，有划纹（平行条纹、交叉纹、方格纹等）、篦纹（点纹、线纹、弧线纹等），附加堆纹、绳纹、方格纹等，各种纹饰的不同，似有地域上的限制。不过在那些陶器中也充分地表现受细石器文化制陶技术影响的痕迹（如在细泥红陶上加饰篦纹）。

骨器发现较少，有骨刀梗、鱼镖、骨锥等。可能在大多数遗址中保存得不好，所以很少发现。

中石器时代是旧石器时代和新石器时代之间的人类物质文化发展过渡性阶段。在人类发展的历史长河中，如流星般转瞬即逝，因此有“中石器革命”之称。中石器以发达的细石器为特征，继承了中国旧石器晚期细石器工艺的传统。

辉河上游细石器遗址是中石器时代遗址，其出土的细石器具有这个时代典型性，极具考古价值。从目前情况看，采集的文化遗物均为石器，石器中未见有磨制痕迹，还发现有陶片伴随其间。石制品分为石片、石核、石叶、水晶等，石片约占80%，原料以石英岩为主，硅质岩较少。石叶数量较多，细石叶一般镶嵌于骨柄或木柄上成为骨梗刀或木梗刀，用于宰杀动物、切割肉皮。种种迹象表明，这里曾是一个大型“细石器加工场”。这里的细石器、骨器等的加工工艺令人叹为观止，尤其石镞，它大小相似，形式一样，工艺一致，类似范制，实为手制，被考古学家称为“细石器的顶峰”。

在辉河上游遗址，考古专家还发现了古人类生活的痕迹：居住的地窨子和使用火的遗迹。

细石器工艺是旧石器时代末期人类创造的特殊打制石器中“高新”技术并很快波及全球，是人类思维与技能的提高，是对环境变化与社会行为的生存适应的直接反映。细石器文化因自然环境的不同，有渔猎、畜牧狩猎、农业兼畜牧狩猎等三种方式，是当时人类的生产经济发展的产物。在旧石器晚期，生活在辉河流域的原始人已经开始了“中石器革命”。他们能熟练地将玛瑙、火石、燧石、碧玉、玉髓、蛋白石、沉积岩等石料加工成精巧细致的石器——细

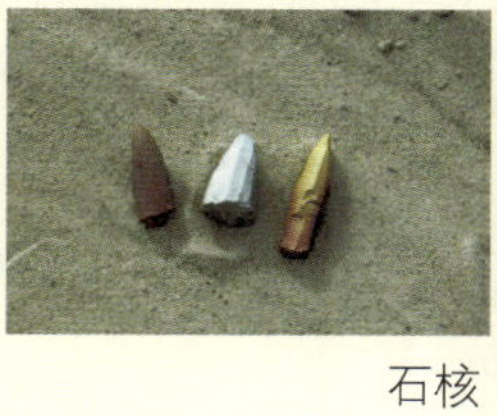

石核

石镞

石器，用以做矛、箭、刀、锤及刮削器等工具。

从辉河上游细石器遗址出来，我们驱车向北进发，途径巴彦敖拉嘎查时，又去考察了巴彦乌拉古城遗址。巴彦乌拉古城遗址距离细石器文化遗址 30 千米。不是当地人特别指点，你很难在草原上发现它，它隐匿于荒草原野之中，已经和周围的草场融为一体，旧日的繁华与巍峨，早已随风而逝去，只在广袤的大地上留下凸凹的痕迹，但就是这痕迹，也足以让你感叹 700 年前的壮观。7000 年前，先人在辉河岸边打磨石器，700 年前成吉思汗的四弟铁木格斡赤斤在自己分封的草原上建立了王府，这就是我们今天看到的古城遗址。站在遗址的古城墙上，考古专家举目四望，似乎把住了历史的脉络，历史烟云一幕幕在他眼前飘过，他大发感慨，盛赞鄂温克草原在历史上辉煌的一页。

从古城出发，沿着蜿蜒的草原道路，时而越上山丘，时而冲过沼泽，向北前行 100 多千米，来到下游的一处水坝。这里有另一处细石器遗址——辉河水坝细石器遗址。

辉河水坝长 1200 米，把河右岸的毛希浑道布和左岸的特默呼珠山连接起来，目的是保护辉河湿地水的流失，该遗址分布在毛希浑道布台地上。早在 20 世纪 60 年代修水坝取土时，遗物大量暴露出来。水坝南（上游）则形成一个约 4 平方千米的湖面，左岸河谷形成大片低洼草塘，毛希浑道布成为洼中台地。遗址即在从水坝东端起，沿河崖向北延伸 500 米、宽约 40 米的河崖上。

在辉河水坝东岸，考古专家对台地地形地貌做了测量和记录，对遗址进行拍照，对土层进行采样，采集了一些标本。考察过程中，考古专家向我们介绍了这处遗址的发现及考古发掘过程。

辉河水坝细石器遗址是 1975 年全国文物普查时发现，之后做过多次的调查和试掘，并进行碳 14 测定，其年代为距今 5040 年左右。1996 年及后进行两次正式发掘。遗址海拔高度约 640 米，分布范围约 30 万平方米；其地貌部位明确，地层清楚，遗物保存新鲜，无分选现象，遗址属于原地埋藏类型；遗址文化层为灰黑色细沙层，最厚可达 1 米；石料主要采自遗址东边 10 千米左右的伊敏河岸的沙砾石层；遗址中不仅发现有大量用细石叶制作的精美箭头、石钻和石刃，还有许多圆头刮削器和一些较大型的打制石器，以及大量可以用于了解细石核制作过程的细石核下脚料；首次发现了用火遗迹和居住遗迹，居住遗迹类似东北地区曾使用过的“地窨子”，它的发现可以将这种建筑出现的最早时间提前到5000多年前；所发现的堆积动物骨骼的灰坑，动物骨骼数量多，种类近10种，有食草类的马、牛、羊等，有食肉类的动物，还有鸟禽类的动物以及鱼类和啮齿类的动物。发掘表明这处遗迹是一次性堆积，其量之大说明是一次“人群”的行为，很可能是当时氏族的“集体活动”。遗址的性质，像是一处石器制作场，同时，又可能是一处当时人们居住的地方；此外，动物骨骼显示的种群也为研究当时的气候环境提供了重要依据。辉河下游水坝细石器遗址时代跨度很大。早自无陶的中石器时代，到铁器时代，一直到近千年都有人类活动的遗迹。

令人不解的是，辉河水坝的细石器，从早到晚几千年不间断的现象，给“细石器文化”蒙上了一层神秘的面纱。怎样解释这种现象呢？考古专家认为，单单依靠细石器本身的器型和加工方法来划分其考古学文化是困难的。因为细石器的加工过程无法充分地把人的文化意识印在石器上，人们在打制（包括压剥）石器这一简单的加工生产中只能追求其使用价值，即石料的坚硬、石器

细石器遗址

俯拾皆是的细石器

的锋利。也就是说，细石器仅能反映人的生活、生产方式。因此，必须对不同时代的各类器物做深入分析，才能了解其生产、生活及经济文化状况。这也只有通过对典型遗址的科学发掘才能做到，仅靠地表采集是不科学的。

辉河细石器正是远古先民从事狩猎游牧经济形态代表性器物，是人类从旧石器时代走向新石器时代——中石器时代的主要生产生活用器。呼伦贝尔草原自古以来就是中国北方狩猎游牧民族的摇篮，食肉的先民正是用细石器来生产和生活的，这些裸露于地表的细石器，向世人展示了这片草原的远古文明。

在以渔猎经济为主，或渐渐地向游牧经济形态过渡的漫长历史进程中，由于自然条件的限制，便形成了以食肉习俗为主的部族和民族，他们使用与其习俗相适应的生产、生活用具。在铁器尚未普及的鄂温克草原，从事着狩猎、游牧经济的各个民族，必然长期以石为器，加工成生产工具——石镞，用以狩猎和防身；在日常生活中，也要有相适应的生活用具——石刃、石叶、刮削器、切割器等，用以切割动物皮、肉、筋，刮削木料等。一直延续到铁器广泛应用，锋利万能的蒙古刀走进猎民、牧民的千家万户，“细石器”才悄然离去。

现今发现辉河细石器分布范围为辉河湿地，是距今10000年间从事渔猎与游牧的原始文明。两处辉河遗址延续的时间都很长，从新石器时代到辽代。遗址中不同时期的文化遗物为研究草原游牧民族文化的起源和发展、人类生态环境的演变，以及这一地区与相邻的俄罗斯的西伯利亚和蒙古国早期人类及其文化的关系等提供了实物资料。

“细石器文化”是草原文化中最原生的早期文化，产生于旧石器时代晚期，经“中石器时代”，一直沿用至新石器时代。我们的祖先在这里开展了“中石器革命”，创造了渔猎游牧文化。在鄂温克旗乃至呼伦贝尔市，自汉（鲜卑）、隋、唐（室韦），直到辽、金时期都有“细石器文化”的存在，细石器在呼伦贝尔源远流长。这些细石器的发现，标志着草原原始人类开始告别野蛮，走向文明，也标志着草原文化开始形成。在人类发展进化中，由于地理环境、生产方式、生活习俗不同而形成不同的氏族、部族、部落联盟乃至民族，呼伦贝尔地区自古就是我国北方狩猎游牧民族的历史摇篮。呼伦贝尔草原历史上就是阿尔泰语系蒙古语族各民族孕育、发展、壮大的场所。东胡是生活在这个地区最早见于史册的北方民族，由东胡而鲜卑而室韦再契丹至蒙古，一脉相承，形成了历史上中国北方民族的一个发展序列，更能表明呼伦贝尔草原是中华文明的发祥地之一。

这次从辉河上游到下游，追寻古文明细石器的踪迹，让我们循着祖先的脚步，去追寻鄂温克草原悠久而深邃的远古文明，让我们穿越时光的隧道，与我们祖先的智慧相遇，与我们祖先的心灵交流。辉河流域众多的细石器遗址俯拾皆是的细石器，用它的锋利穿越千万年，向我们述说片草原的历史辉煌。

这时你再回首河道纵横、湖泊密布的辉河湿地，遥望两岸星罗棋布的细石器遗址和古老遗迹，古往今来，千秋万代，沧海桑田，横看草原千万里，纵观历史千万年，怎能不发思古之幽情，慨叹草原历史之悠远、民族文化之灿烂！

砍砸器

布里亚特蒙古族图腾遗迹

石双柱　金　巴　陶立特　宝音图

一、布里亚特蒙古族对“图腾”的理解和解释

在蒙古语中，“图腾”为外来语，其语义与蒙古语“翁衮”相近，但又有所区别。翁衮，是蒙古族萨满教神灵。萨满教大约形成于母系氏族社会时期。从实质上说，翁衮相当于灵魂，是原始蒙古人关于灵魂和躯体的区分概念，表现了他们对于意识——主体和肉体——客体区分的认识。爱德华·伯内特·泰勒认为，原始人从对出神、睡眠、疾病、死亡和做梦、幻想两种生理现象的观察中产生了灵魂观念，并认为梦幻中灵魂是可以独立于肉体而活动的。布里亚特蒙古人的一则传说反映了这种情况：传说有一夜，某布里亚特人与其友同卧，见从友人鼻孔中爬出一蜜蜂，绕所居之帐幕中飞旋时，落于水缸边沿，忽一失足落于缸水中，

经尽力挣扎才脱险，于是又飞回友人鼻孔中。友人醒后，问其友人，则其梦中经历与蜜蜂相同。因此，布里亚特人认为蜜蜂乃是人的灵魂所化。即使在现在的布里亚特民间，如见有蜜蜂飞入帐幕，绝不敢妄加伤害。这一则传说，说明布里亚特蒙古人认为灵魂可以独立于躯体自由往来，进而推论死者既已没有生前的肉身，便只有独立的灵魂，灵魂不会随着身体的死亡而死亡。蒙古萨满教将这些因死亡而独立于躯体，不能返回肉身的灵魂称作“翁衮”。① 翁衮分为善恶两类：大善之人的灵魂成为善翁衮；恶人的灵魂成为恶翁衮。善人的灵魂还能重返人世，能得到平安的生活；萨满的灵魂多数都成了翁衮。善的翁衮除了保护众生和家庭成员之外，还保护牲畜、马匹和地区的安宁。而恶人的灵魂只能终日彷徨于地上，停留在人世和天堂之间，它们能侵入人的身体引起病痛。萨满的职能就是当恶翁衮侵扰人时，要借助善翁衮的力量与恶翁衮做斗争，把它们驱逐出人体或住所。在蒙古族先民“翁衮”的概念中，从人进一步泛化到其他一切事物，动物、植物也有“翁衮”。蒙古人把祖先、著名英雄的翁衮和动植物翁衮用毛毡、丝绸、木块或青铜等制成各种形态的偶像，供奉在蒙古包内或者是蒙古包外面的篷车内。这就是蒙古族的翁衮崇拜，其实也就是所谓的“图腾”崇拜；但是，这种源于灵魂观念的图腾崇拜，同源于血缘关系认知的图腾崇拜还是有一定差别的。

二、当代布里亚特蒙古族对“图腾”的概念没有认知

其一，在他们的自觉性意识中，对于祖先传说具有较为现代性的理性判断，并不一致认为祖先传说中的动物就是有血缘关系的“祖宗”，而认为那“只是一个传说”；其二，对于把狼作为蒙古族——布里亚特蒙古族的“图腾”——祖先，他们具有强烈的情感抗议，他们甚至感觉到族群尊严受到了侮辱；其三，他们

布里亚特妇女

① 萨满在驱逐恶翁衮时唱道：奔跑，奔跑，快奔跑，快快跑，善良的翁衮，飞过来。飞奔，飞奔，快飞奔，快快飞，聪慧的翁衮即降临。檀木桌子已摆好，九炷香已点着，花衣萨满虔诚祈祷，十万翁衮请附体。翁衮拽光来，光彩照我发，关节体魄内，神附自融化。神降如薄雾，缭绕罩我头，神明假我身，我替神战斗。你这害人的鬼怪，你的要害被抓住了。你这四处游荡的翁衮，你的要害被抓住了。美丽的替身已做好，是用人骨头扎的，在你害人的路上交给你，拿着替身赶快离去。

布里亚特老人

对祖先传说和萨满神灵的认识，具有一般学术意义上的图腾性质，他们承认在历史传说中存在着动物性祖先，但是他们并不认为传说中的动物就是真实的存在，认为那些传说的动物祖先，是来源于属于人类的祖先，因为它们具有神力而幻化出来的镜像；其四，布里亚特人承认存在着神灵崇拜，但是这种神灵崇拜，只是一种习俗性崇拜而不是情感性崇拜，并不包涵血缘归属的认同情感，或者说只是基于这个族群的历史而相沿成俗的社会礼俗，而并不是一种深刻的情感依赖；其五，布里亚特蒙古语中“索玉勒图和、亦敏涅特木图和”与“图腾”一词语义接近，他们认为洪嘎鲁或洪绍布可以看作是布里亚特人的古代图腾。结论就是，当代布里亚特蒙古族群意识中作为祖宗或与祖宗有血缘亲属关系的神灵“图腾圣兽”在历史上是或然性的存在，在现代已经不存在。①

三、有关图腾的神话传说（族源、祖先传说）

从历史资料调查来看，布里亚特族群的祖源神话有三个：一是巴尔虎巴特尔与天鹅始祖母的传说；二是霍里台莫日根与天鹅始祖母的传说；三是牤牛可汗与“乌特干”阿旭干的传说。

巴尔虎巴特尔与天鹅始祖母的传说：相传，在一个阳光灿烂的日子里，巴尔虎代巴特尔又像往常一样沿着贝加尔湖的岸边去打猎，忽见湖中有七位绝色的少女在湖水中嬉戏。天高云淡、天水一色，七位美丽的姑娘在尽情地戏水，真是一幅人间少见的七女戏水图。巴尔虎代巴特尔简直有点看呆了。他靠着猎人的本能隐蔽着身子向美女们靠近，发现她们的衣裳都放在湖岸的一块石

---

① 据约翰·普兰诺·加宾尼于13世纪中叶出使蒙古的见闻所记：“他们对神的信仰并不妨碍他们拥有仿照人像以毛毡做成的偶像，他们把这些偶像放在帐幕门户的两边。在这些偶像下面，他们放一个以毛毡做成的牛、羊等乳房的模型，他们相信这些偶像是家畜的保护神，并能够赐予他们以乳和马驹的利益。此外还有其他偶像，他们以绸料做成，对于这些偶像，他们非常尊敬。有些人把这些偶像放在他们帐幕门前的一辆美丽的有篷的车子里面，如果任何人偷窃车子里的任何东西，他就要被处死刑，决不宽恕。当他们愿意制作这些偶像时，住在不同帐幕的所有主妇们都聚会到一起，非常尊敬地制作它们。当她们制作完毕时，杀一只羊举行会餐，并把羊的骨头放在火上烧掉。当任何小孩生病时，他们也用上述方法做一个偶像，并把它捆在他的床上面。”

那达慕上的天鹅之舞

头上。巴尔虎代巴特尔悄悄拿起最西边的一身衣裳藏起来，少女们洗完澡穿上了各自的衣裳，立刻变成雪白的天鹅。随着哗啦哗啦的击水声，一只只美丽的天鹅，扇动着翅膀飞进了贝加尔湖上空的蓝天。眼看着姐妹们都飞上了蓝天，那位丢了衣裳而变不了天鹅的最小的少女，哭着留在了贝加尔湖边。巴尔虎代巴特尔走出来安慰着她，并把她带回了在湖畔用桦树杆和桦树皮搭成的家。后来，那位天鹅变成的少女做了他的妻子。巴尔虎代巴特尔每天打猎捕鱼，妻子在家操持家务，日子过得十分美满。转眼过去了几十年，这个家庭一共生育了 11 个男孩。这 11 个男孩长大后，都从别处娶来女孩成了家。后来，这 11 人的后代，繁衍成巴尔虎最初的 11 个姓氏。

霍里台莫日根与天鹅始祖母的传说：相传，布里亚特小伙霍里土默特是个尚未成家的单身青年。一天，他在贝加尔湖湖畔漫游时，看见从东北方向飞来九只天鹅落在湖岸，脱下羽衣后变成九位仙女跳入湖中洗浴。他将一只天鹅的羽衣偷来潜身躲藏。浴毕，八只天鹅身着羽衣飞去，留下一只做了他的妻子。当生下第 11 个儿子后，妻子想回故乡，求丈夫还其羽衣，丈夫没有答应。一天，妻子正在做针线活儿，霍里土默特拿着“抓手”（两片防止烫手的毡片）做菜烧饭。妻子说：“请把鹅衣给我吧，我穿上看看，我要由包门出进，你会轻易地抓住我的，让我试试看吧！”霍里土

布里亚特妇女

布里亚特妇女

默特想："她穿上又会怎么样呢？"于是从箱子里取出那件洁白的鹅衣交给了妻子。妻子穿上鹅衣立刻变成了天鹅，在房内舒展翅膀，忽然，唰的一声展翅从天窗飞了出去。"啃啃，你不能走，不要走呀！"丈夫惊讶地喊，慌忙中伸手抓住了天鹅的小腿，但是，最后天鹅还是飞向了天空。霍里土默特说："你走就走吧，但要给11个儿子起名再走吧！"于是，妻子给11个儿子起名为呼布德、嘎拉珠德霍瓦柴、哈勒宾、巴图乃、霍岱、呼希德、查干、莎莱德、包登古德、哈尔嘎那，还祝福说："愿你们世世代代安享福分，日子过得美满红火吧！"说完之后，便向东北方向腾空飞去。这则神话传说中11个儿子的名字，其实就是霍里布里亚特人最初11个氏族的名称，这也是当今锡泥河东、西苏木的布里亚特蒙古人的姓氏。传说中的霍里土默特，在《蒙古秘史》的记载中，娶的是巴尔虎部落的女子巴尔虎真豁阿，巴尔虎真豁阿哈屯生下的女儿阿蘭豁阿，在他们向不儿罕山迁徙的时候，嫁给了成吉思汗的第十世祖朵奔篾儿干，生下两个儿子。朵奔篾儿干死后阿蘭豁阿因感受月光而无夫又生三子，最小的儿子孛端察儿成为孛儿只斤氏的始祖。当阿蘭豁阿受到先夫的儿子质疑的时候，阿蘭豁阿用感光而生子的理由做出解释，并用"五箭训子"，这种解释被接受。这又从一个侧面反映出布里亚特蒙古族对月亮的图腾崇拜意识的存在。①

伦布策凌所撰《蒙古布里亚特史》记载了布里亚特蒙古族牧

---

① 根据陶立特的解释，在17世纪前巴尔虎与布里亚特并没有分别。布里亚特蒙古族在17世纪之前主要游牧于巴尔古津河流域以及贝加尔湖南部地区，还有部分族源相近的部落靠近西部的阿尔泰地区。布里亚特蒙古族分为三部分：霍里部主要在巴尔古津地区、布里亚特在贝加尔湖的东北地区、额鲁特在阿尔泰地区。大约于17世纪20年代，由于沙俄对蒙古地区的扩张，为了应对战争布里亚特三部分的首领们在诺苏布乌第河地区召开了一次会议商讨对策，但是，对于今后何去何从会议没有达成一致意见，遂决定各自决定。因而，其中有一部分部落族群向东迁徙，到了黑龙江的中下游；还有一部分向南迁徙到了喀尔喀蒙古车臣汗驻牧地区；其余没有迁出的则继续留下驻牧。迁徙到车臣汗部的布里亚特人，由于他们是来自于巴尔古津地区，因而，他们的驻牧地区就被称为巴尔虎浑第地区，这部分族群也就被称为巴尔虎人。由于他们与喀尔喀蒙古族不和，大约于1630年又迁徙到现在蒙古国的东方省地区。留在贝加尔湖东巴尔古津祖居的和东迁的布里亚特人延续了霍里布里亚特的族群称谓。西迁的布里亚特人则成为后期的西部卫拉特。

牛可汗与“乌特干”阿旭干的传说，同时，把上述两个传说连接在了一起。

“古人传说，卫拉特人和布里亚特人都是蒙古成吉思汗的臣民，他们的祖先是个名叫阿速罕（阿旭干）的女巫（乌特干）。有一天，女巫在贝加尔湖边行走，发现一头青牤牛（孛儿布哈），嘴里直冒白沫。她心想，牤牛见了人不会有这种怪相，这肯定是天老爷暗示我和它有缘分。女巫尚未出嫁，顿起淫念。不久，女巫怀孕，生下二男，长男名叫布里亚歹，次男名叫豁里歹。有一天，布里亚歹上山打猎，在山顶上的冷杉树丛中发现了一位姑娘，便娶她为妻。后来生下二男，长男名叫亦乞列歹（依黑日特），次男名叫不勒合歹（宝拉嘎特）。亦乞列歹有8个儿子，他们的后裔形成众多部落。这些布里亚特部落大多居住在贝加尔湖西岸伊尔库茨克省的韦尔霍连斯克和巴拉干斯克，还有许多部落居住在贝加尔湖东岸的奥博连斯克。后来，豁里歹的后裔同来自蒙古的众多部落居住在一起。不勒合歹有6个儿子，他们的后裔形成众多部落，居住在贝加尔湖西岸的巴拉干斯克、维昆、托忽图、乌丁斯克、哈尔尼特、阿什哈巴德等地，以及贝加尔湖以东的奥博连斯克的色楞格不忽图鲁等地。这些部落同来自蒙古的部落居住在一起。亦乞列歹的8个儿子和不勒合歹的6个儿子的后裔自称‘牤牛为父，树丛为母’。从前，吉拉曼地区的诺颜恰用红白花奶牛的奶祭祀汗山上的冷杉树。居住在贝加尔湖两岸的一些部落至今保持着这种风俗。

传说，豁里歹在贝加尔湖中的维昆岛上发现三只天鹅从天而降，落在湖岸上变成了美丽的姑娘。接着，她们脱下漂亮的衣服，扑进湖里游泳。豁里歹又惊又喜，取走姑娘们脱下的一件衣服，在附近藏了起来。过了一会儿，三个姑娘上了岸，其中两个穿上衣服，变成天鹅飞回天上去了。第三个姑娘由于被豁里歹取走了衣服，赤条条地站在那里。豁里歹口中念诵着阿速罕女巫的名字做祈祷，顿时寒风四起。那姑娘冻得无奈，投入了豁里歹的怀抱。豁里歹抱住了她，两人做了夫妻。后来，她生了11个儿子，他们的后代便形成了豁里布里亚特11子部落。在中俄两国划界时，有很多人留在中国境内，他们被称为巴尔虎蒙古人。

布里亚特妇女

据说，当初豁里歹和他的11个儿子居住在维昆岛上，后来豁

布里亚特歌手

里歹老了，他的妻子也老了。一天，他的妻子对他说：‘我生了 11 个儿子，已经成了老太婆，哪儿也不会去了，你还有什么不放心的？请把我从前的衣服还给我，好让我临死以前穿上高兴高兴。’老头儿答应了，把她从前的衣服拿出来还给了她。老太婆穿上那件衣服，立刻变作一只天鹅从天窗飞出去了。老头儿一看事情不妙，慌忙去抓天鹅的两只脚，可惜没抓住。老太婆变作天鹅飞去之后，再也没有回来。从前，为了纪念‘天鹅祖母，桦树神木’，每当天鹅飞来或飞去之时，豁里人都要用奶酒祭祀。现在情况如何，便不得而知了。豁里歹、亦乞列歹、不勒合歹三个祖先的后裔居住在贝加尔湖周围的山林之中，谋生于原野河畔。”

另一则牤牛（天子牤牛诺颜）崇拜神话传说也是叙述牤牛诺颜和亦乞列歹（依黑日特）、不勒合歹（宝拉嘎特）的起源的。传说牤牛诺颜本是天之子，然而在他披着牤牛皮貌似牤牛行走当中，向台吉、可汗的公主使眼神而使之怀孕。后来由他使眼神而妊娠所生的两个男孩成了亦乞列歹（依黑日特）、不勒合歹（宝拉嘎特）一系的鼻祖。

四、生活中图腾的遗迹和图腾崇拜的变迁

布里亚特牧民家中有一个供奉神佛的特殊空间，一般在房屋靠西的一间室内一角。佛龛为长方形，高约 1.1 米，宽约 60 厘米，多为木制，外形像一个立起来的矩形箱子，一般形制比较简单。佛龛供奉着神明的照片或画像，有多个神明。其中有一位神明几乎家家供奉，那就是被称为哈木布儿罕的佛。除了在佛龛中供奉神佛外，在进入室内的门额上往往贴着被称为“息莫里”的神像，有些类似于内地民户的门神或财神爷。然而，息莫里不同于门神或财神，形象为一匹神采飞扬的马，每年有不同的颜色，由寺庙中的大喇嘛根据不同的年历确定，并要为它诵经，因此，息莫里具有年轮之神的功能。似乎与布里亚特人的历史传说的祖神有关联的是被称为“邵格吉乐博如罕”的佛，其形象就是牤牛佛，这与布里亚特人祖源传说中的牤牛诺颜应当具有一致性，但是也不能忽略佛教中神牛崇拜的存在。因此，如果说邵格吉乐博如罕是布里亚特祖源神话在藏传佛教中的体现，毋宁说布里亚特人的牤

牛祖神被佛教的神牛所吸收并转为当代布里亚特蒙古族神明崇拜的一部分。

关于对天鹅始祖母神的崇拜，陶立特做过调查。他说："布里亚特人崇拜天鹅，即使今天也依然如故。每当春季天鹅回归或南飞的时候，草原上的布里亚特老人听到天鹅飞去飞来时嘎嘎的鸣叫声时，就会走出家门，手捧一碗鲜奶，用小勺洒向天空，向天鹅祝福。"或许是天鹅这种善良美丽而又守时的禽类嘎嘎鸣叫的声音，像在离别时向家乡的亲人辞别，引发人们的乡愁远思，因而，千百年来对天鹅的神圣意识、血缘先祖的崇敬意识虽然未必始终如一，但是，人们对她们亲人般的情感却始终如一。陶立特还说，布里亚特人对牤牛的崇拜还可以从另外一个角度理解。从民俗学的角度，布里亚特人对自然力量的崇拜可以表现为对某种自然物的崇拜。比如说"牤牛父亲"，未必指的是把自然中的牤牛当作父亲。"牤牛"（诺颜）只不过是一个叫牤牛布哈的男人的名字，这个男人或许是部落的首领，因为其力大无比，身体强壮而被誉为"牤牛诺颜"。因此，曾经有一位王子伪装成牤牛的样子而获得了婚姻或许是历史的真实。在布里亚特蒙古族生活中所体现的图腾遗迹最明显的莫过于他们的族徽，表现在他们各自所特有氏族旗帜的图案上。霍里布里亚特的族徽为橘黄底旗，图案为头喙向（画面）左举翅起飞的天鹅及头顶上方上下排列的火、日、月白色图形；宝拉嘎特布里亚特的族徽为蓝色底旗，图案为两个犄角展开、顶端在上的三角形牛头及头顶上方上下排列的火、日、月白色图形；丛戈尔—布里亚特的族徽为淡蓝色底旗，图案为头略向左下飞翔的大鸟（鸿雁？）及头顶上方上下排列的火、日、月白色图形；弘古都尔布里亚特的族徽为白色底旗，图案为一只昂首凫水的天鹅及头顶上方上下排列的火、日、月蓝色图形；亦乞列歹额黑里特—布里亚特的族徽为深蓝色底旗，图案为头部重叠、尾部交叉的双鱼及头顶上方上下排列的火、日、月白色图形。

霍里布里亚特内部11个哈拉（氏族、家族）也都有自己的族徽。其中嘎拉珠德哈拉的族徽为红底旗，中间为鹿（马鹿或驼鹿）的白底蓝色图形；花赛哈拉的族徽为黄底旗，中间为鹿（马鹿或驼鹿）的白底蓝色图形；呼希德古西德哈拉的族徽为粉红底色旗，

文史资料

布里亚特老人

布里亚特牧民

中间为鹿（马鹿或驼鹿）的白底蓝色图形；莎莱德哈拉的族徽为金黄色底旗，中间为鹿（马鹿或驼鹿）的白底蓝色图形；呼布德哈拉的族徽为蓝色底旗，中间为秃鹫的白底蓝色图形；哈尔嘎那哈拉的族徽为黑色底旗，中间为秃鹫的白底蓝色图形；查干古德哈拉的族徽为白色底旗，中间为狼的蓝圈白底蓝色图形；霍岱哈拉的族徽为咖啡色底旗，中间为狼的白底蓝色图形；包登古德哈拉的族徽浅灰色底旗，中间为狼的白底蓝色图形；巴图乃哈拉的族徽为绿色底旗，中间为狼的白底蓝色图形；哈勒宾哈拉的族徽为浅咖啡色底旗，中间为狼的白底蓝色图形。从各种族徽的内容上看，火、日、月是霍里布里亚特、宝拉嘎特布里亚特、亦乞列歹额黑里特布里亚特、丛戈尔布里亚特、弘古都尔布里亚特几大分支共同尊奉的图腾。然而，又有各自分支的图腾：霍里布里亚特、弘古都尔布里亚特的族徽均为天鹅，至于其中细微的差别，一只起飞，一只凫水或许有一定的历史缘故，但是，已经不得而知了；宝拉嘎特布里亚特图腾为犴牛，丛戈尔布里亚特的图腾为鸿雁，亦乞列歹额黑里特布里亚特的图腾为双鱼。

霍里布里亚特内部 11 氏族的图腾动物分为三大类：崇拜鹿的哈拉氏族家族有 4 个；崇拜秃鹫的有两个；崇拜狼的有 5 个。

除了族徽具有一定的图腾崇拜遗迹，在他们的服饰上尚体现着传统的图腾意识。比如他们的冬季的帽子，布里亚特蒙古语为“扎

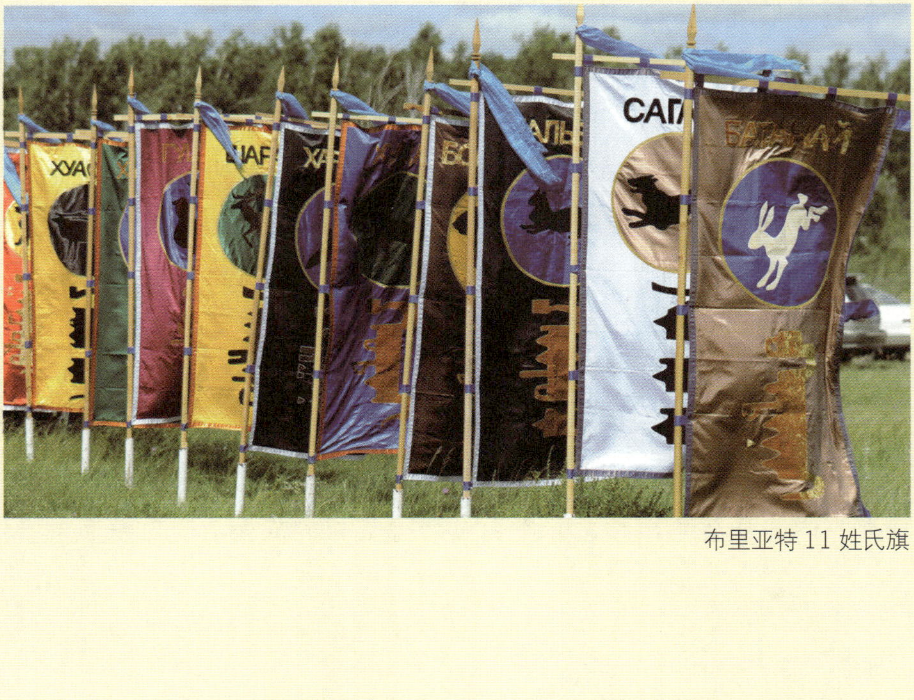

布里亚特 11 姓氏旗

冬季那达慕上的舞蹈

拉哈玛勒盖”，即外族人俗称的“红缨帽”。基本形制为顶尖向上的三角形，三角顶端有一个圆座，圆座下镶嵌一周长约15厘米的红色线缨并垂散下来；顶端正面环绕着11条线。帽子两端下垂两条护耳，内里镶上皮毛，天气冷时将护耳放下，不冷时可以将护耳卷起系在后面。据说，帽顶的圆座象征太阳，垂散下来的红缨象征太阳光，而11条线则象征11个姓氏。又如布里亚特蒙古袍，胸前有三条装饰被称为“恩格尔”，呈反“之”字形镶缀在蒙古袍前襟的上缘，上下排列，底端为红色，中间为黑色，最上边为蓝色。在“恩格尔”下面还要入嵌雄驼毛（起辟邪作用）。据说，最上面的蓝条代表苍天，中间的黑条代表大地或人间，底下的红条则代表太阳或火。苍天、大地、雄驼毛、太阳或火，构成了保护神，保佑人们的幸福安康。有趣的是，女人在姑娘阶段同其他人一样穿着有“保护神”的服装，出嫁后则不能或不用穿着有“保护神”的服装了，而老年妇女和未婚女子是可以穿着有“保护神”的服装的。

布里亚特儿童

在他们的姓氏中也保留着一定的图腾崇拜痕迹，例如北部布里亚特人中的“赤那思”和“诺惠”氏。另外，陶立特说，很早的时候（大约20世纪60年代）听老人（七八十岁）说，过去布里亚特人遇到战争或集体活动，如集体狩猎时，有一个习惯，由不同的氏族首领召集各自的氏族，被称为“乌里雅”。每个氏族都有乌力雅。参加乌力雅的氏族中有“布日古德”“哈斯古热斯”“博克”“罕达盖”“哈日齐嘎”等氏族名称，这些名称都来源于动物。布日古德为鹰的一种，即秃鹫；哈斯古热为黑熊；博克布哈为牤牛；罕达盖为驼鹿；哈日齐嘎为鹰隼。霍里11姓氏都有自己的乌力雅，其中霍里台豁里歹的第七、第八子包登古德-宝敦古德和查干古德两个家族因为人口较少就成为一个乌力雅。因此，乌力雅既是集体狩猎活动的召集方式，又成为一种按照图腾（族群标志）性动物组织起来进行集体活动的共同体。这应该就是具有图腾标志的族徽旗帜形成的基础，这些标志性动物图腾图形仍然是现代霍里11氏族徽的图形。

五、图腾观念上的更新

当代布里亚特蒙古族的精神世界正在发生着变化，尤其是在图腾观念上发生了显著的更新。①

一是表现在对图腾问题的认知上，一方面他们在诸如族徽、族旗上以及一些重要的社会交往活动（如阿拉坦日嘎纳，相当于那达慕）中保持着祖先图腾的族群识别功能；另一方面在日常生活中淡化着同一图腾族群意识，他们不再限于在自己的族群范围内通婚或生活，忽视了图腾式的族群区别，也淡化了对图腾动物祖先的神圣不可侵犯的崇拜意识。

二是表现在精神性活动上，一方面他们保留着部分传统精神活动仪轨，特别是仍然生活在草原上的人们，保持着对图腾的祭典；另一方面他们淡化了对图腾的依恋情感，甚至有些人已经心

---

① 沈起炜主编的《华夏五千年》一书记载：“图腾是美洲原居民印第安人语。原始部落往往认为自己与某种动物有亲族关系，而用它做本部落或氏族的象征，叫作图腾。”

不在焉，失去对图腾礼敬的热情。传统的统一的社会性祭典（图腾）的精神活动，已由萨满主导转向由寺庙的喇嘛主导，传统的萨满祭词、祝祷词被高深莫测的喇嘛经文所替代。在生老病死、婚丧嫁娶的社会活动中，已经基本上听不到神奇的萨满鼓声，看不到萨满舞姿，只有那些寺庙悠长的长号声和身披藏红袈裟喇嘛给人们带来精神的慰藉。

三是表现在形而上学的真理性认识上，他们许多人已经失去对祖先传说的真理性的迷恋，或者是否定祖先图腾神灵的存在，或者是寻求更加理性化的、具有客观真理性的解释，甚至于用现代科学的认识去解读古代图腾故事。

四是表现在社会生活组织方式和家庭生活过程上，原有的血缘氏族按照图腾分类进行乌力雅组织活动的社会生活组织方式已如地平线外消逝的远山，只剩下模糊的痕迹，新的社会组织形式大行其道。在个人的家庭生活中，虽然家中仍然设有佛龛，供奉着诸多神灵，但是，由于他们对更加富裕的物质生活的追求、对条件更加舒适的城市生活的向往，他们离开了劳动艰苦的苏木嘎查，甚至锡尼河庙里的喇嘛也纷纷离开了寺庙，诸路神佛寂寞地在草原深处的家中、寺庙中等待着他们虔诚的祭祀。而他们离开了传统的居住地，也就远离了神明的精神世界，他们的精神意识必然成为一片空旷的原野，为各种现代思想的野马提供了宽阔的跑马场。

斡赤斤故城的发现与研究

米文平

铁木哥·斡赤斤是成吉思汗的幼弟，为蒙古汗国时代最显赫的宗王。研究蒙古史的学者，如屠寄、王国维、箭内亘等对其故城及封地均有考证，但从未得到确证，直至20世纪80年代出版的论著和历史地图中仍多歧异。笔者最近对呼伦贝尔草原南部的辉河巴彦乌拉古城进行调查，根据此城地理位置、建筑布局、宫殿规模及出土文物，确认此城即蒙古汗国宗王斡赤斤的故城，从而证明其最初封地在呼伦贝尔草原南部。

一、巴彦乌拉古城概述

巴彦乌拉古城尚未见于记载。1975年孙秀仁带领鄂温克族自治旗文物普查分队在辉河流域普查时发现此城，当时认为是元代古城，出土遗物有“大量灰长方砖、灰板瓦、筒瓦、瓦当及琉璃瓦等，琉璃瓦有黄绿两种，灰砖多有绳纹，滴水纹饰上有水、云、飞鸟纹”。1989 年 11 月 11 日，笔者一行于巴彦乌拉古城调查时，在建筑废墟中发现有龙纹琉璃瓦滴，它表明此处是一座皇族居住的宫殿。在此呼伦贝尔草原南部居住过的皇族只有成吉思汗的幼弟铁木哥·斡赤斤，此城只能就是斡赤斤的故城，当为蒙古汗国时代之遗迹。

地理位置：巴彦乌拉古城位于呼伦贝尔市鄂温克族自治旗辉苏木西北 17 千米。一片孤城坐落在辉河今昔两条河道之间的河谷平原上，东距今辉河主流 10 多千米，西距辉河旧道 2 千米，北距海拉尔区 105 千米。

古城形制：城近方形，南北长 410 米，东西宽 440 米，周长 1700 米。城墙土筑，残高 1.5 米至 2 米不等，顶宽约 4 米，坍宽 15 米，低矮参差，四面各有一门，城壕大部分为风沙湮塞，深约 0.5 米，有内城残高不过 0.3 米，坍宽 10 米。

建设布局：从南门到北门呈一条中轴线，主要建筑贯穿于中轴线。宫殿在中央，大殿正北有一字排开三个不大的方形建筑址，中间的方形建筑址处于中轴线上，正对大殿，与大殿之间有青砖铺的甬路相通。甬路宽 6 米，长 66 米。大殿共有四条甬路：除北面一条之外，南面沿中轴线至南门、东面至东门、西面至西门各有一条甬路，铺路砖已所剩无几。大殿台高约 3 米，南北长 32 米，东西宽 40 米。殿前台阶，长 10 米。台阶前边东西两侧各有一方形土台，高 1 米，每边 10 米。大殿废墟上，残砖、碎瓦俯拾皆是，柱础坑排列成行，出露的一块玄武岩柱础石，为不规则六棱柱体，粗糙质朴无纹饰。

出土遗物：在建筑废墟上采集部分砖、瓦和建筑装饰残件。

砖：多为青砖，有少量红砖，长 34 厘米，宽 17 厘米，厚 5—6 厘米。铺路砖较薄，厚 45 厘米，长 35 厘米，宽 17 厘米。

瓦：大部分为灰瓦，少部分为红瓦。有绿釉或黄釉琉璃瓦，琉璃瓦多数是在瓦的边缘和一端涂釉，中间无釉。

古城遗址

瓦当：琉璃瓦当，绿釉，边缘较宽，中间为盘龙纹。

瓦滴：琉璃瓦滴，表面涂一层薄薄的浅绿釉，有些部分釉已脱落。形如半月，左右宽 32 厘米，上下长 14 厘米。正面图案：上为一弧状宽边，下为五个小弧相连的窄边，中间部分为龙纹浮雕，龙身一波三折，张牙舞爪，口吐火焰。

附近城址与建筑群落：在巴彦乌拉古城附近，还有两处时代相近的城址和一处建筑址。均位于辉河今昔两条河道之间的河谷平原上。

古城遗址瓦砾

分析比较：巴彦乌拉古城形制、建筑布局及出土文物等，与蒙古汗国时期的康堆古城、哈剌和林万安宫等相比较，有许多特征相同。康堆古城位于额尔古纳河以西的乌鲁伦圭河北岸支流康堆河畔。因这里曾发现1225—1226年的也生哥记功碑，也生哥为哈撒儿幼子，故确认这一带属哈撒儿及其子孙之封地。哈剌和林万安宫位于蒙古鄂尔浑河东岸，为窝阔台于1235年所建。康堆、哈剌和林这些蒙古汗国遗迹同巴彦乌拉比较，具有以下相同特征。

首先，从出土遗物上看，巴彦乌拉与康堆所出龙纹瓦当和瓦滴，图案纹饰相同，釉色相近。康堆的“出水和瓦当合在一起，每一对的宽度为32厘米”。“宽瓦出水成盾片状，边缘有六个弯曲处。中间为盘龙浮雕，涂有浅黄和金黄釉。出水一律为绿宝石色。这些出水与哈剌和林窝阔台汗宫的同类发现物相似。”哈剌和林宫殿“还有一种浮雕盘龙亦涂绿釉的瓦当”。“康堆宫殿的建筑年代比较晚。康堆宫殿那精致的外形和丰富的装饰也可证明这一点。”巴彦乌拉古城所出瓦滴和瓦当不如康堆之精致，也没有“康堆宫殿那种精致的外形与丰富的装饰”，可能比康堆宫殿年代早，而与哈剌和林万安宫年代相近。

其次，从建筑布局上看，主殿在城中央的中轴线上，在主殿后边有东西一字排开的三个方形建筑。这种格局与康堆遗址完全相同。“康堆，基本建筑群则由宫殿、宫前大院——南至大门遗址……北至三个亭子（东西一字排开）的遗址”所组成。康堆宫殿也有砖砌甬道，“共发现有五条：一条是通往大门的南甬道，两条宫殿东侧甬道，两条宫殿西侧甬道……不见有从北门通出的甬道”。

最后，再从古城形制上看，巴彦乌拉古城，城墙低矮。无瓮城、无马面，不像辽代边防城那种因军事需要所建之城必须城墙高大并有瓮城、马面和角楼。这一点正与蒙古学者迈达尔所说相符。“蒙古时代以前的古城均有城墙；而蒙古时代的古城则无城墙，无城寨，无箭楼。”因为巴彦乌拉古城是蒙古汗国宗王的宫殿，不同于军防城。四下辽阔草原到处散布着为他放牧的游牧民。周近有他的亲贵以及为他服务的商人、工匠等定居建筑群落。巴彦乌拉附近的大浩特罕、小浩特罕、浩勒特好等遗址，当即以宗王宫殿和城苑为中心的草原聚落。这一点也与康堆古城相同：康堆古城“是元代一个大蒙古封建主的宫殿庄园，其四周建有显贵的亲戚住宅和商人、手工业工匠所在的城关”。

综合上述三方面特征，可以得出一个初步认识：巴彦乌拉古城与康堆古城同样具有蒙古汗国初期物质文化的共同特点，但巴彦乌拉古城官殿的建筑年代当比康堆古城年代早，可能建于蒙古汗国初期。

二、巴彦乌拉古城即斡赤斤故城

根据文献记载，在呼伦贝尔草原南部居住过的宗王，只有成吉思汗的四弟铁木哥·斡赤斤。

1206年，成吉思汗统一蒙古诸部建立蒙古汗国。成吉思汗曾与其弟子们商定，取了天下之后“各分土地，共享富贵”。建国后不久，就将蒙古百姓分配给诸弟、诸子。以蒙古草原为中心，把其西部分给诸子，一般称为西道诸王，如术赤、察合台、窝阔、拖雷皆属西道诸王；把蒙古草原的东部分给诸弟和外戚勋臣，称为东道诸王，如成吉思汗之弟哈撒儿、合赤温、斡赤斤及外戚特薛禅等皆属东道诸王。呼伦贝尔草原在东道诸王封地范围之内。成吉思汗二弟哈撒儿的封地在呼伦贝尔草原西北部。史书明确记载：“其分地在阿尔衮河、枯拉淖尔、海剌儿，地近斡赤斤后王封地。”“阿尔衮河”即额尔古纳河，“枯拉淖尔”即呼伦湖，“海剌儿”即海拉尔河。在《元史》中对哈撒儿封地的记载则更具体：“初，弘吉剌氏族居于苦烈儿温都儿、斤、迭烈木儿、也里古纳河之地。岁甲戌（1214），太祖……若曰‘是苦烈儿温都儿、斤，以与按陈及哈撒儿为农土’。”“苦烈儿温都儿”即苦烈页儿山，今称黑山头，在额尔古纳河东岸、根河北岸；“斤”即根河，为额尔古纳河东

古城遗址瓦砾

岸支流；“迭烈木儿”即得尔布尔河，在根河以北，也是额尔古纳河东岸支流；“也是古纳河”即额尔古纳河；“农土”即封地，在黑山头西北7千米。根河北岸有一座城，曾出土黄、绿琉璃瓦和龙纹瓦当。近年学者多认为此城即哈撒儿故城。根河下游直乌鲁留圭河流域，即今呼伦贝尔草原北部西至乌鲁伦圭河一带均属哈撒儿家庭（后王）的封地。这里既然“地近斡赤斤后王封地”，可知斡赤斤封地在呼伦贝尔草原而偏于其东南。

铁木哥•斡赤斤是成吉思汗四弟，同母所生兄弟四人中最小。蒙古人称幼子为“斡赤斤”，斡赤斤又作“斡陈”。他比成吉思汗小六岁，当生于1168年。成吉思汗最钟爱这个幼弟，分封时斡赤斤位居东方诸王之首，分给他的军队最多，封地也最大，据拉施特《史集》记载：

“在蒙古人中间，斡惕赤那颜（斡赤斤）以好兴建宫院著名，他到处兴建宫殿、城郊宫院和花园。成吉思汗爱他胜过其余诸弟，让他坐在诸兄之上。他的直系子孙迄今坐在其他二兄的直系子孙之上。当成吉思汗把军队分给诸子时，给了他五千人……他拥有人数众多的军队和兀鲁思。这五千人由于繁衍而变成一庞大的军队，遂使他享有很高的威望。他的地面和禹儿惕（游牧地段）位于蒙古斯坦遥远的东北角上，因此在他们的彼方就再也没有蒙古部落了。”

此处所述斡赤斤游牧地面，最远不会超过大兴安岭东麓的金边墙，因为金边墙以东当时为金朝控制的女真人地区，因而《史集》记载：“彼方就再也没有蒙古部落了。”再从实际生态条件来看，蒙古牧民的生态条件离不开草原牧场。蒙古汗国初期所谓分封军队和土地，实际是分封牧户和牧场。斡赤斤分得的军队同其家属人户，平时只能是在草原地带进行游牧活动。在呼伦贝尔南部草原上，唯一的汗国宗王宫殿只有巴彦乌拉古城，故此城当即斡赤斤故城。此城周边一些建筑，如大浩特罕、小浩特罕、好勒特好等遗址，当即斡赤斤“以好兴建宫院著名，他到处兴建宫殿、城郊宫院和花园”之遗迹。

还有一个重要根据，巴彦乌拉古城地理位置恰与《长春真人西游记》所记1221年丘处机途经这里所见斡赤斤大帐之地点完全

符合。《长春真人西游记》详述丘处机应召西行率全真弟子18人途经塞北草原到辉河流域见到斡赤斤大王之实况。其经过如下：

1220年，丘处机应召开燕京，因成吉思汗已西征，只好来春西行去见他。在宣德州（今宣化）过冬后，1221年2月8日由宣德州启行，出张家口北上，经抚州（今张北）于3月1日到达渔泺（今赤峰市克什克腾旗西部达里诺尔湖）。3月5日又启程，一直向东北，在茫茫无际的草原上走了20多天，行程将近600千米，渡过一条沙河，即今哈拉哈河。书中描述一路所见草原风光："三月五日起之东北，四旁远有人烟，皆黑车白帐，随水草放牧，尽原隰之地，无复寸木，四望惟黄云白草，行不改途。又二十余日，方见一沙河，西北流入陆局河。水濡马腹旁多丛柳。渡河北行三日入小沙陀，四月朔至斡辰大王帐下。冰始泮草微萌矣。""陆局河"，《辽史》作胪朐河，《金史》作龙驹河，《元史》作怯绿连河，《张德辉纪行》作翕陆边河，即今克鲁伦河。当时将呼伦池连同上游之克鲁伦河一并称为陆局河。所谓"西北流入陆局河"，即注入呼伦池。"沙河"，即哈拉哈河。

综合上述文献辨析，可知斡赤斤大帐位于哈拉哈河以北呼伦池以东，这正是辉河巴彦乌拉古城所在地。巴彦乌拉古城恰好在哈拉哈以北90千米、呼伦池以东偏南140千米之地点，与《长春真人西游记》所记方位、里距完全吻合。可以确认，辉河巴彦乌拉古城即当年所谓"斡辰大王帐"所在，此城即斡赤斤故城。

三、巴彦乌拉古城年代探讨

巴彦乌拉古城，当建于蒙古汗国时期。长春真人来到斡赤斤大帐时没有记述其城池和宫殿。但至少在斡赤斤生前即已有城并建成宫殿是无疑问的。可依斡赤斤生前活动及其后王的发展变化来探讨其年代。

古城遗址磐石

1219年，成吉思汗亲率20万大军西征，命斡赤斤"以本部兵于漠北居守监国"。

1214年春，成吉思汗围攻金中都后退驻渔儿泺，遣木华黎攻取辽西、辽东州郡。但当时杀掠之后即离去，金朝在上京、辽东还据守着很大地盘。1217年秋，成吉思汗封木华黎为“太师国王”，授命全权专攻中原。1223年木华黎死后，蒙古军更无暇顾及东北。当时金朝尚未灭亡，在松花江以东至沿海一带又有蒲鲜万奴建立的东夏国盘踞在那里。

1224年，蒲鲜万奴遣使到高丽，说成吉思汗西征未回，生死不明，留守本国的斡赤斤又贪暴不仁，他已断绝了和蒙古的关系。蒙古当时正全力进攻中原，只好听任蒲鲜万奴盘踞东部，以牵制金朝力量。

1233年，窝阔台5月2日“诏诸王议伐万奴，遂命皇子贵由及诸王按赤带（合赤温子）将左翼军伐之”。当年灭东夏。次年，金朝也终于灭亡，于是整个东北皆属蒙古。从此之后，金边墙以东嫩江、松花江东至滨海一带广大地区才归斡赤斤。1235年，蒙古在这一带置开元万户府和南京万户府。但这时斡赤斤在大兴安岭以西的封地并未放弃，也不可能轻易离开他在辉河流域的故城和多年兴建的华丽宫殿苑囿，迁往大兴安岭以东新占领区去定居。

1241年窝阔台死后，皇后乃马真临朝称制，专国政达5年之久。1246年，诸王、大臣被乃马真笼络在哈拉和林附近的达兰达巴召开忽里台大会，同意推举贵由为大汗。斡赤斤也到会，图谋夺取汗位，贵由立，赐死。

斡赤斤死后，“嫡孙塔察儿幼，庶兄脱迭狂瓷，欲废嫡自立。撒吉思与火鲁和孙驰白皇后（指乃马真），乃授塔察儿以皇太弟宝，袭爵为王。撒吉思以功与火鲁和孙分治：黑山以南撒吉思理之，其北火鲁和孙理之”。黑山即哈剌温山，今大兴安岭。这说明塔察袭位之前斡赤斤领地已扩展到大兴安岭以南，及至塔察儿袭位之后，仍保有大兴安岭以北（也称岭西）今呼伦贝尔市草原的最初封地，由火鲁和孙管理。大兴安岭以南（也称岭东）由撒吉思管理。《史集》在提到哈撒儿的封地时也说其封地在“额尔古纳河、阔连海子和海剌儿河一带，离斡惕赤那颜的儿子只不和他的孙子塔察儿的禹儿惕所在地不远”。这说明从斡赤斤到塔察儿，其封地一直都是在离“海剌儿河”不远的地方。

塔察儿承袭祖父斡赤斤封爵为国王，称“塔察国王”。定宗贵由汗1248年3月死后，塔察儿带领东方诸王赴克鲁伦中上游的曲雕阿兰大斡耳朵开会拥戴蒙哥为大汗。1257年蒙哥率大军攻宋，自统右翼军，由塔察儿统率左军。1259年7月蒙哥汗死后，1260年塔察儿又一次带领东方诸王赴开平（元上都，今内蒙古锡林郭勒盟正蓝旗），拥戴蒙哥汗之弟忽必烈为大汗。塔察儿“士马精强，尝代主上帅东诸侯”权势最重，以先后两次“定策之功”位在诸王之上，忽必烈每召宗王议事，塔察儿必在其列，权为显赫。塔察儿的领地当在这一时期扩展到最大范围。塔察儿死后阿术鲁继王位。阿术鲁之后乃颜又继之。乃颜为塔察儿之孙，斡赤斤五世孙，他在袭王位的同时也承袭了斡赤斤及塔察儿以来的广大领地。

忽必烈晚年，地方诸王割据自雄，离心倾向日益明显。至元二十四年（1287）三月，乃颜纠合哈撒儿后王势都儿、合赤温后王胜纳哈儿等，集结大军全力往攻大汗，欲压其国。忽必烈亲率大军平定了这场元朝建立以来规模最大的武装叛乱，将乃颜处死。“将他们的军队分给了其他人。现在，他们的兀鲁黑里一个人也不剩了。”可能就在此时，辉河流域这个斡赤斤宗王故城及宫殿也就彻底废弃了。忽必烈在平定东道诸王的叛乱之后，为了加强对东北地区的控制，撤销他们的封地，设置“辽阳行中书省”（简称“辽阳行省”），在大兴安岭以北设置“岭北行中书省”（简称“岭北行省”）。从此，呼伦贝尔一带纳入岭北行省辖境。后来，东方诸王的家庭虽然仍旧封王并有属民，但要受辽阳行省或岭北行省的节制。

综合上述史实，虽没有关于巴彦乌拉古城建城年代的直接信息，但可以间接推论其大致年代。巴彦乌拉古城宫殿的兴建，不外乎1206年（蒙古汗国建立之后）至1246年（斡赤斤死前这40年间）。确切地说，当建于1235年前后。此城沿用年代当至1287年，乃颜被处死，封地被撤销，军队被分掉，这里的宫殿也即一并被毁。

古城遗址考察

四、斡赤斤及其后王封地考证

斡赤斤大帐（其统治中心）在辉河流域的巴彦乌拉古城，以此为坐标来研究其封地所在，就有了客观依据。长期以来，史学

古城遗址瓦砾

界对斡赤斤及其后王的封地争议颇多，各有所见，未取得一致认识。今依据斡赤斤故城这一客观坐标，来考评斡赤斤最初封地之范围。

其北界，大体不过海拉尔河。因海拉尔河以北为哈撒儿的游牧地，如《史集》所载："移相哥和拙赤哈撒儿氏族的禹儿惕和游牧营地，在蒙古斯坦的东北部额儿古涅河、阔连海子和海剌儿河一带。"海拉尔河一带既属哈撒儿"游牧营业地"，则以辉河流域为统治中心的斡赤斤游牧地只能以海拉尔河为限。

其西界，不过呼伦池。因呼伦池以西、以北为哈撒儿游牧地。二者当大体以呼伦池及海拉尔河为界，西北为哈撒儿游牧地，东南为斡赤斤游牧地。

其南界，不过哈拉哈河。哈拉哈河以南为哈赤温封地。分封时哈赤温已死，由其子按赤台接受分民分地。《史集》记载哈赤温封地"位于蒙古斯坦正东部，在乞台人所筑……长城边境，靠近女真地区"，此处明确记载哈赤温封地东界不过大兴安岭东麓金边墙。

其东界，斡赤斤最初封地之东界也不超过岭东金边墙。因1233年以前，金边墙以东广大地域并未完全属于蒙古，在1214年左右分封之初，斡赤斤封地东界不可能越过金边墙。1234年金亡之后，斡赤斤晚年其领地才扩展到松花江流域以至今滨海边区一带。不过后来的领地与最初分封时的封地有所不同。成吉思汗分封时分配的主要是蒙古百姓和供他们游牧的草原牧场，而后来蒙古军向草原以外的广大地区进攻占领的其他民族定居地区，虽然也分给诸王，但一般只是派官设治，定期收税，加以管理。

有的学者根据乃颜领地范围来推论其先人斡赤斤初期的封地。如屠寄认为："斡赤斤原受农土，在蒙兀东北面界外，浯剌沭涟（松花江）以北，跨有纳浯沭涟（嫩江），中包黑山（山名见《撒吉思传》，即今黑龙江省呼兰、绥化二府以东之布伦山脉）。"

结合上述文献辨析，可以得出结论：斡赤斤最初的封地在岭西呼伦贝尔草原南部。1234年其领地扩展到嫩江东西，松花江之北以至滨海边区一带广大地域。至于斡赤斤后王时期之领地范围，依据学界近年研究成果可大致勾画如下：

其东，达乌苏里江流域，远至滨海边区。1978年，在黑龙江

省宝清县十八里乡报国村（旧名奥鲁屯）出土一方铜印，7.1 厘米见方。印文为汉字九叠篆书：“管民千户之印。”钱背錾汉字“塔察国王发”“甲寅年六月日造”等刻款。“甲寅年”为蒙哥汗四年，即 1254 年。“塔察国王”即斡赤斤嫡孙塔察儿。由塔察儿国王颁发的“管民千户之印”在此地出土，说明塔察儿领地范围在 1254 年已包括乌苏里江一带。不久后，1266 年在滨海地区又设置了恤品路宣抚司。

其北，逾过黑龙江达到外兴安岭一带。《元史 · 兵志》记载：世祖中统元年（1206）十一月，忽必烈命“平章塔察儿领武卫军一万人，屯驻北山”。“北山”即外兴安岭。

其南，至乃颜时其领地南达松花江。元世祖至元二十七年(1290)忽必烈对刘哈喇八都鲁说：“乃颜故地曰阿八喇忽者，产鱼，吾今立城，而以兀速、憨哈纳思、乞里吉思三部人居之，名其城曰肇州，汝往为宣慰使。”“肇州”，即今黑龙江省肇东市四站八里城。此城在松花江北岸，周长八里，城内出土许多元代文物，证实松花江以北属乃彦故地。

其西，仍包括斡赤斤当年的封地，即呼伦贝尔南部草原。《元史 · 洪万传》载：至元“二十四年，乃颜叛，率兵征之……至乃颜之地，奉旨留蒙古、女真、汉军镇哈剌河”。“哈剌河”，即哈拉哈河。可见，乃颜叛乱时哈拉哈河一带仍为乃颜之地。

在此须提及一点，当斡赤斤后王之领地扩展到嫩江、松花江以至黑龙江流域广大地面之后，其统治中心不可能始终在岭西巴彦乌拉古城一地。在大兴安岭以东之塔子城，即斡赤斤后王塔察儿时期的统治中心。塔子城位于嫩江西岸支流绰尔河下游，黑龙江省泰来县西北 90 千米。此城呈方形，规模宏伟，本为辽金古城。孙秀仁曾发表其研究成果：“城内西北部有大面积元代建筑群落废墟，遗存有汉白玉及花岗岩柱础、琉璃釉瓦，以及龙纹、牡丹花纹滴水等。考古研究证实，该处废墟当为元代宗王斡斡惕赤斤系家庭府邸，应建于蒙古窝阔台汗至元朝初年时，并极有可能建于塔察儿国王（斡赤斤嫡孙）显赫之时。”

古城遗址石碑

后记

《鄂温克族自治旗文史资料》第三辑即将出版发行了。本书分为“历史回眸”“人物春秋”“往事漫忆”“史海钩沉”四个篇章，收录了28位作者共24篇文章。文章中有的是作者的亲历、亲见、亲闻，有的是作者作为学者探索研究的成果。作者中有老领导、老同志和耄耋老人，也有著名的学者、作家及长期在鄂温克旗工作的老同志。他们秉承着对历史负责的高度责任感和使命感，积极为本书撰稿，在此我们对本书的作者致以崇高的敬意。

鄂温克族自治旗是以鄂温克族为主体民族的多民族聚居地，是北方民族成长的摇篮，历史悠久，文化底蕴厚重。搜集、整理、编辑地方文史资料是政协工作的一项重要内容。旗政协领导十分重视此项工作，从本书的策划开始便成立了由政协主席主持的工作班子，组成了本书的编委会，由一位分管副主席具体抓落实。聘请有特长的人员参与此项工作，从本书的策划到收集整理资料以及编辑设计版式，政协主席都亲自把关，逐项落实。旗政协文史委的同志更是辛苦，从联系作者到修改稿件及编排设计，事无巨细，反复核对，仔细认真，一丝不苟，使得本书在较短的时间内定稿成书。这都体现出旗政协领导及旗政协文史委的同志对存史资政史料的严肃负责态度和高度的历史责任感与使命感。在本书即将出版之际，我们要诚心感谢内蒙古自治区鄂温克研究会、鄂温克旗档案史志局、鄂温克旗鄂温克族研究会、鄂温克旗达斡尔族学会、鄂温克旗额鲁特蒙古族研究会、鄂温克旗布里亚特蒙古族研究会领导及工作人员的大力支持。同时，本书的顺利出版，还要感谢特邀编辑柏青先生的劳动与本书设计者吴文杰先生的精心设计，使得本书在形式上更加雅致、通俗。

尽管我们全体编辑人员竭尽全力，但本书也难免有些缺点和不足，敬请读者给予批评指正，以便于我们在今后的工作中加以改正。

编 者

2017 年 3 月